新 New **Shadowing** シャドーイング

日本語を話そう！

Let's speak Japanese!
来说日语吧！ 일본어를 말하자！

齊藤仁志・深澤道子・掃部知子・酒井理恵子・中村雅子 (著)

中～上級 編
Intermediate to Advanced Edition
中～上級篇　중~상급편

English, Chinese, Korean translations
英語・中国語・韓国語 訳版

くろしお出版

はじめに

　「わかる」けど「できない」という日本語学習者の声をよく耳にします。学習者は日本語が話したい・聞きたいということを強く望んでいますが、中級〜上級になるにつれ、日本語の授業では試験対策などにあてる時間が増え、実際の対人コミュニケーションを練習する場が限られる傾向があります。本書はこうした問題点を効率的に解決することを目的に2010年冬に初版を刊行しました。

　シャドーイングは「聞きながら話す」という非常に能動的な練習方法です。シャドーイングを繰り返し練習することで、語彙や表現が蓄積され脳内で検索したり、文の組み立てを瞬時に行うことができるようになります。その結果、自分らしい表現や、相手との関係を気遣った発話に意識を向ける余裕が生まれます。

　本書は初版刊行以来、国内外を問わず多くの学習者や日本語教育機関で使われ、多くのご支援をいただきました。長年のご愛顧に感謝する一方、気づけば初版から11年もの歳月が流れ、大きな社会変容が起き、多様な生き方、多様な働き方、多様な人との付き合い方が広がりました。そこで今回、改訂に踏み切り、現代社会を生きるための会話へと大きなシフトチェンジを試みました。大きな改訂ポイントは、①時代に合ったテーマ、トピック、シチュエーションでよりリアルで日常的な会話に刷新、②諺や慣用句のような年齢を問わず使える表現に加え、教室では習わない新しい言葉、略語、カタカナ語、擬音語擬態語、若者言葉など幅広い表現を多く収録、③短くて気軽に使える会話だけでなく、より複雑な会話や、面接、ビジネス、プレゼンテーションなど一層内容の充実をはかったことです。ユニット1〜7はユニットごとに対人関係で異なるシチュエーションをまとめ、さらに中級と上級レベルの会話をセクションで分けています。またユニット8には独話（モノローグ）や長い会話を時代に合わせ見直し、新たなトピックも追加しました。この結果、幅広い場面の生きた日本語会話を無理なく学べるものとなっています。このように生まれ変わった本書を手にする学習者のみなさんが、目標とする実用的な日本語を楽しみながら身につけること、そして身につけた日本語力を生かし、豊かな人間関係の構築と発展に本書が少しでもお役に立てることを願っています。

　最後に、本書の改訂に最後まで辛抱強く私たち著者を励まし、ガイドしてくださった編集担当の市川麻里子さんに心から感謝し、お礼を申し上げます。また初版出版に際し、多くのご指摘ご助言をいただいた広島大学の迫田久美子先生、ならびに改訂に際し、初版に対するコメントをくださった日本語教師の皆様、学習者の皆様に心からお礼を申し上げます。

2022年4月　著者一同

CONTENTS

5

● シャドーイングとは

シャドーイングとは**流れてくる音声を聞きながら「影」のようにすぐ後ろをできるだけ忠実に声に出して言う練習**です。音声を聞いて、各々のスピードで繰り返すリピートとは異なり、**聞くと話すを同時に行う**負荷の高い学習法です。そのため適切なレベルの音声教材を選ぶことで、初級学習者からでも高い学習効果が期待できます。シャドーイングを繰り返し行うことで、「聞いてわかる」あるいは「ゆっくり考えればわかる」を「すぐに話せる」、「即座に使える」に引き上げる効果があります。日常的に短い時間行うだけで高い効果があり、適切な音声があれば気軽に練習できることも魅力です。

● シャドーイングの効果

シャドーイングには大きく3つの効果があります。

❶ 日本語の運用力

シャドーイングは聞いたことを即座に話すことを求める認知負荷の高い練習です。これを繰り返すことで高速で日本語を処理する能力が高まり、日本語力全体の運用力が高くなります。

❷ イントネーション

できるだけ忠実にモデルの音声を復唱することで、日本語の自然なイントネーションが身につきます。定番のフレーズだけでなく、文末のイントネーションなど「日本語らしさ」が自分のものになります。

❸ 発話力

シャドーイングを繰り返し練習することで語彙や文法が自然に定着し蓄積されます。そのため、状況に即した表現が、スーっと口から出てくるようになります。

● 本書の効果

本書は**日常会話からビジネス会話まで、本当に使える表現や会話**を日本語レベル別、また対人関係別に集め、**日本語を楽しく身につけることができるシャドーイング教材**です。

最初のうちは、シャドーイングという練習が困難かもしれませんが、「意味がわかる」で満足せず、「使える」まで根気よく何回も練習してみてください。みなさんの生活に合った表現や話したい表現、好きな表現を見つけて楽しく練習してください。だんだん慣れてきて効果が表れ、いつの間にか**日本語がスラスラと口から出てくる喜びと達成感を得られる**でしょう。

本書は**中級〜上級（N3,N2,N1相当）の日本語学習者**を対象としています。8つのユニットから成り、各ユニットは**対人関係や相手との親密度で分類されています**。また、**ユニットの前半（Section1）は中級、後半（Section2）は上級**の会話となっています。**Unit1〜3は雑談などの日常会話（家族、友人、知人など）、Unit4は買い物や電話予約、医者などとの会話、Unit5〜7はビジネス会話（同僚、上司、取引先など）、Unit8は長い会話、独話（モノローグ）**と対人関係に合わせて親疎を意識し、場面に合った話し方が練習できます。

ユニット	レベル		対人関係	会話内容・場面	スタイル
	Sec.1	Sec.2			
Unit 1	中級 (N3, N2)	上級 (N2, N1)	家族・夫婦・恋人	雑談／日常会話	カジュアル
Unit 2	中級 (N3, N2)	上級 (N2, N1)	親しい友人	雑談／日常会話	カジュアル
Unit 3	中級 (N3, N2)	上級 (N2, N1)	知人や近所の人	雑談／日常会話	カジュアル／フォーマル
Unit 4	中級 (N3, N2)	上級 (N2, N1)	店員や医者など	買い物／予約／依頼／交渉／診察など	カジュアル／フォーマル
Unit 5	中級 (N3, N2)	上級 (N2, N1)	同僚	ビジネスシーン／雑談など	カジュアル
Unit 6	中級 (N3, N2)	上級 (N2, N1)	上司と部下	ビジネスシーン／依頼／報告／相談／打ち合わせなど	フォーマル
Unit 7	中級 (N3, N2)	上級 (N2, N1)	社外の人や面接官	交渉／打ち合わせ／面接など	フォーマル
Unit 8	上級 (N2, N1)		長い会話／スピーチ／プレゼンテーション／など	カジュアル／フォーマル

8つのユニットから成り立っています。

各ユニットには、2つのセクションがあります。セクション1が中級、セクション2が上級です。

音声番号

脚注は各ユニットの最終ページに、意味や文化的な背景の解説が載っています。

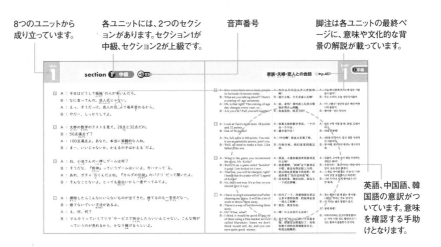

英語、中国語、韓国語の意訳がついています。意味を確認する手助けとなります。

● シャドーイングの進め方

時間●1日10分程度が目安です。短い時間でも毎日続けることが効果的です。**1セクション**を2〜3週間ぐらいで繰り返し練習しましょう。シャドーイングは認知負荷の高い学習方法なので、毎日、長時間行うことは、シャドーイングに十分慣れてからにしましょう。

練習方法●音声を聞いて、すぐに声に出して言ってみましょう。まずは、各ユニットのセクション1（中級）など、比較的易しいスクリプトを、下の表にあるSTEP2、3のやり方で始め、慣れてきたら徐々にSTEP4、5のやり方に挑戦してみましょう。

　様々な対人関係や実生活で出会う場面の会話がたくさんありますので、自分に必要な会話を選んで練習してみましょう。

STEP 0	ユニットとセクションを選びます。
STEP 1	テキストの意味を確認し、脚注の言葉は章末の解説で確認します。
STEP 2	テキストを見ながら音を確認します。 **●サイレント・シャドーイング** 聞こえてくる音を声に出さずに頭の中で言う練習法です。
STEP 3	テキストを見ないで口を動かします。 **●マンブリング** 聞こえてくる音をブツブツ小声でつぶやく練習法です。イントネーションの感覚をつかみましょう。
STEP 4	テキストを見ながら、音声に続いて声に出しシャドーイングします。 **●スクリプト付きシャドーイング** スクリプトを見ながら音声を聞き、すぐ後を復唱します。
STEP 5	慣れてきたら、テキストを見ないでシャドーイングをします。 **●プロソディ・シャドーイング** リズムやイントネーションに特に注意してシャドーイングする練習法です。例えば「あー」と「あ〜」のイントネーションが異なります。意識して練習しましょう。 **●コンテンツ・シャドーイング** スクリプトの意味を理解し意識しながらシャドーイングする練習法です。実際のコミュニケーション場面で使うことを想像しながら練習をしてください。自然な日本語が身につき、日本語がスラスラと話せるようになります。

※ 会話のAだけ、またはBだけをシャドーイングしてもかまいません。

※ ペアになって、それぞれAとBの役割を決めて練習してもいいでしょう。

※ 途中で音声についていけなくなったら、次の会話から始めましょう。

※ 自分のレベルや弱点に合わせて様々な練習方法を試してみましょう。

● 本書の特徴

　本書は、**様々な場面で日常生活で実際に使える自然な会話**を収録しています。縮約形（「やっぱり」→「やっぱ」などの形）や、慣用句や諺、流行の表現、若者言葉など**日本人が普段使っている言葉をそのまま取り入れて**います。内容は生活に密着した実用的なことから駄洒落や言葉遊びまで幅広く入っています。また、**家族、友達、店員、医者、同僚、上司と部下、社外の人**など様々な人間関係を取り入れ、日常場面だけでなくビジネス場面でもすぐに使える表現が満載です。また、長い会話や独話、プレゼンテーションなども練習でき、より本格的な日本語力が身につきます。

　会話は**対人関係で親密度によって分けられている**ので、自分の必要に応じて練習ができます。また、様々な会話がランダムに出てくることで、いつも新鮮な気持ちで練習が続けられ、**話題が変わりやすい雑談の場面に慣れるためにも効果的**です。

● 表記、アイコンについて

❶ 各会話ごと初出の日本語能力試験Ｎ３以上相当の漢字に、ルビが振ってあります。

❷ 「―」は長く伸ばした音を表します。「～」は感情が特に揺れていること、疑いや、不満、驚きの気持ちなどを表します。イントネーションに特に注意しましょう。

❸ 「?」は、文末が顕著な上昇イントネーションの質問文を表します。

❹ 口語表現に近づけるため、できるだけ音声に忠実に書き表しました。ですから本書には様々な縮約形、音便が使われています。

　　例： やっぱり → やっぱ

　　　　食べてしまいました → 食べちゃった

　　　　予約しておく → 予約しとく

　　　　わからない → わかんない

● 音声について 🔊

音声はこちらからダウンロードして、練習してください。

https://www.9640.jp/shadowing/

※CDは別売りです。

⚠ **無断でウェブにアップロードすることは違法です。**

● Shadowing is...

Shadowing is **is a way of practicing in which a person listens to an audio and immediately voices what s/he hears, like a "shadow," as faithfully as possible.** Unlike repeating exercises where a person listens to the audio and repeats it at his/her own pace, shadowing imposes a greater workload, as it requires **listening and speaking at the same time**. As such, by selecting audio materials at the appropriate level, even beginners can expect good results. Repeating shadowing exercises effectively helps improve Japanese from "I understand when I listen" or "I understand if I take time to think" to "I can speak right away" or "I can use it right away." Doing shadowing exercises for a short time every day is highly effective, and it is also attractive in that all you need is an appropriate audio to practice.

● Effects of Shadowing

Shadowing offers 3 main effects

❶ Japanese Proficiency

Shadowing is a practice method that imposes a heavy cognitive workload that requires learners to immediately say what they hear. Repeating like this enhances the ability to process Japanese at high speed and improves overall Japanese proficiency.

❷ Intonation

By repeating model sentences (audio) as faithfully as possible, the learner can acquire natural Japanese intonation. This includes not just regular phrases, but also things like intonation at the end of sentences.

❸ Speaking Ability

Repeating shadowing exercises enables the learners to naturally acquire and retain vocabulary and grammar points. As such, expressions suitable for a given situation will trip out from the learners' mouth.

● Effectiveness of this book

This book of Shadowing exercises **allows you to enjoy Japanese while learning it,** as it is a collection of **expressions and conversations that can really be used**, from conversation in daily life to business contexts, in line with the level and relationship of the people speaking.

At the beginning, practicing shadowing may be difficult, but please don't be satisfied at the level of "I can understand the meaning." Rather, practice tenaciously and as many times as necessary until you get to the point of "I can use it." Find expressions that suit your lifestyle or that you want to use or that you like, and enjoy practicing them. Once you get used to the routine, the results will show, so before you know it, **you will be able to speak fluent Japanese and be rewarded with the joy of accomplishment**.

This book is geared toward Japanese learners at **intermediate to advanced levels (equivalent to N3, N2, N1)**. There are 8 units in total and each unit is grouped according to **the relationship of the speakers or closeness felt toward the other person.** Also, conversations **in the first half of a unit (Section 1) are at the intermediate, and the second half (Section 2) at the advanced level.** You can practice manners of speaking with an awareness of the psychological proximity between speakers' relationships via **Unit 1-3: small talk in daily conversations (with family, friends, acquaintances), Unit 4: conversation in shopping, phone reservations, seeing a doctor, Unit 5-7: business conversations (colleagues, supervisors, clients, etc.), and Unit 8: long conversations and monologues.**

Unit	Level		Relationship	Conversation content, scenario	Style
	Sec.1	Sec.2			
Unit 1	Intermediate (N3, N2)	Advanced (N2, N1)	Family, married couple, sweethearts	Chit-chat, daily conversation	Casual
Unit 2	Intermediate (N3, N2)	Advanced (N2, N1)	Close friend	Chit-chat, daily conversation	Casual
Unit 3	Intermediate (N3, N2)	Advanced (N2, N1)	Acquaintance or neighbor	Chit-chat, daily conversation	Casual, Formal
Unit 4	Intermediate (N3, N2)	Advanced (N2, N1)	Shop clerk or doctor	Shopping, reservations, requests, negotiations, doctor's check-up	Casual, Formal
Unit 5	Intermediate (N3, N2)	Advanced (N2, N1)	Colleague	Business scenario, chit-chat	Casual
Unit 6	Intermediate (N3, N2)	Advanced (N2, N1)	Supervisor and subordinate	Business scenario, requests, reports, consultations, briefings, etc.	Formal
Unit 7	Intermediate (N3, N2)	Advanced (N2, N1)	Someone outside the company or interviewer	Negotiations, briefings, interviews	Formal
Unit 8	Advanced (N2, N1)			Long conversations, speeches, presentations, etc.	Casual, Formal

The book consists of 8 units.

There are 2 sections to each unit. Section 1 is intermediate and Section 2 is advanced.

Audio number

Footnotes explaining meanings and cultural background can be found on the last page of each unit.

A liberal translation is provided in English, Chinese and Korean. This will help you understand the meaning.

How to use the book and its features

● How to proceed with shadowing

Time ● As a guide, **practice 10 min. a day**. Continuing to do this every day is effective, even for a short period of time. Repeat practicing **1 section over a period of 2 to 3 weeks.** Shadowing is a learning method with a high cognitive load, so wait until you are fully accustomed to shadowing exercises before trying to practice for a long time every day.

Shadowing method ● Listen to the audio and try saying it right away.
First, pick a relatively easy script, such as Section 1 (intermediate level) of each section by following the steps 2 and 3 below, then once you get used to doing so, move on to challenge yourself with steps 4 and 5.

There are many conversations that involve various human relationships or that describe scenarios you encounter in real life, so choose those that you will need and practice them.

STEP 0	Select a unit and section.
STEP 1	Check the meaning of the text: refer to the explanation at the end of the unit for marked words & phrases.
STEP 2	Check the audio while looking at the text. ● **Silent shadowing** This is a practice method in which you say what you hear in your head-- without saying it out loud.
STEP 3	Move your mouth without looking at the text. ● **Mumbling** This practice method entails mumbling what you hear in a low voice. Get the feel for the intonation.
STEP 4	Follow the audio and do the shadowing, saying it out loud while looking at the text. ● **Shadowing with the script** Listen to the audio while looking at the script and repeat immediately after the audio.
STEP 5	When you get used to doing this, then do the shadowing without looking at the text. ● **Prosody shadowing** This practice method takes particular aim at tuning in on rhythm and intonation. For example, the intonations for "あー"and "あ～"are different. Be mindful of them as you practice. ● **Content shadowing** In this practice method, you understand and are aware of the meaning of the script while shadowing. Practice with actual communication in mind. Your Japanese becomes natural, and you will be fluent in Japanese.

※Choosing just conversation A or B to do shadowing is OK.
※You could pair up with a conversation partner and practice the roles of A and/ or B.
※If it becomes difficult to follow a dialog part way through, then start from the next dialog.
※Try various practice methods to best suit your level or your weak points.

● Features of the book

This book **provides recorded, natural conversations that can be used in various scenarios in our everyday life**. The book **covers words Japanese use, just as they are**, such as contracted forms (such as "やっぱり" to "やっぱ"), idioms and proverbs, buzzwords, and youth language (slang). The content covers a wide range, from greetings, practical matters closely related to our living, to puns or plays on words. Moreover, **the book takes into consideration various human relationships, including friends, family, bosses, subordinates, colleagues, shop attendants, doctors, etc., offering a multitude of expressions that can be used not only in our daily lives, but also in business.** In addition, you can practice long conversations and presentations and so on, so you can acquire more authentic Japanese language.

The conversations **are grouped according to how close the relationship is**, so you can practice according to your needs. Also, since you are exposed to various conversations randomly, you can practice with renewed interest; **this is also effective for getting used to the chit-chat scenarios where topics tend to change quickly**.

● Description(Writing) and icons

❶ For each conversation, the first time a kanji at or higher than Japanese Language Proficiency Test N3 level appears, its reading in hiragana is attached.

❷ "ー" indicates an elongated sound. "〜" indicates some kind of uncertainty, such as doubt, dissatisfaction, or surprise. Pay particular attention to the intonation.

❸ "?" indicates a question sentence, which ends with steadily rising intonation.

❹ Sounds are written out to replicate the actual sound as closely as possible, so they sound like colloquial expressions. For this reason, the book contains various contractions or changes to sounds.

例： やっぱり → やっぱ
食べてしまいました → 食べちゃった
予約しておく → 予約しとく
わからない → わかんない

● Audio Files

Please download audio files and use them for practice.
https://www.9640.jp/shadowing/
※CD sold separately.

It is illegal to upload to the Web without asking for permission.

● **影子跟读是什么**

影子跟读，是一种**一边听语音，一边如"影子"般紧跟其后，尽可能还原地跟读、再现语音的一种练习方式**。和在听了语音之后按各自的语速进行复述不同，影子跟读，是一种**听和说同时进行**的高负荷学习法。因此，在选择语音教材时，选择适合自己的难度，可以为初级的学习者带来较好的学习效果。反复进行影子跟读的练习，可以促使学习者的水平从"听了能懂"或者"慢慢思考能明白"，飞跃到"脱口而出"、"立刻就能使用"的程度。在日常生活中进行短时间的练习即可带来显著的效果。只要有合适的语音，随时都可以进行练习。这就是影子跟读的魅力所在。

● **影子跟读的效果**

影子跟读主要有三大效果

❶ **日语的运用能力**

影子跟读要求在听到语音的瞬间立刻就要跟着说出来，是一种有高度认知负荷的练习。通过反复的练习，可以提高大脑的日语处理能力，从而提高日语整体的运用能力。

❷ **语音语调**

通过尽可能忠实地再现语音范本，能够促使学习者渐渐掌握日语自然的语音语调，从而将一些通过固定用语或各种句末的语音语调等所体现的"日语感"消化成为自己的东西。

❸ **口头表达能力**

通过影子跟读的反复练习，学习者能够自然而然地增加词汇量和语法的积累。从而渐渐地就能将符合语境的表达方式脱口而出了。

● **本书的效果**

本书将各种在**日常生活和商务场景中实际会用到的表达方式和对话**按难度等级和在语境中的人物关系进行了分类和整理。**是一本能够帮助学习者轻松愉快地学习日语的影子跟读教材。**

刚开始，影子跟读的练习可能会有些难度。还请不要满足于"理解意思"，要坚持反复练习，直至能够熟练使用。请大家找到符合自己生活的，自己想用的中意的表达方式，并以此来进行愉快的练习。在练习的过程中，渐渐地就会习惯了，效果也会渐渐显露出来。在不知不觉中，就能享受到**流利地将日语脱口而出时的那种喜悦和成就感**。

　　本书面向的是**中级～上级**（相当于 N3、N2、N1）的日语学习者。全书由 8 个单元组成。各单元的内容是按**人物关系和与对方的亲密程度**进行分类的。此外，**各单元的前半部分（Section1）的难度属于中级，后半部分（Section2）则属于上级。** Unit1～3 是闲聊之类的和家人、朋友、熟人等之间的日常对话；Unit4 是购物、电话预约、和医生之间的对话等；Unit5～7 是与同事、上司、客户等进行的商务对话；Unit8 将一些长对话和独白与人物关系相结合，注重亲疏关系，以练习符合语境的对话。

ユニット	单元		等级	对话内容/场景	语言风格
	Sec.1	Sec.2			
Unit 1	中级 (N3, N2)	上级 (N2, N1)	家人/夫妻/恋人	闲聊/日常对话	随意日常的
Unit 2	中级 (N3, N2)	上级 (N2, N1)	亲密的友人	闲聊/日常对话	随意日常的
Unit 3	中级 (N3, N2)	上级 (N2, N1)	熟人和邻里	闲聊/日常对话	随意日常的 /正式的
Unit 4	中级 (N3, N2)	上级 (N2, N1)	店员和医生等	购物/预约/请求/谈判/看病等	随意日常的 /正式的
Unit 5	中级 (N3, N2)	上级 (N2, N1)	同事	商务场景/闲聊等	随意日常的
Unit 6	中级 (N3, N2)	上级 (N2, N1)	上司和下属	商务场景/请求/报告/商量/讨论等	正式的
Unit 7	中级 (N3, N2)	上级 (N2, N1)	公司外的人和面试官	谈判/讨论/面试等	正式的
Unit 8	上级 (N2, N1)			长对话/演讲/发表等	随意日常的 /正式的

由8个单元组成

各个单元分为两小节。第1小节是中级第2小节是上级。

音频序号

释义和文化背景等作为注释整合在各个单元的最后一页。

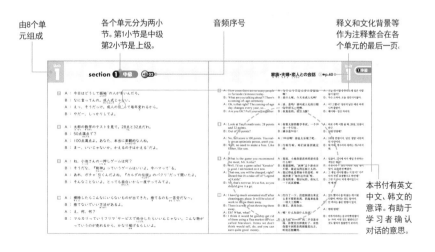

本书付有英文中文、韩文的意译。有助于学习者确认对话的意思。

● **影子跟读的练习方法**

时间◉每天**10分钟左右**为佳。虽然时间短，但只要坚持每天练习就会有效果。**每小节花费2~3周左右的时间反复练习为佳**。因为影子跟读是一种高认知负荷的学习方法，所以建议等到习惯之后再每天进行长时间的影子跟读练习。

练习方法◉**在听到语音之后请立刻出声跟读**。首先，按照下表中的STEP2、3，练习各个单元相对简单的第1小节（中级）的脚本。在习惯之后，慢慢试着按照STEP4、5的方法进行挑战。书中的对话包含了各种人际关系和在实际的日常生活会遇到的场景，请按自己的需要来选择对话来进行练习吧！

STEP 0	选择单元和小节
STEP 1	明确文本的意思，并在章末的解说中确认注释所标注的语句的意思。
STEP 2	一边看文本，一边确认发音。 ◉**影子默读法** 不发出声音，在脑海中跟读的练习方法。
STEP 3	不看文字，动口跟读。 ◉**轻声跟读法** 是一种跟着听到的声音小声跟读的练习方法。以此来掌握语音语调的感觉。
STEP 4	看着文本，紧跟着语音出声进行影子跟读。 ◉**结合脚本的影子跟读** 看着对话的脚本，紧跟音频立刻进行复读。
STEP 5	习惯了之后，可以不看文本进行影子跟读。 ◉**注重发音的影子跟读** 将注意力放在节奏和语音语调上的影子跟读练习法。比如"あ—"和"あ～"的语调是不同的。将注意力放在这些部分进行练习吧！ ◉**重视语义的影子跟读** 将注意力放在理解脚本的意思上来进行的影子跟读练习。在练习时，请想象自己是在实际的交流中进行这些对话。这样就可以掌握自然的日语，从而能够流畅地用日语进行表达。

※ 可以只对A或者B的部分进行影子跟读。

※ 可与其他人搭档，分别演绎A和B的部分来进行练习。

※ 如果在途中跟不上音频了的话，可以选择跳过，从下一对话开始继续。

※ 可以结合自身的弱点和能力等级，尝试各种练习方法。

● 本书的特点

　　本书收录了**在各种日常生活的情景中实际会用到的自然的对话**。如：缩略形式（"や
っぱり"→"やっぱ"等）、惯用句、俗语、时下的一些表达方式、年轻人用语等。我
们将这些**日本人平时说的话语，都原原本本地收录在了书中**。在内容上，书中广泛
收录了从寒暄等贴近日常生活的实用表达到一些俏皮话、文字游戏等。在人物关系上，
会话的对象有家人、**朋友、店员、医生、同事、上司和下属、公司外的人等**。各种
立刻可以用于日常生活和商务场合的表达方式都详尽地收录在内。此外，还可以练
习长对话、独白、发表等，从而掌握更为地道的日语能力。

　　对话是**按人物关系的亲密程度进行分类整理的**。学习者可以按需进行练习。此外，
这些对话的排列是随机的。各种各样的对话会随机地出现。因此在练习时随时都能
保持新鲜感。也**有助于适应在日常交谈中话题多变的情况**。

● 关于标记、标识

❶ ①各对话中第一次出现的 N3 以上的汉字都标注了假名。

❷ "－"表示延长的拖音，"～"表示情感的波动，包括怀疑、不满、惊讶等各种情绪。
　 在练习时，需对语音语调多加注意。

❸ "？"表示句末语调明显上扬的疑问句。

❹ 为了尽可能的接近口语，在文字的表达上也忠实地再现了发音。本书中也收录了
　 各种各样的缩略形式、音便等。

　　例： やっぱり → やっぱ

　　　　 食べてしまいました → 食べちゃった

　　　　 予約しておく → 予約しとく

　　　　 わからない → わかんない

● 关于音频

请从此处下载音频进行练习。

https://www.9640.jp/shadowing/

※CD另售

⚠ 未经许可上传至网络属违法行为。

● 새도잉이란

　새도잉이란 **음성을 들으면서 마치 '그림자'처럼 바로 뒤따라서 말하며 그 말의 내용과 느낌까지 재현해서 말하는 연습**을 말합니다. 음성을 듣고 자신의 속도로 반복 연습 하는 것과 달리 **듣고 말하기를 동시에 해야 하는** 고도의 집중력을 필요로 하는 학습법입니다. 그렇기 때문에 자신에게 맞는 단계의 음성 교재를 고른다면 초급자라도 높은 학습효과를 얻을 수 있습니다. 새도잉을 반복함으로써 '듣고 이해한다' 혹은 '천천히 생각하면 알아듣는다'를 '바로 말할 수 있다', '즉시 쓸 수 있다'로 향상하는 효과가 있습니다. 생활 속에서 단시간의 연습만으로 높은 효과를 얻을 수 있기 때문에 적절한 음성이 있으면 부담 없이 연습할 수 있는 것도 매력입니다.

● 새도잉의 효과

새도잉에는 크게 세 가지 효과가 있습니다.

❶ 일본어 구사력

새도잉은 들은 것을 거의 동시에 말해야 하므로 높은 정보처리 능력을 필요로 하는 연습입니다. 이것을 반복함으로써 고속으로 일본어를 처리하는 능력이 높아지고 일본어 구사력이 전체적으로 향상됩니다.

❷ 인토네이션(억양)

들리는 음성을 가능한 그대로 따라하면서 자연스러운 일본어 억양을 익힐 수 있습니다. 많이 사용하는 표현 외에도 문말의 억양등 '자연스러운 일본어'가 자신의 것이 됩니다.

❸ 발화능력

새도잉을 반복 연습하면 어휘와 문법이 자연스럽게 몸에 익어 축적됩니다. 그래서 상황에 맞는 표현이 입에서 자연스럽게 나오게 됩니다.

● 이 책의 효과

　이 책은 **일상 회화에서부터 비즈니스 회화까지 실생활에서 유용한 표현이나 회화를** 단계별, 대인 관계별로 모아 **일본어를 재미있게 익힐 수 있는 새도잉 교재** 입니다.

　처음에는 새도잉 연습이 어려울지도 모릅니다. 하지만 '뜻은 아는데'에서 만족하지 않고 '구사할 수 있는' 수준이 될 때까지 꾸준히 몇 번이고 연습해 보시길 바랍니다. 여러분의 생활에 맞는 표현이나 말하고 싶은 표현, 좋아하는 표현을 찾아서 즐기듯이 연습해 보시길 바랍니다. 점점 익숙해지면서 효과가 나타나, 어느 날 갑자기 **일본어가 트이는 기쁨과 성취감을 느낄 수 있을 겁니다.**

이 책은 **중급~상급(N3, N2, N1상당) 일본어 학습자**가 대상입니다. 8개의 유닛으로 되어 있으며 각 유닛은 **대인 관계, 상대와의 친밀도에 따라 분류되어 있습니다. 또한, 유닛 전반 (Section 1)는 중급 회화, 후반(Section 2)는 상급 회화** 입니다. **Unit 1~3은 잡담 같은 일상 회화(가족, 친구, 지인 등), Unit 4는 쇼핑, 전화 예약, 의사 등과의 대화, Unit 5~7은 비즈니스 회화(동료, 상사, 거래처등), Unit 8은 긴 회화, 독백(모노로그)** 과 상대방과의 관계와 친밀도를 고려해서 상황에 맞는 대화를 연습할 수 있습니다.

유닛	단계		대인관계	회화내용, 상황	스타일
	Sec.1	Sec.2			
Unit 1	중급 (N3, N2)	상급 (N2, N1)	가족, 부부, 연인	잡담, 일상회화	캐주얼
Unit 2	중급 (N3, N2)	상급 (N2, N1)	친한 친구	잡담, 일상회화	캐주얼
Unit 3	중급 (N3, N2)	상급 (N2, N1)	지인이나 동네 사람	잡담, 일상회화	캐주얼/ 포멀
Unit 4	중급 (N3, N2)	상급 (N2, N1)	가게 직원이나 의사 등	쇼핑, 예약, 의뢰, 교섭, 진료 등	캐주얼/ 포멀
Unit 5	중급 (N3, N2)	상급 (N2, N1)	동료	비즈니스, 잡담 등	캐주얼
Unit 6	중급 (N3, N2)	상급 (N2, N1)	상사와 부하	비즈니스, 의뢰, 보고, 상담, 회의	포멀
Unit 7	중급 (N3, N2)	상급 (N2, N1)	회사 외부사람이나 면접관	협의, 회의, 면접 등	포멀
Unit 8	상급 (N2, N1)			긴 회화, 스피치, 프레젠테이션 등	캐주얼/ 포멀

8개 유닛으로 구성되어 있습니다.

각 유닛에는 두 개의 섹션이 있습니다. 섹션 1이 중급, 섹션 2가 상급입니다.

음성 번호

각주는 각 유닛의 마지막 페이지에 배치했으며 그 뜻과 문화적 배경에 대해 쓰여 있습니다.

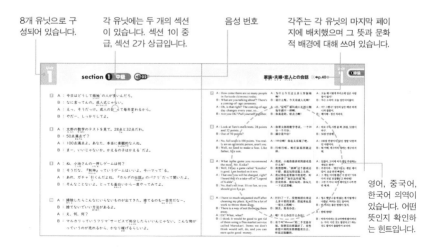

영어, 중국어, 한국어 의역이 있습니다. 어떤 뜻인지 확인하는 힌트입니다.

● 섀도잉 방법

시간●하루에 10분 정도 가 적당합니다. 짧은 시간이라도 매일 연습하는 게 효과적입니다. **하나의 섹션을 2~3주** 정도 반복연습 합시다. 섀도잉은 높은 정보처리 능력을 필요로 하는 학습법이기 때문에 장시간 연습을 매일 하는 것은 충분히 적응한 후에 합시다.

연습 방법●음성을 듣고 바로 따라서 소리내어 말해 봅시다. 먼저, 각 유닛의 섹션1(중급)과 같은 비교적 쉬운 스크립트를 아래 표에 있는 STEP2, 3과 같은 방법으로 시작해 보고 적응되면 서서히 STEP4, 5와 같은 방법으로 도전해 봅시다.

다양한 대인관계나 실생활에서 자주 쓰는 회화가 많이 있으니 자신에게 필요한 회화를 골라 연습해 봅시다.

스텝 0	유닛과 섹션을 고릅니다.
스텝 1	지문의 뜻을 확인하고 각주의 표현은 각 장 끝에 있는 해설을 보고 확인합니다.
스텝 2	지문을 보면서 소리를 확인합니다. ●**사일런트 섀도잉 (Silent shadowing)** 들리는대로 머리속으로 말하는 연습법입니다.
스텝 3	책을 보지 않고 입을 움직입니다. ●**멈블링 (Mumbling)** 작게 중얼거리며 따라하는 연습법입니다. 억양에 대한 감각을 익힙시다.
스텝 4	책을 보면서 들리는 음성을 따라 소리를 내어 연습합니다. ●**지문 첨부 섀도잉** 지문를 보면서 소리를 듣고 바로 따라합니다.
스텝 5	적응되면 책을 보지 않고 섀도잉을 합니다. ●**프로소디 섀도잉 (Prosody shadowing)** 리듬이나 억양을 주의해서 섀도잉하는 연습법입니다. 예를 들면 '아-'와 '아~'는 억양이 다릅니다. 의식해서 연습합시다. ●**컨텐츠 섀도잉 (Contents shadowing)** 스크립트의 뜻을 이해하고 의식하면서 섀도잉을 하는 연습법입니다. 실제 커뮤니케이션에서 쓴다고 상상하면서 연습해 봅시다. 자연스러운 일본어가 익어 입에서 자연스럽게 나오게 됩니다.

※ 회화에 나오는 A 혹은 B만 섀도잉 해도 됩니다.

※ 옆사람과 A, B의 역할을 정해서 연습해도 됩니다.

※ 섀도잉을 하다가 음성을 따라갈 수 없으면 다음 회화부터 시작합시다.

※ 자신의 단계와 부족한 점에 맞추어 여러가지 연습 방법을 시험해 봅시다.

● 이 책의 특징

이 책은 **다양한 상황에서 일상생활에서 실제로 사용하는 자연스러운 회화**를 담았습니다. 축약형("やっぱり"→ "やっぱ"등), 관용구, 속담, 유행어, 젊은 사람들이 쓰는 표현 등 **일본 사람들이 평소에 사용하는 말을 그대로 담았습니다**. 내용은 인사나 실생활에서 자주 사용하는 실용적인 표현부터 아재 개그와 언어유희까지 폭넓게 들어 있습니다. 또한, **가족, 친구, 가게 직원 의사, 직장 동료, 상사와 부하, 회사 외부 사람 등 다양한 인간관계를 설정해 일상생활에서 쓰는 표현 뿐만 아니라 비즈니스에서도 바로 사용할 수 있는 표현이 많습니다**. 그리고 긴 회화, 독백, 프레젠테이션 같은 것도 연습할 수 있어 더욱 확실하게 일본어를 익힐 수 있습니다.

회화는 **상대방과의 친밀도에 따라 분류** 되어 있으므로 필요성에 따라 연습할 수 있습니다. 또한, 다양한 회화가 랜덤으로 나오므로 항상 새로운 마음으로 연습할 수 있고, **잡담처럼 주제가 금방 바뀌는 상황에 적응하는 데도 효과적** 입니다.

● 표기, 아이콘에 대해

❶ 회화마다 처음 나오는 한자(일본어 능력 시험 N3 이상)는 위에 히라가나를 써 놓았습니다.

❷ '一'는 장음을 나타냅니다. '~'은 감정에 동요가 있을 때, 의심, 불만, 놀라움 등의 기분을 나타냅니다. 억양에 각별히 주의합시다.

❸ '?' 는 억양이 확연하게 위로 올라가는 의문문을 나타냅니다.

❹ 구어 표현에 가깝도록 가능한 음성을 있는 그대로 표기하여 다양한 축약형, 음편(발음이 바뀌는 것)을 사용했습니다.

例: やっぱり → やっぱ

食べてしまいました → 食べちゃった

予約しておく → 予約しとく

わからない → わかんない

● 음성에 대해

음성은 여기에서 다운받아 연습하세요.

https://www.9640.jp/shadowing/

※CD별도 판매.

⚠ **무단으로 인터넷에 업로드하는 것은 불법입니다.**

　中級、上級になると授業で扱う語彙や文法事項が増え、運用力を身につけるための十分なトレーニングに時間がとれない状況が多くあるようです。限られた時間で効率よく、運用力を身につける方法としてシャドーイングが効果的です。クラスの中ではシャドーイングが得意不得意の学習者がいると思いますが、練習方法を変えるなどそれぞれの学習者に合ったトレーニングを行うように指示してください。シャドーイングは、はじめは負荷の高い作業になるかもしれませんが、「難しい」⇒「苦手箇所」⇒「練習すべき」と励まし、少しずつ毎日続けてください。クラスの中でそれぞれの成長や変化を共有すると良いでしょう。

● シャドーイングを用いた教室活動

❶ご指名シャドーイング

　学習者全員で円を作って立ちます。音声を流しながら教師は次々に指名をし、指された学習者がその文をシャドーイングします。教師は指揮者のように、文が始まる少し前にテンポよく指名をするのがポイントです。右手でAさん、左手でBさんと指していきます。

❷イヤフォン・シャドーイング

　指名または希望した1名の学習者がイヤフォンで音声を聞き、シャドーイングをします。イヤフォンをしていない他の学習者や教師には音声は聞こえませんが、上手くできれば拍手をします。学習者2名を指名して1つのイヤフォンを片耳ずつ当ててA、B会話形式でシャドーイングする方法もあります。

❸なりきりシャドーイング

　コンテンツ・シャドーイングの練習の成果として、シャドーイング会話の当事者に誰が一番なりきっているかをコンテスト形式で競います。なりきり度だけでなく正確さもコンテストの評価対象にすると良いでしょう。

❹ディレイド・シャドーイング

　音声のあと、一秒程度間をあけて復唱します。プロの通訳トレーニングに用いられるもので、通常のシャドーイングより負担が大きく難度の高い練習方法です。

❺実力チェック　いきなりシャドーイング

　今後の学習目標、対策を明確にするためには定期的な実力チェックが有効です。意味の確認や口慣らし、スクリプトの読みや確認などをあえてしないで、初めて聞く会話をシャドーイングします。どこが出来たか、どこが出来ないかを分析することで、学習者の知識と運用力が明確になります。シャドーイングの練習を重ねた学習者のモチベーションアップにも効果的です。

Unit 1

■家族・夫婦・恋人との会話
か ぞく ふう ふ こいびと

Conversations in the family, between married or dating couples
家人/夫妻/恋人之间的对话
가족, 부부, 연인 간의 회화

親子や夫婦、恋人などの親しい人との会話を練習します。本音や
気持ちをストレートに伝えるカジュアルな表現をたくさん勉強しま
しょう。

Here you practice conversations with someone close to you,
such as a parent and child, married couple or dating couple.
Let's learn many casual expressions that convey true intents or
feelings in a straightforward way.

本单元将对亲子、夫妻、恋人等关系亲近的人之间的对话进行练习。一起
来学习各种表露内心或直接传达自己心情的较为日常随意的表达方式吧!

부모와 자녀, 부부, 연인과 같은 가까운 사람 간의 회화를 연습합니다. 속마음이나
기분을 직설적으로 전달하는 격식 없는 표현을 많이 배웁시다.

◎ 縮約形 Contracted form 缩略形式 / 축약형	～じゃない、～なくっちゃ、 ～なきゃ、～とっちゃ
◎ 行事・儀礼の語彙 Vocabulary for events, ceremonies 节日活动, 仪式的相关词汇 행사에서, 형식적인 자리에서 쓰는 표현	振袖、おせち 、喪中 ふりそで　　　　　 も ちゅう
◎ 擬音語・擬態語 Phonetic, mimetic words(onomatope) 拟声词, 拟态词 / 의성어, 의태어	ぐずぐず、グダグダ、シクシク、 プンプン、ツンツン、キンキン、 ボサボサ、ボロボロ、ズキズキ、ホクホク
◎ 慣用句・ことわざ Idioms, proverbs 惯用句, 俗语 / 관용구, 속담	カエルの子はカエル、身もふたもない、 夫婦げんかは犬も食わない、 ふう ふ　　　　　　　　　　　　　く けんかするほど仲がいい なか
◎ 呼称 Informal names / 称呼 / 호칭	おふくろ、姉貴、おやじ あね き

23

1 A ： 早くかたづけなさい。

　　B ： わかってるって。今やろうって思ったのに！

　　A ： いつもそう言うだけじゃない。

　　B ： だって、いつもそう思ってるときに言うから。

2 A ： 雨降ってきそうだよ。傘持ってったら？

　　B ： いいよ、めんどくさいし。

　　A ： ほら、折りたたみだから。

　　B ： いい、いい。そんなにどしゃぶりにはならないでしょ。

3 A ： 双子のパンダ、誕生からもう半年だって。

　　B ： うん、2頭でじゃれ合う姿、かわいいよね。公開したら絶対見に行きたいね。

　　A ： うん、でも予約は抽選らしいよ。

　　B ： 当たるといいね。

4 A ： さすが、一流ホテルだけのことはあるね。

　　B ： なに感心してんの？

　　A ： 見てよ。あのシャンデリアの大きさ！

　　B ： 本当！　直径5メートルはあるね。

5 A ： ぐずぐずして¹ないで、さっさと出かけなさい。

　　B ： ちょっとおなかが痛くて…。

　　A ： 大丈夫。いつもどおりテストが終われば、すぐ治るから。

　　B ： 違うってば〜。今日は本当に痛いんだよ。

6 A ： ねー、このCMの人、中田友美恵だよね？　ほら、この前のドラマに出てた…。

　　B ： え、そう？　わかんなかったよ。

　　A ： うん、印象違うもんね。

　　B ： そうだねー。あのドラマのときは老け役²だったからね。

1
A : Tidy up right away.

B : I know. I was just about to do it!

A : You always just say that.

B : Well, you always tell me when I am thinking about it.

A : 赶紧收拾。	A : 얼른 정리하거라.
B : 我知道。我这不正打算收拾嘛!	B : 알았다니까.
A : 你每次都只是嘴上说说。	A : 항상 말만 그렇게 하잖니.
B : 谁叫你每次都是我正打算去的时候说啊。	B : 하려고 할 때마다 얘기하니까 그렇지.

2
A : It looks like it's going to rain. Why don't you take an umbrella?
B : No, it's a hassle.

A : But look, it's a collapsible one, so...

B : No thanks. I don't expect that it will rain hard.

A : 感觉要下雨了。你要不把伞带上吧?	A : 비 올 것 같은데. 우산 들고 가지 그러니?
B : 不用啦,怪麻烦的。	B : 됐어. 귀찮아.
A : 拿着吧,折伞,没事。	A : 자, 이건 접는 우산이니까 들고 가.
B : 不用不用,又不会下什么大雨。	B : 됐어, 됐어. 그렇게 쏟아질 것 같지도 않은데 뭘.

3
A : The twin pandas, it's been a half year since they were born, I heard.
B : Yeah, they are cute when two of them play together. Once they open public viewing, I definitely want to go and see them.
A : Yeah. But it sounds like reservations are decided by lottery.
B : I hope we can hit it.

A : 那对双胞胎熊猫,说是都已经出生半年了。	A : 팬더 쌍둥이들이 태어난 지 벌써 반년 됐대.
B : 是啊,看它们俩打打闹闹的样子,真可爱。等它们能出来见人了我一定要去。	B : 그러게. 둘이서 장난 치는 모습 너무 귀엽더라. 공개되면 꼭 보러 가고 싶어.
A : 嗯,不过好像预约名额是抽选的。	A : 그치. 근데 예약은 추첨이라더라구.
B : 如果能抽中就好了。	B : 당첨 되면 좋겠다.

4
A : After all, it's a first-class hotel, right?

B : What are you so impressed about?

A : Look. The size of that chandelier!

B : Really! The diameter must be at least 5 meters.

A : 真不愧是一流酒店啊。	A : 역시 일류 호텔답네.
B : 你感慨什么呢?	B : 뭘 그렇게 감탄해?
A : 你看啊! 那个水晶灯多大啊!	A : 봐 봐. 저기 샹들리에 크기!
B : 还真是! 这直径得有个5米吧!	B : 와! 직경 5미터는 되겠는데?

5
A : Don't dilly-dally, go quickly.

B : I have a little stomach ache...

A : You will be fine. As usual, once the exam is over, it will be cured.
B : That's not it. It really hurts today.

A : 别磨蹭了,赶紧出门了。	A : 꾸물대지 말고 얼른 나가야지.
B : 我肚子有点痛……	B : 배가 좀 아파서…
A : 没事的。反正每次都是等考试结束了就马上好了。	A : 괜찮아. 평소처럼 시험만 끝나면 바로 나을 테니까.
B : 不是啦～今天是真的痛啊!	B : 아니라니까～ 오늘은 진짜 아프단 말이야.

6
A : Hey, the person in this CM, it's Yumie Nakata, right? Remember, she was in the drama the other day...
B : Oh, really? I didn't recognize her.

A : Yeah, she gives a different impression.
B : Right. Because her role was that of an aged person in that drama.

A : 我说, 这个广告里的,是中田友美惠吧? 就是, 之前那个电视剧里的……	A : 있잖아, 이 CF에 나오는 사람, 나카타 유미에 맞지? 요전에 드라마에 나왔었던…
B : 啊,是吗? 我都没认出来。	B : 아 그래? 못 알아봤어.
A : 是啊,给人感觉不太一样呢。	A : 맞아. 인상이 다르지.
B : 是说啊。那个电视剧里她演的角色年纪还挺大的。	B : 그러게. 그 드라마에서는 할머니 역할로 나왔었으니까.

7　A：今日はどうして振袖³の人が多いんだろ。
　　　　　　　ふりそで
　　B：なに言ってんの。成人式じゃない。
　　　　　　　　　　せいじんしき
　　A：えっ、そうだっけ。成人の日⁴って毎年変わるから。
　　　　　　　　　　　　　　　　　　　か
　　B：やだー、しっかりしてよ。

8　A：太郎の数学のテストを見て。28点と32点だわ。
　　　　たろう　すうがく　　　　　　　　てん
　　B：50点満点で？
　　　　てんまんてん
　　A：100点満点よ。あなた、本当に楽観的な人ね。
　　　　　　まんてん　　　　　　　　　　らっかんてき
　　B：まー、いいじゃないか。かえるの子はかえる⁵だよ。

9　A：ね、小池さんの一押しゲームは何？
　　　　　こいけ　　いちお
　　B：そうだな、『剣神』っていうゲームはいいよ。今ハマって⁶る。
　　　　　　　　けんしん
　　A：あれ、ガチャ⁷引くんだよね。『カルダの伝説』のパクリ⁸だって聞いたよ。
　　　　　　　　　　　　　　　　　　　　　　　　でんせつ
　　B：そんなことないよ。とっても面白いから一度やってみてよ。
　　　　　　　　　　　　　　おもしろ

10　A：掃除したらこんなにいらないものが出てきた。捨てるのも一苦労だな〜。
　　　　そうじ　　　　　　　　　　　　　　　　　す　　　　ひとくろう
　　B：捨てないでいい方法があるよ。
　　　　す　　　　　　ほうほう
　　A：え、何、何？
　　B：マルカリっていうフリマ⁹サービスで処分したらいいんじゃない。こんな物がっ
　　　　　　　　　　　　　　　　　　しょぶん
　　　ていうのが売れるから、かなり稼げるらしいよ。
　　　　　　　　　　　　　　　かせ

11　A：ピザ注文しない？
　　　　　　ちゅうもん
　　B：うん、いいね。何にする？
　　A：じゃー、バーベキューチキンとシーフードミックスのハーフアンドハーフは
　　　どう？　クリスピーのLね。
　　B：めんどくさいな〜。自分で注文してよ。
　　　　　　　　　　　　ちゅうもん

12　A：確かディスカウントクーポンがあったはずなんだけど。
　　　　たし
　　B：え、いくら安くなるの？
　　A：800円。バカになんない¹⁰よね、800円は。
　　B：うん、ランチ1回分だよね。
　　　　　　　　かいぶん

家族・夫婦・恋人との会話 注 ➡p.40,41
かぞく ふうふ こいびと

7

A : How come there are so many people in furisode (kimono) today.
B : What are you talking about?! There's a coming-of- age ceremony.
A : Oh, is that right? The coming-of-age day changes every year, so...
B : Are you OK? Pull yourself together.

A : 为什么今天这么多人穿振袖啊?
B : 说什么呢, 今天有成人礼啊!
A : 诶, 是吗? 谁叫成人礼的日期每年都不一样啊。
B : 你真是的, 给点力啊!

A : 오늘 왜 이렇게 후리소데 입은 사람들이 많지?
B : 무슨 소리야. 오늘 성인식이잖아.
A : 어? 그랬나? 성년의 날은 매년 바뀌니까 몰랐어.
B : 왜 이래~ 정신 좀 챙겨.

8

A : Look at Taro's math tests. 28 points and 32 points.
B : Out of 50 points?

A : No, full score is 100 points. You really are an optimistic person, aren't you.
B : Well, no need to make a fuss. Like father, like son.

A : 你看太郎的数学考试, 一个28分一个32分。
B : 满分是50分?

A : 100分啊! 你也太乐观了吧。
B : 行啦行啦, 咱们家基因就这样。

A : 타로 수학 시험 좀 봐. 28점, 32점이라고.
B : 50점 만점에?

A : 100점 만점이지. 당신 정말 낙천적인 사람이다.
B : 뭐 어때. 개구리의 새끼는 개구리지 뭐.

9

A : What game do you recommend the most, Mr. Koike?
B : Well, I'd say a game called "Kenshin" is good. I am hooked on it now.
A : That one, you will be charged, right? I heard that it's a take-off of "Legend of Kalda."
B : No, that's not true. It's so fun, so you should give it a go.

A : 我说, 小池你最喜欢的游戏是什么呀?
B : 我想想呗, "剑神" 这个游戏还不错。最近玩得还挺上头的。
A : 我记得也是要抽卡的是吧。听说抄袭了 "加尔达传说" 呢。
B : 没有的事。很好玩的, 你玩儿一下试试看嘛。

A : 있잖아. 고이케 상이 제일 추천하는 게임이 뭐야?
B : 추천이라… '겐신'이라는 게임 재미있어. 요즘 완전 빠졌어.
A : 그 게임, 아이템 뽑는 거 맞지? '가루다의 전설' 표절했다고 하던데?
B : 그런 거 아냐. 되게 재미있으니까 한번 해 봐.

10

A : I have so much unwanted stuff after cleaning my place. It will be a lot of work to throw it all away.
B : There is a way of not throwing them away.
A : Eh? What, what?
B : I think it would be good to get rid of them using a flea market service called Marukari. Items we don't think would sell, do, and you can earn quite good money.

A : 打扫了一下, 没想到清出来这么多不要的东西。扔起来也是一项大工程啊~
B : 别丢, 我有办法。
A : 哦? 什么办法什么办法?
B : 有个叫 "Marukari" 的二手交易市场, 你出掉就好了。有些你想不到的东西都能卖出去, 听说还挺赚的。

A : 청소 했더니 쓸 데 없는 게 이렇게나 나왔어. 버리는 것도 일이야.
B : 안 버리는 좋은 방법이 있지.
A : 뭔데 뭔데?
B : 마루카리라는 중고마켓에 팔아버리는 거야. 이런 것도 팔린다고? 하는 것도 팔려서 쏠쏠한가 보더라.

11

A : Shall we order a pizza?

B : Sure, sounds good. What would you like?
A : Well, how about a half and half pizza wih BBQ chicken and seafood mix? A large crispy one.
B : It's a hassle. Order it yourself.

A : 要点披萨吗?

B : 嗯, 可以有。点哪个?
A : 那就, 鸡肉烧烤的和海鲜荟萃的双拼吧怎么样? 要薄脆的L的哦。
B : 麻烦死了~你自己点去。

A : 우리 피자 시킬래?

B : 응, 그러자. 뭘로 시킬래?
A : 바베큐치킨이랑 씨푸드 반반 어때? 크리스피 도우로 L사이즈.
B : 시키기 귀찮아~. 알아서 주문해 줘.

12

A : I am sure I had a discout coupon but...
B : What? How much cheaper?

A : 800 yen. You can't look down on 800 yen, right?
B : Sure, that's a lunch-worth.

A : 我记得应该是有打折券的啊。
B : 诶? 能便宜多少啊?

A : 800日元。800日元可不是小数目啊。
B : 是啊, 都够一顿午餐了。

A : 그러고보니 할인 쿠폰이 있었던 것 같은데.
B : 얼마나 할인되는데?

A : 800엔. 800엔은 무시 못하지.
B : 맞아. 점심값은 되잖아.

⓭ A ： あー、どうしよう！　たかしの熱が下がらない！

B ： 今日は日曜日だしなー。病院はどこも休みだろう？

A ： うん。やってる病院ないか、ちょっと調べてくれない？

B ： わかった。区のホームページで調べてみるよ。

A ： うん。お願い。

B ： あ、あった、あった。ここに休日・夜間救急診療の情報載ってるよ。

⓮ A ： ねえ、寝相アートって知ってる？

B ： ん？　ね、ぞ、うアート？　何それ。

A ： え、知らないの？　寝ている赤ちゃんを小物でデコレーションして撮った写真
のことだよ。今、SNSでブームだよ。

B ： ふーん、そうなんだ。初めて聞いたよ。

A ： うん、で、これ見てよ、私も真似してやってみたんだ。ねえ、かわいくない？

B ： 確かに。しかもちょっと笑える。家族アルバムにアップしとこう⑪。

⓯ A ： もうすぐ彼女の誕生日なんだけど、女の人に喜ばれるプレゼントって何だと思
う？

B ： うーん、そうだな、バッグや香水、財布なんかはどうだろう。

A ： 定番だけど、趣味が違うって言われたらいやだし。

B ： そっか。それなら自分では買わないけど、もらえたら嬉しいものあげたら？

A ： 例えば？

B ： そうだな、美容家電とかエステのチケットとか。気に入ってもらえるんじゃない？

⓰ A ： 今何時？

B ： 11時。

A ： えっ、もうそんな時間？　あ〜あ、一日があっという間に過ぎちゃった…。

B ： あ〜、残念だね。

A ： やることいっぱいあるのに、時間だけが過ぎてく…。

B ： グダグダ言ってる⑫暇があったら、さっさとやったら〜？

家族・夫婦・恋人との会話 注→p.41
かぞく ふうふ こいびと

13 A : Oh, what I am going to do! Takashi's fever won't come down!

B : It's Sunday today... All the hospitals will be closed, won't they?

A : They should be. Won't you look it up and see if one is open?

B : Sure. I'll check it on the webpage of the ward.

A : Yes, please do.

B : I found it. Here, it tells you about the information for emergency medical treatment for holidays and at night.

A：啊，怎么办啊！隆志的烧就是退不下来啊！

B：今天还是星期天……医院应该都休息吧？

A：是啊。你能不能帮忙搜一下看有没有医院还开着？

B：好的。我去我们区的主页上搜一下。

A：嗯。拜托了。

B：啊！有了有了。这里有休息日和夜间急诊的相关消息。

A : 아, 어쩌지? 다카시가 열이 안 내려!

B : 오늘 일요일이지…. 병원 문도 다 닫았을 거 아냐.

A : 응. 문 연 데는 없는지 알아봐 줄래?

B : 알았어. 구청 홈페이지에 들어가 볼게.

A : 응. 부탁해.

B : 아, 있네 있어. 여기에 휴일, 야간 응급진료 정보가 올라와 있어.

14 A : Do you know Nezou (the way you sleep physically, like toss and turn) art?

B : Uh? Ne zo u art? What's that?

A : Oh, you don't know? It's a photo of a sleeping baby decorated with small trinkets. Now it's all the thing on SNS.

B : Huh, is that right? It's the first time I've heard of it.

A : Yeah, and, look at this. I tried mimicking it . Don't you think it's cute?

B : Sure is. And it makes you chuckle a little. I am going to have it uploaded onto my family album.

A：诶，你知不知道睡相艺术啊？

B：嗯？睡……睡相……艺术？那是啥啊？

A：诶？你不知道啊？就是用一些小物件装扮睡着的婴儿，然后把照片拍下来。现在网上还挺火的。

B：喔，这样啊。我还是第一次听说呢。

A：嗯，你看看这个，这个是我试着模仿了一下拍的。你看，是不是很可爱？

B：确实。而且还有点好笑。上传到家族相册吧！

A : 잠자는 모습 아트라고 알아?

B : 뭐? 잠자는 모습 아트? 뭔데 그게?

A : 그걸 모른다고? 잠자는 아기 주위에 물건 같은 거 놓고 찍은 사진 말이야. 지금 SNS에서 유행하잖아.

B : 그렇구나. 처음 들었어.

A : 응, 이거 봐 봐. 나도 한 번 따라해 봤거든. 어때? 귀엽지?

B : 귀엽네. 웃기기도 하고. 가족앨범에 올려놓자.

15 A : My girlfriend's birthday is approaching, but what sort of presents do you think would be appreciated by women?

B : Well, I'd say, how about things like a bag, perfume or a purse?

A : That's classic, but it would be disappointing if she says we have different taste.

B : I see. In that case, why don't you give her something she doesn't buy for herself but that makes her happy when she receives it?

A : For example?

B : Well, things like a beauty appliance or tickets for esthetic treatment, and so on? She may like something like that.

A：马上就是我女朋友的生日了，你觉得女孩子收到什么礼物会比较开心呢？

B：嗯……我想想，包啊、香水啊、钱包啊什么的怎么样？

A：虽说是标配啦，但要是人家说我们喜欢不一样就惨了。

B：这样啊。那你就送那些她平时自己不会买的，但是收到了会很开心的东西怎么样？

A：比如？

B：我想想……美容仪器啊，护理券啊什么的，她应该会喜欢吧？

A : 얼마 후에 여자친구 생일인데 여자들이 좋아할 만한 선물이 뭐가 있을까?

B : 글쎄… 가방, 향수, 지갑 같은 건 어떨까?

A : 정석이긴 한데 자기 취향이랑 다르다는 말 들을까봐.

B : 그럼 내돈 주고 사긴 싫지만 받으면 좋은 건 어때?

A : 예를 들면?

B : 그러니까 미용기기나 피부관리실 티켓 같은 거. 마음에 들어할 지도 몰라.

16 A : What time's it now?

B : 11 o'clock.

A : What? It's that late? Oh no, the day is gone in a blink of an eye.

B : Oh no, too bad.

A : There's so much to do, but time alone flies by...

B : If you have time to whine, why don't you just get on with it?

A：现在几点？

B：11点。

A：诶？已经到了这个点了吗？唉～一天的时间过得真快啊……

B：唉～可惜啊。

A：要忙的事还有一大堆，时间倒是过得飞快……

B：有这个功夫说这些有的没的，还是赶紧干活吧。

A : 지금 몇 시야?

B : 11시.

A : 벌써 그렇게 됐어? 아~ 하루가 벌써 끝나다니…

B : 끝나서 어떡하니.

A : 할 일도 많은데 시간만 지나가버렸어…

B : 칭얼댈 시간 있으면 얼른 하지 그러니?

17　A：来週、車の免許、更新に行かなくちゃ。

　　B：年末だから、混むかもね。

　　A：あ、そうかもね。じゃ、朝、早めに行こう。

　　B：うん。それがいいね。

　　A：写真撮るから、寝起きの顔になんないようにしなくっちゃ。

　　B：そんなに変わんないんじゃない？

18　A：東京でヴィーガン[13]メニューのある店って知ってる？

　　B：うん、いくつか知ってるよ。

　　A：そう、じゃ、どこかいいお店教えてくれる？　外国の友達でヴィーガンの人が
　　　　日本に来るんだ。

　　B：そう？　じゃ、ここなんかどうかな。

　　A：え、どれどれ、ちょっと見せて。「オーガニック野菜や無添加の調味料で作る
　　　　料理が評判」か。

　　B：ね、良さそうでしょう？

19　A：ねえ、この記事見て。「おうち時間を楽しむための三つのアイデア」ですって。

　　B：最近は自宅で過ごす時間が増えているからな。

　　A：で、一つ目は「部屋をおしゃれにする」。二つ目は「心も体もリラックスす
　　　　る」そして、三つ目は…。

　　B：「手料理を作る」じゃないか？

　　A：うん、そう。おいしいものを作って、家族で食べる。それがいいらしいよ。

　　B：じゃ、うちも今日はみんなで何か作ろうか。

20　A：夕べ、駅前の自販機[14]、壊されてお金盗まれたんだって。

　　B：え～、この辺も物騒になったね。一昨日ストーカー騒ぎもあったし。

　　A：お姉ちゃん[15]も気をつけなさいよ～。帰ってくるの遅いんだから。

　　B：は～い。

　　A：防犯ブザーちゃんと持ってる？　自分の身は自分で守らなくちゃだめよ。

　　B：わかった～。

家族・夫婦・恋人との会話 注→p.41
かぞく ふうふ こいびと

17

A : I have to go to renew my driver's license next week.
B : It may be crowded since it's the end of the year.
A : Oh, you may be right. In that case, I'll try to get there early in the morning.
B : Yeah, that's a good idea.
A : I am going to take a picture of myself so I have to make sure I won't look like I just woke up.
B : It won't be that different, will it?

A : 我下周必须得去更新一下驾照了。
B : 到年底了，可能人会很多。
A : 啊，确实。那我早上早点去好了。
B : 嗯，这样比较好。
A : 还要拍照，我得小心别顶着一张刚睡醒的脸去。
B : 你这也没什么区别吧？

A : 다음 주에 운전 면허 갱신해야 되겠다.
B : 연말이라 복잡할 지도 몰라.
A : 그렇네. 그럼 아침 일찍 가야겠어.
B : 응, 그게 좋겠어.
A : 사진도 찍을테니까 자다 깬 얼굴로 안 가게 조심해야지.
B : 크게 다르지 않을 것 같은데?

18

A : Do you know a restaurant with a vegan menu in Tokyo?
B : Sure, I know some.
A : OK. In that case, can you tell me somewhere good? My friend who is vegan is coming to Japan from overseas.
B : Is that right? How about here then?
A : Which one? Let me see? It says "dishes made with organic vegetables and additive-free seasonings are received well."
B : See, it sounds good, right?

A : 你知道东京有哪家店有专给素食主义者准备的菜单吗？
B : 嗯，我知道几家。
A : 是吗？那你能推荐几家不错的给我吗？我有个素食主义的外国朋友要来日本。
B : 这样啊！那你看看这家怎么样？
A : 哦？哪家？让我看看。"使用有机蔬菜和无添加的调味料制作的料理颇受好评"啊。
B : 对吧，看着不错吧？

A : 도쿄에서 비건 메뉴가 있는 가게 알아?
B : 응, 몇 군데 알고 있지.
A : 그럼 괜찮은 곳 좀 알려 줄래? 외국인 친구 중에 비건인 애가 일본에 오거든.
B : 그래? 그럼 여긴 어때?
A : 어디 보자. '유기농 채소와 천연 조미료로 만든 요리가 인기' 래.
B : 괜찮을 것 같지 않아?

19

A : Hey, read this article. It says "three ideas to enjoy your time at home."
B : Because the time we spend at home is increasing nowadays.
A : And the first idea is "make your room fashionable." The second one is "relax your mind and body," then the third...
B : "Cooking," no?
A : Yes, that's it. Cook something delicious and eat it with your family. That seems like a good thing to do.
B : Then, shall we cook something together at home today as well?

A : 诶，你看这篇报道。说是"享受居家时光的3个方法"诶。
B : 最近在家待着的时间确实是多了不少呢。
A : 这第一个是"装饰房间"，第二个是"放松身心"，然后第三个是……
B : 是"亲手制作料理"吧？
A : 嗯，是的。做点好吃的和家里人一起吃。说是这个方法不错。
B : 那，我们家今天也一起做点什么吧？

A : 이 기사 좀 봐. '집에 있는 시간을 즐겁게 보낼 수 있는 아이템 세 가지' 래.
B : 요즘 집에 있는 시간이 늘어나서인가?
A : 첫 번째는 '집을 꾸민다.' 두 번째는 '몸과 마음을 편하게.' 그리고 세 번째는….
B : '직접 요리한다' 아냐?
A : 응, 맞아. 맛있는 걸 만들어서 가족들과 먹는다. 그게 좋은가 봐.
B : 그럼 우리도 오늘은 다 같이 만들까?

20

A : I heard that a vending machine in front of the station was broken into and the money was stolen from it last night.
B : Really? It has become dangerous around here, hasn't it? There was also a stalker scare the other day.
A : You should be careful. Since you come home late.
B : Yeah.
A : Do you carry a personal safety buzzer? You have to protect yourself.
B : Sure.

A : 昨晚，车站前面的那台自动贩卖机被人弄坏了，里面的钱也被偷了。
B : 诶？这附近也变得不太平了啊。前天跟踪狂的事情也闹得挺大的。
A : 姐姐你也要小心点啊！你晚上回来都挺晚的。
B : 好哒～
A : 防身报警器带着了吗？要好好保护自己啊。
B : 知道啦～

A : 어젯밤에 누가 역 앞에 있는 자판기를 부숴서 돈을 훔쳐갔대.
B : 뭐? 이 동네도 왜 이렇게 치안이 안 좋아졌지. 그저께 스토커 사건도 있었잖아.
A : 엄마도 조심해. 밤 늦게 집에 오잖아.
B : 네~
A : 호신용 경보기 잘 갖고 다녀? 자기 몸은 자기가 지켜야 된다고.
B : 알았어~

1　A ： コーヒー、いれてくれない？

　　B ： いいよ、インスタント？　それとも豆からひく？

　　A ： じゃ、せっかくだから豆からひいてもらおうかな。

　　B ： え、めんどうだなー。インスタントじゃだめ？

2　A ： う〜ん、また胃がシクシク[16]痛み出した。

　　B ： どうしたの？　胃炎？

　　A ： 将来のことを考え始めると痛くなるんだよ。

　　B ： このご時勢、もっと図太く生きなきゃ。

3　A ： ちょっと、私、怒ってるんだけど。

　　B ： え？　何でそんなにプンプン[17]してんの？　僕、なんか悪いことをした？

　　A ： ふざけないで！　前の彼女とデートしてるの見ちゃったんだから。

　　B ： あ、あれは偶然会って立ち話してただけだよー。

4　A ： ねー、何もそんなにツンツン[18]しなくても…。

　　B ： いいえ。怒るなって言われても、今度ばかりは無理です。

　　A ： だから、あれは君の誤解だって、さっきから言ってるだろう。

　　B ： 偶然会っても、立ち話なんてしてほしくないのよね、私としては…。

5　A ： そんなにキンキン[19]どなったら、周りの人が見るだろう。

　　B ： 見られたって構いません。悪いのはあなたなんだし…。

　　A ： わかったわかった、謝ります。もう二度と君を傷つけるようなことはしません。

　　B ： 本当？　心からそう思ってる？

6　A ： ねー、見て、このウェディングドレス。全部手作りのレースだって。素敵ね。

　　B ： うん、すごいね。一つ一つがすごく精巧だし…。気が遠くなるような作業だね。

　　A ： 私、これが着たいな。

　　B ： え、ちょっと待ってよ。値段も相当…。ほらね、やっぱり桁が違う[20]よ。

家族・夫婦・恋人との会話 注➡p.42
かぞく　ふうふ　こいびと

1
A : Could you make a coffee?

B : Sure, instant coffee? Or make it from beans?

A : Well, now that you mention it, would you make it from beans?

B : Really? That's a pain. Do you mind instant?

A：你能帮我泡个咖啡吗?

B：可以啊，速溶的? 还是要现磨的?

A：那，机会难得，你就帮我用咖啡豆磨一个吧。

B：什么呀，好麻烦的。速溶的不行吗?

A : 커피 좀 타 줄래?

B : 그래. 인스턴트? 아니면 원두?

A : 이왕이면 원두가 좋지.

B : 아~ 귀찮게. 그냥 인스턴트 마시면 안 돼?

2
A : Ah…I started to feel a dull pain in my stomach again.

B : What's the matter? Gastritis?

A : It hurts when I start thinking about the future.

B : In this day and age, you have to have a thick skin.

A：唔……我的胃又开始痛了。

B：怎么了? 胃炎?

A：一想到将来的事情就胃痛。

B：现在这世道，得放宽心坚强地活下去才行。

A : 음… 위가 또 살살 아파 오네.

B : 왜 그래? 위염이야?

A : 내 앞날을 생각하기 시작하면 위가 아파.

B : 요즘 같은 세상, 강심장으로 살아야지.

3
A : Hey, look, I'm angry.

B : What? What are you so angry about? Did I do something wrong?

A : Don't mess with me! I saw you out with your ex girlfriend.

B : Oh, that, I ran into her by chance and we were just standing and talking there.

A：喂，我生气了!

B：诶? 你干嘛这么气鼓鼓的呀? 我做错什么了吗?

A：开什么玩笑! 我可是看到你和你前女友在约会了!

B：啊，我们就是偶然碰到了，站在那儿说了几句话而已啦。

A : 저기, 나 화났다고.

B : 어? 뭘 그렇게 삐진 거야? 내가 뭐 잘못했어?

A : 웃기고 있네. 옛날 여자친구랑 데이트하는 거 봤거든.

B : 그, 그건 우연히 만나서 잠깐 이야기 한 것 뿐이야.

4
A : Hey, you don't have to be so cold...

B : No. You can't just tell me not to be angry this time.

A : I told you, you misunderstood that. That's what I have been saying all this time.

B : Even if you just ran into her, as far as I'm concerned, I don't want you to stop and chat...

A：我说，你也没必要发这么大脾气吧。

B：不行。就算让我别生气，这次我也忍不了。

A：所以啊，刚才不就跟你说了吗? 那是你误会了。

B：就算你们是偶然遇到的，站在我的角度，我也不希望你们站在一起说话……

A : 아니, 그렇게 까칠하게 굴지말고…

B : 아니요. 화 내지 말라고 해도 이번만은 힘들어요.

A : 그러니까, 그건 너가 오해한 거라고 아까부터 말했잖아.

B : 우연히 만난 거라고 해도 이야기를 나눌 필요는 없잖아. 내 입장으로서는…

5
A : If you shriek and yell like that, people are going to look at us.

B : I don't care if they look at me. You are in the wrong, so...

A : OK, OK, I apologize. I will never do a thing to hurt you again.

B : Really? Do you really mean that from the bottom of your heart?

A：你吼得那么大声，周围的人都要过来看了。

B：被他们围观又怎么了? 错的人是你……

A：我知道了知道了，我道歉。我再也不会做让你伤心的事了。

B：真的? 你真这么想?

A : 그렇게 흥분하면 주위 사람들이 쳐 다 보잖아.

B : 쳐다 봐도 상관없어요. 잘못한 건 너니까.

A : 알았어, 알았다고. 잘못했어. 두 번 다시는 네가 화 나는 일은 안 할게.

B : 정말이야? 진심으로 그렇게 생각해?

6
A : Hey, look at this wedding dress. They said all the lace is hand-made. That's great.

B : Yeah, it's marvelous. Each part's so precise... The work's overwhelming.

A : I want to try it on.

B : What, wait a minute. The price is quite high...see, it's way over our range after all.

A：诶，你看，这件婚纱。说是纯手工制作的蕾丝诶。好棒啊!

B：嗯，真厉害。这每一处还都挺精致的……这活儿能干得人过不去气来。

A：我好想穿这件啊。

B：诶，你等等啊。这个价格也是相当的……你看吧，价格也差个零呢。

A : 이거 좀 봐. 이 웨딩 드레스 전부 수작업으로 만든 레이스래. 근사하다.

B : 대단한데? 하나하나 굉장히 정교하네. 생각만 해도 아찔한 작업이다.

A : 나, 이거 입고싶은데~

B : 응? 잠깐만. 가격도 엄청…. 봐, 역시 0이 하나 더 붙어 있잖아.

7 A ： ねー、もう12月も半ばだし、そろそろおせち²¹のこと考えないとね。

B ： うーん、適当に決めてくれよ。

A ： あ、そう？ じゃ、おせちなしっていう選択でもいいわけね。

B ： え、それじゃお正月らしくないだろう？

A ： だいたい、おせち食べるのはあなただけなんだから。

B ： それを言っちゃ、身もふたもないな。

8 A ： 冬のバーゲンセール、全品9割引？ 信じられない！

B ： えっ、90％オフだって？ いくら出血大サービス²²と言っても、それじゃ、

店も元取れない²³よね。

A ： 赤字覚悟なんじゃない？

B ： そうとは言えないよ。安さの裏には何か理由があるかもしれないし。

A ： 本当？ まあ、どっちにしても、うちの家計にとっちゃ助かるけどねー。

B ： まーね。

9 A ： なにその頭、鳥の巣みたいにボサボサじゃないか〜。

B ： そっちこそ、何よ、そのジーンズ。ボロボロじゃない。

A ： なに言ってんだよ、これがファッションだよ。あれ、やだな〜、その靴下。

右と左で色が違ってんだろう。そそっかしいんだから、まったく〜。

B ： 自分だって、そのTシャツ、表と裏が逆よ。

A ： そうだよ。これが最新のデザインなんだよ。わざとそうなってるの。

B ： へ〜、言われなきゃ全然わかんない。

10 A ： 家を買うならやっぱり、周りの環境を考えないとね。

B ： そう？ 私は環境よりむしろ便利さのほうが大切だと思うけどな。

A ： ま、それもわかるけど、最近はリモートワーク²⁴が中心で、働き方が自由に選

べるようになったから、環境重視の人も増えてきているんだよ。

B ： そうね。でも、老後のことを考えたら、どうだろう？

A ： 確かに。でも、結局、その人の価値観で決めていいんじゃないかな。

B ： そうだね。

家族・夫婦・恋人との会話 注 → p.42,43
かぞく ふうふ こいびと

7
A : Hey, it's already mid-December, so we have to think about Osechi, the New Year's platter.
B : Yeah, you decide on it as you please.
A : Oh, really? So it's OK to have no-osechi option then.
B : What? Then it doesn't feel like the new year.
A : Generally, it's just you who eats osechi.
B : You don't have to say it so straightforwardly.

A : 我说，12月都过去一半了，差不多该考虑一下年菜了。
B : 呃……你看着定吧。
A : 哦，是吗？那不准备也行咯。
B : 诶？那还有什么正月的样子啊？
A : 说到底，年菜也只有你吃。
B : 你要是这么说的话，也太直接了吧，我也不知道说什么了。

A : 있잖아, 12월도 벌써 중순이고 슬슬 오세치 요리 준비를 해야겠지?
B : 음… 알아서 정해봐.
A : 그래? 그럼 준비 안 하는 것도 괜찮다는 말이지?
B : 아니 그럼 설날 분위기가 안 나잖아.
A : 그치만 오세치 먹는 사람이 당신 밖에 없잖아.
B : 너무 직설적으로 말하네.

8
A : All items 90% off in the winter sales? I can't believe it!
B : What!? 90% off you said? Giving such a huge discount, there won't be any profit for the shops, will there?
A : They expect a loss, don't they?
B : Not necessarily so. There may be something hidden under the cheap pricing.
A : Really? Well, in any event, it's a bit of a help for my finances.
B : Well, I guess that's true.

A : 冬季促销全场1折？不可思议！
B : 诶！？1折？就算是跳楼价大甩卖，这样的话，店家连成本都赚不回来吧。
A : 应该就是做好亏本的打算了。
B : 也不能这么说啦。这么便宜，背后说不定有什么原因呢。
A : 真的吗？不过，不管怎么说，倒是帮我们家省钱了呢。
B : 那确实。

A : 겨울 바겐세일이 전부 90% 할인? 믿을 수 없어!
B : 뭐? 90% 할인이라고? 아무리 폭탄세일이라고 해도 이러면 가게 망하는 거 아냐?
A : 적자 각오하고 하는 거겠지.
B : 그렇지도 않을 걸. 가격이 싼 데는 이유가 있을지도 모르고.
A : 그래? 그래도 우리 살림에는 도움이 되잖아.
B : 하긴.

9
A : What happened to your hair!? It looks so tangled, like a bird's nest.
B : Look who's talking--your jeans are all tattered.
A : What are you talking about. This is fashion. Oh, no, those socks. The left and right are different colors. You are so careless, after all.
B : Speak for yourself, your T-shirt is inside out.
A : That's right--this is the latest design. This is on purpose.
B : I see, I wouldn't have a clue unless someone told me.

A : 你头发怎么了？怎么跟鸟窝似的乱蓬蓬的呀～
B : 你才是呀，你的牛仔裤，破破烂烂的。
A : 你说什么呢，这叫时尚好吗。咦，天呐，你这袜子，左右颜色还不一样诶。你这也太不注意了，真是的。
B : 你不是也，你这T恤，还穿反了。
A : 是啊。这可是最新款，特意这么设计的。
B : 喔～，你不说还真不知道。

A : 머리가 왜 그래? 머리가 까치집을 지었네.
B : 자기야말로 청바지가 그게 뭐야. 줄곧해서는.
A : 무슨 말씀. 이게 패션이라고. 아이고, 양말도 짝짝이로 신었네. 왜 이렇게 덜렁대냐.
B : 자기야말로 티셔츠 앞뒤 거꾸로거려.
A : 당연하지. 이게 최신 유행이니까. 그렇게 만들어진 거라고.
B : 그러세요~? 말 안하면 모르겠는데.

10
A : If you buy a house, you need to think about the surrounding environment after all.
B : Do you think so? I rather think convenience is more important than the environment.
A : Well, I understand that, too, but nowadays with the focus on remote work, we can choose how we want to work, so more and more people are putting importance on environment.
B : True. But when you think about old age, what do you think?
A : That's a good point. But after all, I think it's decided based on each person's values.
B : That's true.

A : 要买房子的话，果然还是得考虑周围的环境呢。
B : 是吗？要我说的话，比起环境，方便比较重要。
A : 嗯，这也能理解。不过最近主要都是远程线上上班，可以自由选择上班的方式，所以越来越多的，注重环境的人也变多了呢。
B : 是啊。不过，考虑到养老的话，怎么说？
A : 那确实。但是，说到底，都取决于当事人的价值观吧。
B : 是啊。

A : 집을 사려면 역시 주변환경을 고려해야지.
B : 그래? 나는 환경보다 오히려 편리한 게 중요한데.
A : 그것도 맞는데 요즘은 재택근무 중심인데다 일하는 방식도 자유롭게 고를 수 있게 됐으니까 환경을 중시하는 사람들도 늘어나고 있는 거지.
B : 그렇네. 그래도 노후를 생각하면 좀.
A : 하긴. 그래도 결국 그 사람의 가치관에 따라 정하는 게 좋지 않을까?
B : 나도 그렇게 생각해.

11　A：何だか奥歯が痛いんだよね。

　　B：親知らず²⁵が生えてくるんじゃない？

　　A：うん、そうかも。あ、また、ズキズキしてきた。

　　B：生える角度が悪くて、隣の歯が押されちゃってるのかもね。ひどくならないうちに、早く歯医者さんに行ったほうがいいよ。

　　A：うん、そうする。

　　B：お大事にね。

12　A：あ、やばい。伊藤さんに年賀状出しちゃったけど、あそこ喪中²⁶だった。

　　B：あ、そうだった。しかも、お父様が亡くなったの年末だったよね。

　　A：うん。結構な枚数出してるから、気がつかないで出しちゃったんだ。

　　B：しょうがないね。わざとじゃないんだし。

　　A：今度、会ったとき、ひと声かけとくよ。

　　B：うん、お願い。

13　A：おやつ何にする？

　　B：アツアツのあんまんがあるけど、どう？

　　A：いいね、それ。じゃ、しぶーい²⁷お茶用意するね。

　　B：あ、それから、ホクホクの焼き芋もあるよ。

　　A：うーん、あんまんに焼き芋じゃ、かなりヘビーなおやつになりそうだね。

　　B：夕飯少なめにしなきゃね。

14　A：ねー、今日お昼は外で食べない？

　　B：うーん、今日は昼抜きにしとくよ。

　　A：どうしたの？　珍しいじゃない。具合悪いの？

　　B：うん。昨日、パーティでマンゴー食べ過ぎちゃって…、おなかがちょっとね…。

　　A：マンゴーの食べ過ぎ？　もう、子どもじゃあるまいし。いい年した²⁸おじさんが恥ずかしいわね。

　　B：だけど、本当においしかったんだよ、あの完熟マンゴー。

家族・夫婦・恋人との会話 (注)➡p.43
かぞく ふうふ こいびと

11
A : It feels like my back tooth hurts.
B : Maybe you have a wisdom tooth coming in?
A : Yeah, maybe so. Anyway, it's throbbing again.
B : Maybe it's coming in at a bad angle and pressing on the next tooth. You'd better go to the dentist before it gets worse.
A : Yes, I'll do that.

B : Take care of youself.

A : 不知道为什么，后槽牙好疼。

B : 不会是长智齿了吧?

A : 嗯，有可能。啊，又来了，又开始一阵阵地疼了。
B : 可能是智齿长的角度不对，挤压到旁边的牙齿了。趁现在还不严重，早点去看个牙医比较好。
A : 嗯，我会的。

B : 你保重啊。

A : 왠지 잇몸이 좀 아픈 것 같은데.

B : 사랑니가 나려는 거 아냐?

A : 그럴지도 몰라. 아, 또 욱신거리네.

B : 각도가 이상하게 나서 옆에 있는 이를 밀어서 그런 거 아닐까. 더 심해지기 전에 얼른 치과에 가 봐.
A : 응, 그럴게.

B : 얼른 나아.

12
A : Oh no! I sent Mr. Itoh a New Year's greeting card, but he's in mourning.
B : That's right. Moreover, his father passed away at the end of the year, right?
A : Yes. I sent out a lot of cards, so I ended up sending it to him without noticing it.
B : Nothing you can do about it. It was not on purpose.
A : Next time I see him, I will mention it to him.
B : Yeah, please do that.

A : 啊，糟了。我不小心给伊藤寄了贺年卡，他们家还在守丧呢。
B : 啊，是哦。而且他父亲还是在年末的时候去世的。
A : 嗯。寄的张数太多了，一不留神就给寄出去了。
B : 没办法，你也不是故意的。

A : 下次见面我跟他说一声。

B : 嗯，拜托了。

A : 큰일 났다. 이토 씨한테 연하장 보냈는데 그 집 지금 상중이었네.
B : 아, 맞다. 게다가 아버님이 돌아가신 게 연말이었잖아.
A : 응. 보내는 사람이 많다 보니까 깜빡했나 봐.
B : 어쩔 수 없지. 일부러 그런 것도 아니고.
A : 다음에 만나면 내가 설명할게.

B : 응, 부탁해.

13
A : What would you like for a snack?

B : There's hot anman (sweet buns), would you like one?
A : That sounds good. In that case, I am going to make some strong tea.
B : Oh, there are freshly baked sweet potatos, too.
A : Well, anman and sweet potato will make quite a heavy snack.
B : We'll have to cut back at dinner.

A : 吃点什么点心?

B : 我这儿有热腾腾的豆沙馒头，吃吗?
A : 这个不错啊。那我去泡点浓茶。
B : 啊，还有热乎乎的烤红薯呢。

A : 唔，豆沙馒头加烤红薯，这点心是不是分量太大了。
B : 晚饭得少吃点了。

A : 간식은 뭐 먹을까?

B : 따끈따끈한 호빵 있는데 어때?

A : 좋은데? 그럼 내가 떫은 차를 준비할게.
B : 아, 그리고 포슬포슬한 군고구마도 있어.
A : 음…. 호빵에 군고구마까지는 간식치고 무거울 것 같은데.
B : 저녁은 조금만 먹어야겠다.

14
A : Hey, why don't we eat out for lunch today?
B : Well, I think I am going to skip lunch today.
A : What's the matter? This is a rarity. Are you not feeling well?
B : Yeah. Yesterday, I ate too many mangos, so my stomach's a little, you know...
A : Ate too many mangos? It's not like you are a child. Shame on you, you who is a middle-aged guy.
B : But those ripe mangoes were really tasty.

A : 我说，今天中午要不要去外面吃?
B : 唔……我今天就不吃中饭了。

A : 你怎么了? 少见啊。身体不舒服?
B : 嗯。昨天在派对上不小心芒果吃多了……肚子有点……
A : 芒果吃多了? 你真是，又不是小孩子了。都是一把年纪的大叔了，羞不羞。
B : 但是，那个熟透的芒果，是真的很好吃。

A : 있잖아, 오늘 점심은 밖에서 먹지 않을래?
B : 음…. 오늘은 점심 건너뛰려고.

A : 왠일이야? 무슨 일 있어? 어디 아파?

B : 응. 어제 파티에서 망고를 너무 많이 먹었는지 속이 좀….
A : 망고를 많이 먹었다고? 애도 아니고 말야. 나이도 먹은 아저씨가 창피하지도 않니.
B : 진짜 맛있었단 말야, 그 완숙 망고….

15 A ： ねー、これ食べてみて。

B ： どれどれ。うーん、うまいよ、これ。

A ： 本当？ テレビでやってたの、作ってみたの。
　　ほんとう

B ： 最近、料理の腕上げたね。
　　さいきん　りょうり　うで

A ： そう？ それほどでもないけど…。でも、うそでも嬉しいわ。
　　　　　　　　　　　　　　　　　　　　　　　　　うれ

B ： うそじゃないよ。それとも、僕が君の味にすっかり慣らされちゃったのかな。
　　　　　　　　　　　　　　ぼく　きみ　　　　　　　な

16 A ： 太郎が学校休んだんだって？ どこか具合でも悪いのか？
　　たろう　　　　　　　　　　　　ぐあい

B ： ううん、そうじゃなくて。学校でクラスメートにからかわれたらしいの。

A ： からかわれたぐらいで学校に行けないんじゃ、しょうがないな〜。

B ： それが、大好きな女の子にからかわれちゃったらしいのよ。
　　　　　だいす

A ： いったい、何をからかわれたんだ？

B ： あなたがカットしてあげたヘアスタイルよ。坊主頭はもう古いって…。
　　　　　　　　　　　　　　　　　　　　　ぼうずあたま

　　太郎、怒ってるわよ〜。
　　たろう　おこ

17 A ： 翼、いつまでゲームしてんの！ もうそのくらいで止めにして、さっさと寝な
　　つばさ　　　　　　　　　　　　　　　　　　　　　や　　　　　　　　　ね

　　さい。

B ： わかったよ。

A ： ほらほら、止めなさい。何時だと思ってるのよ。いい加減にしないとー。
　　　　　　　　　　　　　　　　　　　　　　　　　かげん

B ： もう、いちいちうるさいんだよ、おふくろ㉙は！ もう子どもじゃないんだから。

A ： 親の言うことに口答えして、そんな息子に育てた覚えはありません。
　　　　　　　くちごた　　　　　　　むすこ　そだ　おぼ

B ： はいはい、わかりましたー。

18 A ： 姉貴㉚ー、おやじ㉛とおふくろ、またけんかしてるよ。
　　あねき

B ： また〜？ 「夫婦げんかは犬も食わない㉜」って言うのにね。
　　　　　　　ふうふ　　　　　く

A ： 本当、本当。まー、「けんかするほど仲がいい」とも言うけどさー。
　　ほんとう　　　　　　　　　　　なか

B ： 少しは子どもの身にもなってほしいよね。
　　　　　　　　　み

A ： まったく。週末ごとじゃ、たまったもんじゃないよ。
　　　　　　しゅうまつ

B ： まー、ほとぼりが冷める㉝までほっとこう。
　　　　　　　　　さ

38

15

A : Hey, try eating this.

B : Let's see. Ummm, this is good.

A : Really? I saw it on TV and thought I'd try making it.

B : You've gotten to be a better cook these days.

A : Really? Not that good... But that makes me happy even if it's not true.

B : It's no lie. Or maybe I've just gotten used to your cooking.

A：诶，你尝尝这个。

B：我尝尝。嗯～这个好吃啊！

A：真的吗？电视里放的，我就试着做了下。

B：你最近做菜水平提高了啊。

A：是吗？也没有啦……不过，就算是你哄我的听着也开心。

B：才不是。还是说我已经完全习惯你的味道了。

A : 이거 좀 먹어 봐.

B : 어디. 음~ 맛있는데.

A : 정말? 티비에서 하길래 만들어 봤어.

B : 요즘 요리실력이 늘었네.

A : 그래? 그렇게까지는 아닌데…. 빈말이라도 기분 좋네.

B : 빈말 아냐. 아니면 내가 당신 입맛에 길들여진 건가.

16

A : I heard that Taro was absent from school. Is he feeling ill or something?

B : No, that's not it. It sounds like he got teased by his classmates at school.

A : Well, if he can't go to school just because he got teased, he can't be helped.

B : Well, it looks like he got teased by a girl he likes very much.

A : What on an earth was he teased about?

B : It was that haircut you did for him. Buzz cuts are out of fashion, he said. Taro is pretty angry.

A：听说太郎今天上课请假啦？是哪里不舒服吗？

B：不是的。好像是在学校被同学调侃了。

A：被调侃了就不去学校了啊，真是够了。

B：好像还是被他超喜欢的女孩子调侃了呢。

A：到底是被调侃什么了啊？

B：就是你给他剪的发型啊。说他的平头太老土了……太郎现在可生气了。

A : 타로가 학교를 쉬었다고? 어디 아프기라도 한 거야?

B : 아니, 그런 건 아니고. 같은 반 친구가 놀렸나봐.

A : 놀림 받을 정도로 학교를 못 간다면 앞으로 어쩌려고.

B : 제일 좋아하는 여자아이가 놀렸나 보더라고.

A : 대체 뭐라고 놀렸길래?

B : 당신이 깎아준 머리 때문이야. 삭발은 촌스럽다고…. 타로, 지금 화 났어.

17

A : Tubasa, how long are you going to play that game! Stop it right there and go to bed now.

B : All right.

A : There, stop it. What time do you think it is? If you go too far...

B : Ahhh, you're after me about every little thing, mom! I am not a child anymore.

A : Talking back to your parents, I don't remember raising a child like that!

B : OK, OK, I got it.

A：小翼，你游戏要玩到什么时候啊！差不多该停了，赶紧睡觉去。

B：我知道了啦。

A：喂喂喂，赶紧停下。你当现在是几点啊，你要是再不停下我……

B：哎呀，老妈你怎么这么多话啊烦死了！我又不是小孩子了。

A：还跟父母顶嘴，我可不记得我养过这种儿子。

B：好好好，我知道啦……

A : 쓰바사, 언제까지 게임 할 거니! 이제 그만하고 얼른 자거라.

B : 알았어.

A : 자자, 그만 꺼. 지금 몇 시인 줄 아니? 적당히 안 하면….

B : 아, 시끄럽다고, 엄마는! 내가 앤 줄 알아!

A : 엄마 말에 말대답이나 하고. 난 이런 애 키운 적 없다.

B : 네네, 알겠습니다~

18

A : Sis, our dad and mom are fighting again.

B : Again? They say "even dogs stay away from a bickering couple."

A : Yeah right. Well, they also say "the more they fight, the closer they are."

B : They should put themselves in their children's shoes.

A : Quite. it's too much when they fight every weekend.

B : Well, let's leave them until they cool down.

A：老姐，老爸和老妈又吵架了。

B：又吵？俗话说得好，"两口子吵架，狗都不理"。

A：真的。不过，俗话说打是亲骂是爱嘛。

B：真希望他们也能站在孩子的角度考虑考虑。

A：真的是，每个周末这么吵一吵，真是够了。

B：好了，还是让他们自己等劲儿过去吧。

A : 누나! 아빠랑 엄마랑 또 싸워.

B : 또? '부부싸움은 개도 안 먹는다'는데.

A : 진짜. 반대로 생각하면 '싸울 정도로 사이가 좋다'는 거기도 한데.

B : 자식들 생각도 좀 해 주면 안되나.

A : 그러게. 주말마다 싸우는데 못 참겠어.

B : 잠잠해질 때까지 내버려 두자.

① ぐずぐずする

動作が遅くて、時間がかかる様子を表します。	This means dilly-dallying... moving slow and taking up time.	形容动作慢，耗费时间的样子。	동작이 느려서 시간이 걸리는 모습을 나타냅니다.

② 老け役
ふ　やく

映画やドラマなどで、老人のふりをする役のことです。	It's a role for an actor/actress to be an older person in a movie or drama.	指在电影电视剧中扮成老年人模样的角色。	영화, 드라마 등에서 할머니, 할아버지 역할을 말합니다.

③ 振袖
ふりそで

女性用の和服で、袖丈が長いもののことです。未婚の女性が、フォーマルな場に着ると されています。最近では成人式や友人の結婚式に着ていくことが多いです。	It's a Kimono with long sleeves. They say unmarried women wear them on formal occasions. Recently, It's often worn for coming-of-age ceremonies or friends' weddings.	是一种女性穿着的，袖子很长的和服。多为未婚女性在一些正式场合所穿着。现在多在成人礼或朋友的结婚典礼上穿。	여성용 기모노인데 소매가 깁니다. 미혼 여성이 격식있는 자리에서 입도록 되어있습니다. 최근에는 성인식, 친구 결혼식에 입고가는 일이 많습니다.

④ 成人の日

二十歳になった人たちが、大人になったことを祝う日のことです。一月の第二月曜日で、この日には成人式が行われます。	This refers to the day when people who have become 20 years old celebrate their adulthood. It's the second Monday of January, and the coming-of-age ceremonies are held on this day.	为了庆祝那些到了二十岁的人们成年的日子。成人礼一般在1月的第二个星期一举行。	스무 살이 된 사람들이 어른이 된 것을 축하하는 날입니다. 1월 두 번째 월요일로 이날에 성인식을 합니다.

⑤ かえるの子はかえる

子どもの能力や性質は親に似るものだという意味です。	It means that the ability and the character of the child take after their parents.	指孩子的能力和各方面素质与父母相似。	자식의 능력, 성격이 부모와 닮았다는 뜻입니다. '콩 심은 데 콩 난다' 라는 뜻입니다.

⑥ ハマる

何かにのめり込んで、夢中になっているという意味です。	It means that a person is engrossed in doing something.	指沉迷于某事无法自拔的样子。	어떤 일에 푹 빠져있다는 뜻입니다.

⑦ ガチャ

おもちゃなどが中に入ったカプセルを購入すること。ソーシャルゲーム（SNSのオンラインゲームの総称）のアイテム課金方式のことを言うこともあります。	It refers to buying capsules containing toys. It also refers to the way social games (collectively, online games on social media) charge for their items.	指购买内含玩具等物品的胶囊，即扭蛋。也可指社交游戏（SNS网络游戏的总称）的一种氪金方式。	장난감 등이 들어있는 캡슐을 구입하는 것. 소셜게임(SNS 온라인 게임 총칭)의 확률형 아이템 뽑기를 가리킬 때도 있습니다.

⑧ パクリ

他の人のアイデアを盗用することです。動詞は「パクる」です。

To plagiarize someone else's idea. The verb is "パクる."

指剽窃他人想法创意的行为。动词形式是"パクる"。

다른 사람의 아이디어를 도용하는 것입니다. 동사는 "パクる" 입니다.

⑨ フリマ

「フリーマーケット」の略語です。アプリを使ってオンライン上で行うものもあります。

It's an abbreviation of "フリーマーケット (flea market)." Some do it online with an app.

是"フリーマーケット(跳蚤市场)"的略称。也可在线上通过一些APP开展。

"フリーマーケット"의 줄임말입니다. 앱을 이용해 온라인상에서 거래하는 것도 있습니다.

⑩ バカになんない

「バカにならない」のカジュアルな言い方です。いい加減にしたり軽く考えることができないという意味です。

It's a casual expression of "バカにならない." It means that you can't look down on it or think lightly about it.

是"バカにならない"的通俗说法。指不可随意对待，不容小觑。

"バカにならない"의 격식 없는 말투입니다. 대충 하거나 가볍게 볼 수 없다는 뜻입니다.

⑪ アップする

データやファイルをアップロードすることです。

It means uploading data and files.

指上传数据或文件。

데이터, 파일을 업로드 하는 것을 말합니다.

⑫ グダグダ言う

同じことを繰り返して言ったり、つまらないことを長い時間話したりすることです。

It means that a person says the same thing over and over and talks about nothing for a long time.

指反反复复地说同样的话，长时间地说一些废话。

같은 말을 반복하거나 별 것 아닌 일을 길게 말하거나 하는 것입니다.

⑬ ヴィーガン

動物性の製品を買ったり食べたりしない、完全なベジタリアン（菜食主義者）のことです。

A complete vegetarian who does not buy or eat animal products.

指不购买且不吃任何动物制品的完完全全的素食主义者。

동물성 제품을 사거나 먹지 않는 완전 채식주의자를 말합니다.

⑭ 自販機
じ はん き

「自動販売機」の略語です。

It's an abbreviation of "自動販売機 (vending machine)."

是"自動販売機(自动贩卖机)"的略称。

"自動販売機"의 줄임말입니다.

⑮ お姉ちゃん
ねえ

妹や弟が姉を呼ぶときの呼称です。両親も一番上の娘を呼ぶときに、この呼称を使うことがあります。

It's how a younger brother or sister addresses an elder sister. Parents may also use this name to refer to their oldest daughter.

妹妹或者弟弟对自己的姐姐称呼。或为父母在称呼自己的长女时所用的称呼。

누나/언니라는 뜻입니다. 부모도 첫째 딸을 부를 때 이 호칭으로 부르는 경우도 있습니다.

⑯ シクシク

ひどい痛みではないけれど、鈍い痛みが長く続く様子を表します。

It refers to pain that isn't unbearable, but rther a dull pain that lasts for a long time.

形容并非剧烈的疼痛，而是长时间持续的隐隐作痛。

매우 아픈 건 아니나 묵직하게 아픈 것이 장시간 이어지는 모양을 나타냅니다.

⑰ プンプン

ひどく怒って不機嫌な様子を表します。

It expresses when a person is terribly angry and grumpy.

形容非常生气且不开心的样子。

매우 화가 나 기분이 좋지 않은 모습을 나타냅니다.

⑱ ツンツン

愛想がなくて冷たい対応をする様子を表します。

It refers to when a person is being unfriendly and gives someone the cold shoulder.

形容不友好，态度冷漠的样子。

다정하지 않고 차갑게 대하는 모습을 나타냅니다.

⑲ キンキン

耳が痛くなるほど高い音や声のことを表します。

It refers to a sound or voice that is so high that one's ears hurt.

形容炸耳朵的高频的或者很大的声音。

귀가 따가울 정도의 고음, 고성을 나타냅니다.

⑳ 桁が違う
けた　ちが

サイズや数、値段などに大きな差があるということです。ここでは、数字にゼロが一つ多く付いていて、とても高いという意味です。

This means that there is a big difference in size, number, price, etc. Here, there is one too many zeros in the number, which means very expensive.

形容尺码、数字或价格之间存在巨大的差异。在这里指数字后面多一个零，价格非常高的意思。

사이즈, 숫자, 가격등에 큰 차이가 있다는 뜻입니다. 여기에서는 '0'이 하나 더 붙어 있어 아주 비싸다는 뜻입니다.

㉑ おせち

お正月のお祝い料理のことです。一年の幸せや健康を祈って食べます。

This is a festive dish at the New Year. People eat this while praying for happiness and good health for the year.

用于庆祝新年的年菜。食年菜以祈求一年的幸福与健康。

설날 음식입니다. 한 해의 행복과 건강을 기원하며 먹습니다.

㉒ 出血大サービス
しゅっけつ

店に赤字が出てしまうくらい大きく割引されていて、とても安いという意味です。

It's discounted so much that the store will be in the red, meaning that it's very cheap.

店家亏本打出很高的折扣，价格特别便宜的意思。

가게가 적자를 볼 정도로 크게 할인하여 굉장히 싸다는 뜻입니다.

㉓ 元取れない
もと

「元が取れない」の略で、元（使ったお金）に比べて利益が出ないという意味です。

It stands for "元が取れない," which means that there is no profit against the original (money spent). No return on investment

"元が取れない（拿不回成本）" 的省略形式。即与成本（花出去的部分）相比，没有盈利的意思。

"元が取れない"의 줄임말로 元(쓴 돈)에 비해 이익을 볼 수 없다는 뜻입니다.

㉔ リモートワーク

自宅など会社以外の遠隔の場所でオンライン上でコミュニケーションを取りながら働くことです。「テレワーク」とも呼びます。

It's about working at home or a remote place other than the company, while communicating online. It's also called "テレワーク(telework)."

即在家里或者其他公司以外的地方远程通过线上交流进行工作的形式。亦作"テレワーク"。

회사 이외의 장소에서 온라인 상으로 의사소통을 하면서 일하는 것입니다. "테레워크" 라고도 부릅니다.

㉕ 親知らず
おや し

一番奥にある歯の名前です。他の歯よりも遅く生えてくることから、親が知ることなく生えてくるという由来があります。

It's the name of the last teeth in the back of your mouth. They come in later than other teeth and the name comes from the fact that they grow without the parents knowing about it.

即最里面的那颗牙齿的名字。因长出来得比其他牙齿都晚，是在父母都不知道的情况下长出来的而得名。

제일 안쪽에 나는 치아를 말합니다. 다른 치아보다 늦게 나기 때문에 부모가 모르는 채 난다는 유래가 있습니다.

㉖ 喪中
も ちゅう

家族や親戚が亡くなったときに、その死を悲しんで静かに過ごす期間のことです。

The period of time people spend mourning a death when a family member or relative passes away.

家人或亲戚去世时，为了悼念死者，而悲伤地静静地过的一段时间。

가족과 친척이 죽었을 때, 죽음을 슬퍼하며 조용히 보내는 기간을 말합니다. 상중에는 보통 연하장을 보내지 않습니다.

㉗ しぶーい

「渋い」のことです。日本には、「甘い和菓子には渋いお茶が合う」という伝統的な味覚があります。ここでの「渋いお茶」は、濃いめに入れた緑茶という意味です。

It means "渋い." In Japan, there is a traditional taste that "Japanese sweets go well with astringent tea." "渋いお茶" here means strong green tea.

同"渋い(苦涩)"。在日本的传统味觉认知中，"甜的日式小点心跟浓茶很配"。这里的"渋いお茶(浓茶)"，指的就是泡得比较浓的绿茶。

"渋い"입니다. 일본에서는 '화과자에는 떫은 차가 잘 어울린다' 라는 전통적인 미각이 있습니다. 본문에서 말하는 "渋いお茶" 란 대개 진하게 탄 녹차를 뜻합니다.

㉘ いい年した

そういうことをしたり、言ったりする年齢でないという意味です。つまり「もう大人なのに」という気持ちで使います。

This means that the person is past the age to do this or say that. In other words, the person who says this feels "もう大人なのに" (S/he is too grown-up to do this).

意思是已经不是做某事，或者说某些话的年纪了。说这话的意图和"もう大人なのに(都已经是大人了还……)"相同。

그런 일이나 말을 할 나이가 아니라는 뜻입니다. '어른이면서' 라는 느낌으로 씁니다.

㉙ おふくろ

母親に対して使うくだけた呼称です。父親は「おやじ」と言い、一般的に男性がよく使います。「おふくろ」「おやじ」と呼びかけることもあります。

It's a down-to-earth way to address a mother. Father is called "おやじ," and is generally addressed this way by men. Sometimes "おふくろ" or "おやじ" are also used.

是对母亲的一种比较通俗的称呼。叫父亲的话是"おやじ(老爸)"一般来说，多为男性所用。直接叫"おふくろ(老妈)"，"おやじ(老爸)"也可以。

자신의 어머니를 낮추어 부르는 말입니다. 아버지는 "おやじ" 라고 하며 일반적으로 남자가 자주 씁니다. "おふくろ", "おやじ" 라고 직접 부를 때 쓰기도 합니다.

㉚ 姉貴
あねき

弟や妹が姉に対して使う呼称です。くだけた呼び方で、親しみがこもっています。兄は、「兄貴」と言います。

It's a name that a younger brother or sister uses for an elder sister. It's a down-to-earth way of addressing her and expresses affection. An older brother is called "兄貴."

弟弟或者妹妹对姐姐的称呼。是一种通俗的叫法，比较亲密。称呼哥哥的话可以用"兄貴(老哥)"。

자신의 언니/누나를 부르는 친근한 표현입니다. 형/오빠는 "兄貴" 라고 합니다.

㉛ おやじ

父親に対するカジュアルな呼称です。母親は「おふくろ」と言います。

This is a casual way to address father. Mother is called "おふくろ."

是对父亲的一种比较通俗的称呼。叫母亲的话是"おふくろ(老妈)"。

자신의 아버지를 일컫는 격식 없는 호칭입니다. 어머니는"おふくろ" 라고 합니다.

㉜ 夫婦げんかは犬も食わない
ふうふ　　　　　　　く

夫婦げんかの原因は（何でも食べる犬も興味がないぐらい）大したものでなく、すぐに仲直りするから放っておいたほうがいいということわざです。

This is a proverb that means the cause for a couple's fight is not a big deal (to the extent that dogs who eats anything will not be interested), and as the couple will soon make up, it's better to leave them alone.

是一句俗语，意思是，夫妻吵架的原因都是些鸡毛蒜皮的小事(连什么都吃的狗都不会感兴趣)，马上就会和好的，放着不用管。

부부싸움의 원인은(아무거나 먹는 개도 관심없을 정도로) 별 거 아니며 곧 풀릴테니 내버려 두는 게 좋다라는 속담입니다.

㉝ ほとぼりが冷める
さ

「ほとぼり」とは、「残っている熱」のことを表します。つまり、興奮や怒りがおさまるという意味です。

"ほとぼり" expresses the "残っている熱 (remaining heat)." In other words, excitement and anger will subside.

"ほとぼり" 是"余热"的意思。也就是等兴奋劲儿和火气过去的意思。

"ほとぼり" 는 '남아 있는 열'이라는 말입니다. 흥분이나 화가 가라앉는다는 뜻입니다.

■親しい友人との会話
した

Conversations with close friends
亲密友人之间的对话
친한 친구와의 회화

カジュアルな表現や、会話独特な語順、気持ちを表す終助詞が出
てきます。友人とのリラックスした会話を楽しみましょう。
りょうげん　　　　　　　　　　　どくとく　　　　　　ごじゅん　　　　　　　　　　あらわ　しゅうじょし

You will see casual expressions, word orders unique to con-
versation, and sentence-ending particles that reflect a feeling.
Enjoy relaxed conversations with friends.

在这里会出现各种日常随意的表达方式、特殊的语序，以及表达心情的终
助词。好好享受与朋友轻松愉快的对话吧!

격식 없는 표현이나 회화 특유의 어순,기분을 표현하는 종조사가 나옵니다.친구
와 편하게 하는 대화를 즐겨 봅시다.

◎ 短縮形 Contracted form 简略形式 / 단축형	セクハラ、インスタ、マザコン、 百均、かもね ひゃっきん
◎ 擬音語・擬態語 Phonetic, mimetic words(onomatope) 拟声词, 拟态词 / 의성어, 의태어	たじたじ　ワクワク　カサカサ　ヘトヘト
◎ 慣用句・ことわざ Idioms, proverbs 惯用句, 俗语 / 관용구, 속담	他人の空似、顔が真っ青、 たにん　そらに　かお　ま　さお 〜の右に出る者はいない みぎ　　　もの
◎ 冗談・からかい Jokes, teasing 开玩笑, 调侃 / 농담, 놀림	幸せなやつだな〜、さむー しあわ

section ① 中級 09

1 A：これから、仕事の面接に行くんだ。正社員の。

B：え～！　まさかその格好で行くの？

A：え～？　どうして？　なんか変？

B：うーん、やっぱりネクタイはしたほうがいいんじゃない？

2 A：あ～あ、一目でいいから彼女に会いたいな～。

B：なに未練がましいこと言ってんだよ。ふられたんだよ、お前は。

A：いや～、なんかの事情があったんだよ、きっと。

B：幸せなやつだな～[1]、お前は。

3 A：あれ、髪の色変えた？

B：お、気づいた？

A：うん、なかなかいいんじゃない。

B：あ、よかった。ちょっと気分転換したくて。

4 A：入学試験の面接、どうだった？

B：志望動機をしつこく聞かれて、たじたじ[2]だったよ。

A：じゃー、望みが薄いかもね。

B：え、そんな～[3]。

5 A：あれ、教室の時計、おかしくない？

B：あ、本当だ。3、4分進んでる。

A：きっと誰かが授業を早く終わらせようって、仕組んだんじゃないの？

B：かもね。

6 A：誕生日おめでとう！　これプレゼント。

B：あ、ありがとう。よく覚えててくれたね。わー、何だろう？

A：それは開けてからのお楽しみ。

B：それじゃあ、早速開けてみよう！

1

A : I'm going to a job interview. For full time employees.
B : What! You aren't going to go dressed like that, are you?
A : Eh? Why? What's wrong?

B : Well, you should wear a tie after all, don't you think?

A : 我现在要去面试正式员工的工作了。
B : 诶～! 你不会就打扮成这样去吧？
A : 诶～? 怎么了吗? 有什么奇怪的吗?
B : 呃……果然还是系个领带比较好吧?

A : 나 지금 회사 면접 보러 가. 정규직 면접.
B : 뭐라고? 설마 그 옷차림으로 간다고?
A : 어? 왜? 이상해?
B : 음…. 역시 넥타이는 해야하지 않을까?

2

A : Oh, I want to see her, even for just one glance.
B : Don't be clingy. You got dumped.
A : Well, there was some reason for it, I'm sure.
B : You are an optimistic guy.

A : 啊～，好想见女朋友啊～见一面都好。
B : 你说什么呢，还不死心。你可是被甩了啊!
A : 怎么说呢，她肯定是有什么原因才会这样的。
B : 你还真是心大啊。

A : 아~ 한 번이라도 좋으니까 여자친구가 보고싶어~
B : 미련 떠는 소리 하지 말고, 차였다고, 년.
A : 아니야~ 분명 말 못할 사정이 있었던 거야.
B : 참 긍정적인 녀석이다, 너도.

3

A : Hey, did you change the color of your hair?
B : Oh, did you notice?

A : Yes, it looks quite good.

B : That's good. I wanted a little change.

A : 咦? 你换发色了?
B : 哇，你看出来啦?
A : 嗯，还挺不错的嘛。
B : 啊，那就好。就是想换个心情。

A : 어? 머리색 바꿨어?
B : 어, 알아 봤어?
A : 응, 괜찮게 잘 됐네.
B : 다행이다. 기분 전환 하고 싶어서.

4

A : How did the interview for the entrance exam go?
B : They kept asking about why I applied so I got flustered.
A : Well then, you can't hope for much.

B : Don't say that.

A : 入学面试，情况怎么样?
B : 一个劲儿地问我的报考动机，我都撑不住了。
A : 那……可能希望渺茫啊。
B : 诶，怎么这样～

A : 입학시험 면접 어땠어?
B : 지원동기에 대해서 집요하게 물어봐서 완전 절절맸어.
A : 그럼 기대하면 안되겠네.
B : 너무해~.

5

A : Hey, is there something wrong with the clock in the classroom?
B : Oh, you're right, it's 3 or 4 minutes fast.
A : I'm sure someone did it to finish the class early, didn't they?
B : Probably so.

A : 咦? 教室的时钟，是不是有点奇怪?
B : 啊，真的诶。快了3、4分钟。
A : 肯定是有人为了早点下课故意调的吧!
B : 有可能。

A : 저기 교실 시계, 좀 이상하지 않아?
B : 그러게. 3,4분 빠르네.
A : 수업 일찍 끝내게 하려고 누군가 몰래 한 게 아닐까?
B : 그럴지도 몰라.

6

A : Happy birthday! Here is a present for you.
B : Oh thank you. You remembered it. Wow, what is it?
A : Open it and you'll see.

B : Well, then I'm going to open it right away!

A : 生日快乐! 这是生日礼物。
B : 啊，谢谢。你居然记得。哇，是什么呀?
A : 那就得等你打开才知道了。
B : 那我赶紧拆开看看!

A : 생일 축하해! 이거 선물이야.
B : 고마워. 어떻게 알고 있었네. 와~ 뭘까?
A : 직접 열어 봐.
B : 그럼 지금 열어보자!

7　A：今度、柔道の世界大会があるでしょ？　それに高校のときの同級生が出るんだよ。

　　B：えっ、すごい！

　　A：でね、みんなで集まって、パブリックビューイング⁴みたいなことやるんだ。

　　B：あー、いいね。みんなで応援すると盛り上がるよね。

8　A：最近、週2でジムに通ってるんだ。

　　B：へえ、なんかきっかけがあったの？

　　A：いや、実はジムで筋トレした後のサウナが最高でさー。

　　B：ああ、サウナにハマってる人、増えてるよね。

9　A：かおりって、しょっちゅう彼とLINEしてるね。

　　B：うん、ま〜ね。

　　A：よくそんなに毎日毎日書くことあるね〜。信じらんない。

　　B：え〜、だって彼のこと、何でも知っていたいんだもん。

　　A：ごちそうさま⁵。でもそんなの初めのうちだけだよ、絶対。

　　B：そんなことないよ〜。何でそうやって水さす⁶ようなこと言うの〜？

10　A：由佳、フラダンス習ってるんだって？

　　B：うん、先月始めたばっかりなんだけどね。

　　A：私もちょっと興味あるんだ。ねー、どんな感じ？

　　B：えー、面白いよー。すごくストレス解消にもなるし。今はまだ基礎練習だけだけど、それでも運動量は半端じゃない⁷し…。

　　A：へー。でも難しいんでしょ？

　　B：まー、簡単じゃないけど、私でもできるんだから。

11　（広告チラシを見ながら）

　　A：ねー、どうしてこのジムこんなに高いの？

　　B：え〜、高級感出そうとしてんじゃない？

　　A：あー、シャワールームなんかも豪華そうだしね。

　　B：そうそう、ほかのところとは違うよね。

48

7

A : There is an international Judo competition, you know? My former classmate from high school is going to be in it.
B : Oh, wow, great!

A : So, we are going to get together and do something like a public viewing.
B : Well, that's great. Cheering together makes it exciting.

A : 这次，不是有柔道的世界大赛吗？我的高中同学要上场哦。
B : 诶，厉害啊！

A : 然后呢，我们打算找个地方聚在一起看。
B : 哦～，不错。大家一起给他加油，会很热闹呢。

A : 이번에 유도 세계선수권 하잖아. 거기에 고등학교 동창이 나오거든.
B : 우와, 대단한데!

A : 그래서 친구들이랑 모여서 단체관람 할 거야.
B : 오~괜찮네. 다 같이 응원하면 신나잖아.

8

A : I have been going to the gym twice a week lately.
B : Oh yeah? What made you start doing that?
A : Well, actually, having a sauna after working out at the gym is the best.
B : I see, more and more people are hooked on the sauna.

A : 我最近每周去2次健身房。
B : 喔，是有什么契机吗？
A : 没有啦，其实是因为在健身房健完身以后来个桑拿实在是太舒服了。
B : 哦哦，现在是有越来越多的人喜欢上桑拿了呢。

A : 요즘 일주일에 두 번 피트니스에 다니거든.
B : 오~ 무슨 계기라도 있었어?
A : 아니, 실은 운동 끝나고 하는 사우나가 너무 좋아서.
B : 그래, 요즘 사우나에 빠진 사람들이 많아졌지.

9

A : Kaori. you're frequently messeging over LINE with him.
B : Yes, that's true.

A : How can you write so much every day? It boggles my mind.
B : Well, because I want to know everything about him.
A : All right, all right. But it'll just be at the beginning, I bet.
B : No way. Why do you say such cruel things like that?

A : 香织你还真是动不动就给你男朋友发LINE啊。
B : 嗯，算是吧。

A : 你们怎么能每天都有这么多话要说啊。不可思议。
B : 有吗？人家就是想知道关于他的一切嘛。
A : 多谢款待。不过这肯定也就只有你们刚开始这一会儿才会这样了。
B : 才不会呢～你干嘛泼冷冷水啦～

A : 가오리 너는 틈만 나면 남자친구랑 LINE하네.
B : 뭐 그렇지.

A : 그렇게 매일 할 말이 있어? 믿을 수가 없어.
B : 뭐 어때, 남자친구에 관한거라면 뭐든 알고싶단 말이야.
A : 됐네요. 그런 것도 다 한 때란 말야.
B : 안 그래~ 왜 그렇게 찬물 뿌리는 말만 하는 거야?

10

A : Yuka, I heard that you're learning how to hula dance, is that true?
B : Yes, I just started last month.

A : I'm a little interested, too. Hey, what is it like?
B : Well, it's interesting. It's also a great stress reliever. I'm still only practicing the basics, but it's a lot of exercise.
A : Really? But it's difficult, isn't it?

B : Well, it's not easy, but even I can do it, so…

A : 由佳，听说你开始学草裙舞了？
B : 嗯，我上个月刚开始学的。

A : 我也有点兴趣。感觉怎么样？
B : 唔，挺有趣的呢。而且还很解压。虽然现在还在做一些基础练习，但是运动量已经不得了了……
A : 诶～但是挺难的吧？

B : 唔，简单是不简单，但是连我都能学会。

A : 유카, 너 훌라댄스 배운다면서?
B : 응, 지난 달부터 시작했어.

A : 나도 좀 관심이 있어서 그런데, 어때?
B : 어~ 재미있어~. 스트레스도 확 풀리고. 지금은 아직 기초연습 중인데 그래도 운동량이 엄청나….
A : 오~ 그래도 어렵지?

B : 음… 쉽지는 않지만 나 같은 사람도 하니까.

11 (Looking at a flyer)

A : Hey, how come this gym is so expensive?
B : Well, I guess it's trying to create a high-class feel.
A : I see, the shower room looks gorgeous, too.
B : Oh yes, it's different from other places.

(看着广告宣传单)

A : 你说，为什么这个健身房这么贵啊？
B : 诶～就是为了显得高级一点吧！
A : 啊，淋浴房什么的看着也挺豪华的。
B : 是啊，和别的健身房还挺不一样的。

(광고 전단지를 보면서)

A : 있잖아, 이 피트니스는 왜 이렇게 비싸지?
B : 글쎄, 럭셔리한 느낌 내려는 거 아냐?
A : 아~, 샤워실도 호화로울 것 같아.

B : 맞아, 다른 곳이랑 다르지.

⑫　A : 見て見て！　あれ俳優の田中ジョージじゃない？
　　　　　　　　　はいゆう　たなか

　　B : どこどこ？　え〜、そうかな。似てるけど、なんか微妙に違わない？
　　　　　　　　　　　　　　　　　　　に　　　　　　　　　びみょう　ちが

　　A : うそ〜、絶対に田中ジョージだよ。
　　　　　　　ぜったい　たなか

　　B : でもさ〜、あの田中ジョージが百均[8]なんかに来る？
　　　　　　　　　　　たなか　　　　ひゃっきん

　　A : それもそうだよね…。

　　B : 他人の空似[9]だよ。
　　　　たにん　そらに

⑬　A : 何、どうしたの？　あんなに人が集まって…。

　　B : 三丁目のビルで火事があったんだって。
　　　　さんちょうめ

　　A : えっ、火事？　だから野次馬がたくさんいるんだ。ほら、テレビカメラも来てる。
　　　　　　　　　　　　　　やじうま

　　B : 何でも放火らしいよ。
　　　　　　　ほうか

　　A : へー、そうなの？　日中、堂々と放火なんて…。
　　　　　　　　　　　　　にっちゅう　どうどう　ほうか

　　B : 物騒な世の中だね…。
　　　　ぶっそう

⑭　A : 今日は本当、ついてないよ。Suica[10]落としちゃったんだ。
　　　　　　ほんとう　　　　　　　　　　　お

　　B : えっ、どこで落としたの？
　　　　　　　　　お

　　A : それがわかってればね〜。まあ、たぶん電車の中だとは思うんだけど。ポケッ
　　　　トに入れっぱなしで居眠りしちゃったから。
　　　　　　　　　　　　　　いねむ

　　B : とりあえず、降りた駅に連絡してみたら？　落とし物はどこかに集められるみ
　　　　　　　　　　　お　　　　れんらく
　　　　たいだよ。

　　A : うん、そうだね。早速電話してみるよ。
　　　　　　　　　　　さっそく

　　B : うん、可能性はゼロじゃないからね。
　　　　　　かのうせい

⑮　A : 映画5本ハシゴしたら[11]、内容がごちゃごちゃになっちゃったよ。
　　　　　　　　　　　　　　　　　ないよう

　　B : 5本ハシゴって、つまり10時間くらい映画見続けたってこと？
　　　　　　　　　　　　　　　　　　　　　　　みつづ

　　A : うん。シネコン[12]だから便利だし、映画の日は1本1100円だからね。
　　　　　　　　　　　　　べんり

　　B : ごちゃごちゃになっちゃうなら、あんまり意味ないと思うけど。

　　A : まー、完全に頭に入ってるのは1、2本かな。
　　　　　　かんぜん　あたま

　　B : ふーん、私は、やっぱり1本をじっくり見るほうが好きだな。
　　　　　　　　　　　　　　　　　　　　　　　　す

親しい友人との会話 注→p.65

12

A : Hey, look! Isn't that the actor George Tanaka?
B : Where? Is it? He looks like him but they are slightly different, don't you think?
A : No way, it's definitely George Tanaka, I tell you.
B : But do you think that the Gorge Tanaka comes to a 100 yen shop?
A : You have a point...

B : It's a chance resemblance.

A : 快看快看！那不是演员田中乔治吗？
B : 哪儿呢哪儿呢？诶～是吗？是挺像的，但是你不觉得哪里有点不太一样吗？
A : 不会吧～绝对是田中乔治啦。
B : 但是吧，那位田中乔治会来百元店吗？
A : 这倒也是哦……

B : 估计就是长得像的路人吧。

A : 봐봐! 저기 배우 다나카 조지 아냐?
B : 어디 어디? 어~ 그런가? 닮았긴 한데 어딘가 살짝 다르지 않아?
A : 말도 안 돼. 진짜 다나카 조지가 맞다니까.
B : 그렇지만 다나카 조지가 100엔샵 같은 데 올까?
A : 그건 그렇지….

B : 그냥 닮은 사람이겠지.

13

A : What's going on? There are so many people gathering there...
B : There was a fire in the building in 3-chome, I heard.
A : What, a fire? That's why there are so many onlookers. Look, there is a TV camera.
B : It seems like it was arson.
A : Wow, is that right? It takes a lot of gall to start a fire in the middle of the day.
B : It's a dangerous world...

A : 这是出什么事了？怎么这么多人聚在一起……
B : 好像是三丁目的大楼着火了。
A : 诶，着火了？难过那么多看热闹的。你看，电视台拍摄的也来了。
B : 好像还是故意纵火呢！
A : 啊，是这样吗？大白天的，堂而皇之地纵火啊……
B : 这世道真是不太平啊……

A : 무슨 일인데? 저렇게 많이 사람들이 모여서….
B : 3번가 길에 있는 건물에서 불이 났대.
A : 뭐? 불이 났다고? 그래서 구경 하는 사람들이 많구나. 저기 방송국 카메라도 와 있네.
B : 방화라나 봐.
A : 아 그래? 이런 대낮에 방화라니 간도 크네.
B : 위험한 세상이야….

14

A : Today is not my lucky day. I dropped my Suica.
B : What? Where did you drop it?

A : If only I knew. Well, I think it's probably on the train. I fell asleep with it in my pocket.
B : Anyway, why don't you contact the station where you get off? It seems like lost items are collected somewhere.
A : Yes that's right. I'll call right away.

B : Yes, the odds aren't completely zero.

A : 今天真是太背了。我把Suica弄丢了。
B : 诶，在哪儿丢丢的啊？

A : 我要是知道的话早就找到了～不过，我估计是在电车上丢的。我把它塞在口袋里打了个瞌睡。
B : 总之，先联系一下你下车的那个站吧？好像那些失物都会被集中放在什么地方。
A : 嗯，确实。我赶紧打个电话看看。

B : 嗯，毕竟也不是没可能。

A : 오늘 진짜 운 없네. 나 Suica 잃어버렸어.
B : 어디서 잃어버렸는데?

A : 그걸 모르겠어~. 아마 전차 안인 것 같은데. 주머니 속에 넣고는 졸았거든.
B : 일단 내린 역에 연락해 보지? 분실물만 모아 놓는 것 같더라.
A : 그래야지. 바로 전화해 볼게.

B : 응, 가능성이 아예 없진 않으니까.

15

A : I binge watched five movies in a row, so they got all mixed up with each other.
B : You binge watched 5 movies? In other words, you kept watching movies for about 10 hours?
A : Yeah. It was at the cinema complex so it was convenient, and on movie day, one movie costs 1,100 yen, you know.
B : I don't think it makes much sense if they all get mixed up.
A : Well, I think one or two are straight in my head.
B : Well, I prefer to take it easy and watch one movie.

A : 我连着看了5部电影，内容已经有点混乱了。
B : 连着5部？也就是说你连着看了10个小时左右的电影？
A : 嗯。因为是在多厅影院嘛，挺方便的。电影日看一部电影才1100日元。
B : 要是看得混乱了的话，感觉也没什么意思。
A : 不过，完全看进去了的也就1、2部。
B : 这样啊……我的话还是喜欢挑一部好好看。

A : 영화 다섯 편을 연달아 봤더니 내용이 다 섞여버렸어.
B : 다섯 편을 연달아 봤다는 건 10시간 동안 계속 영화를 봤다는 거야?
A : 응, 멀티플렉스라서 영화의 날에는 한 편에 1100엔 하거든.
B : 다 섞여 버리면 그렇게 보는 의미가 없지 않아.
A : 완벽하게 기억하고 있는 건 한 두 편인 것 같아.
B : 흠…난 한 편을 음미하면서 보는 게 좋더라.

16 A ： あ、信号が青になった。行こう！
　 B ： え、青？　青じゃないよ、緑でしょう？
　 A ： 違うよ、日本では緑を時々青って言うんだよ。
　 B ： ふーん、色の感覚が違うのかー。
　 A ： そういえば、「顔が真っ青になった」とも言うね。
　 B ： まさか、顔が緑になったってことじゃないよね。

17 A ： 最近、肩が凝って肩が凝って…。
　 B ： へー、そうなの。もしかしてデスクワークばっかりなんじゃないの？
　 A ： そうなんだ。1日8時間はパソコンに向かってるもん。
　 B ： 1時間に1回ぐらい、ストレッチでもしてみたら？
　 A ： そうだよね〜。だけど集中し過ぎるとあっという間に3、4時間過ぎちゃうんだ。
　 B ： あのね、わかってると思うけど、時々休むのも大事だよ。

18 A ： 最近どんな本読んでる？
　 B ： そうだなー。SF[13]小説とか、ミステリーとかだな。
　 A ： SF？　SFって難しくない？　科学の専門的な知識がないと理解できないような
　　 気がして、あんまり読まないな。
　 B ： そんなことないよ。SFって言っても人間の感情がテーマのものも多いし、難
　　 しそうなところは飛ばして読んでも問題ないよ。
　 A ： そうなの？　じゃあ、挑戦してみようかな。
　 B ： うん、ぜひ。最近は海外のSFも大人気だよ。

19 A ： この間、高木さんにヴィーガン[14]レストランに連れてってもらったんだ。
　 B ： へえー、そうなんだ。どうだった？
　 A ： うん、肉も乳製品も使ってないけど、満足感があっておいしかったよ。
　 B ： あー、そう。実は私も興味あるんだ。ちょっと最近体調悪くて、食生活見直
　　 そうと思ってて。
　 A ： じゃあ、高木さんに相談してみたら？　すごく詳しいよ。
　 B ： そうだね。そのレストランにも行ってみたいな。

親しい友人との会話 注→p.66

16
A : Hey, the traffic light turned blue. let's go!
B : What, blue? It's not blue, it's green, isn't it?
A : No, in Japan, green is sometimes referred to as blue.
B : Well, the sense of color is different.

A : Come to think of it, people say, "your face turns pale."
B : That doesn't mean the face turned green, right?

A : 啊，蓝（绿）灯了，走吧!
B : 诶，蓝? 不是蓝，是绿吧?
A : 不是的，在日本，有时候会把绿说成是蓝的。
B : 这样啊，原来是对颜色的认知不一样啊……
A : 说起来，还有"脸色发青（蓝）"的说法呢。
B : 不会吧，总不能是脸真的变绿了吧。

A : 아, 파란불이다. 가자!
B : 파란? 파란색이 아니고 초록색이잖아?
A : 아냐, 일본에서는 초록색을 파란색이라고 하기도 해.
B : 흠…. 색을 보는 감각이 다른 건가?
A : 그러고 보니 '얼굴이 새파래졌다' 라고도 하네.
B : 설마 얼굴이 초록색이 됐다는 뜻은 아니겠지?

17
A : Recently, my shoulders have been so stiff…
B : Is that right? Maybe you're doing nothing but working at your desk?
A : That's right. I sit at my computer for at least 8 hours a day.
B : Why don't you try to stretch once an hour?
A : I should, right? But when I'm in the zone, 3 or 4 hours fly by in a blink of an eye.
B : Well, I'm sure you already know, but it's important to take a break sometimes.

A : 最近，肩膀一直很僵……
B : 诶，这样吗? 会不会是一直都在伏案工作的缘故啊?
A : 这样啊。我一天8小时都对着电脑呢。
B : 你试试大概每个小时起来拉伸一下呢?
A : 说的也是～但是太专心了，一不小心就3、4个小时过去了。
B : 那个，我想你也知道，时不时的休息一下还是很重要的哦!

A : 요즘 어깨가 너무 결려….
B : 그래? 혹시 앉아서 하는 일만 하는 거 아냐?
A : 맞아. 하루에 8시간은 컴퓨터 하니까.
B : 1시간에 한 번씩 스트레칭을 해 보지 그래?
A : 그러면 좋지~. 근데 집중하다 보면 3, 4시간은 훌쩍 지나가 버리거든.
B : 너도 알다시피 쉬어주는 것도 중요하단 말야.

18
A : What books are you reading these days?
B : Let me see… sci-fi novels, or mysteries.

A : Science fiction? Isn't science fiction difficult? I don't read much as I don't think I can understand it without some special scientific knowledge.
B : That's not the case. You say sci-fi, but many of them have human emotions as a theme and it's okay to skip over difficult places.
A : Really? In that case, I might give it a try.
B : Yes, by all means. Recently, overseas science fiction is also very popular.

A : 你最近在看些什么书啊?
B : 我想想呢。科幻小说啊，悬疑小说啊这些的。
A : 科幻? 科幻的会不会很难懂啊? 我总觉得没有一点科学的专业知识会看不懂，所以一直不太看这些书。
B : 没有的事。就算是科幻题材，虽说是科幻题材，但也有不少主题都是讲人类情感的，看的时候跳过那些难懂的部分就行了。
A : 是这样吗? 那我要不也挑战一下试试看吧。
B : 嗯，必须的。最近在国外科幻题材也很受欢迎的。

A : 요즘 어떤 책 읽어?
B : 보자…. SF소설이나 미스터리 같은 거.
A : SF? SF는 어렵지 않아? 과학적인 지식이 없으면 이해못할 것 같아서 별로 안 읽거든.
B : 그렇지도 않아. SF라도 인간의 감정을 주제로 한 것도 있고 어려울 것 같은 부분은 건너 뛰어도 문제 없어.
A : 그래? 그럼 도전해 볼까.
B : 응, 해 봐. 최근에는 외국 SF도 인기 많아.

19
A : The other day, Mr. Takagi took me to a vegan restaurant
B : Is that right? How was it?

A : They didn't use meat or dairy products, but it was satisfying and delicious.
B : Oh, is that so? Actually, I'm interested, too. I've been a little unwell lately, so I feel I need to rethink my diet.
A : Then, how about talking to Mr. Takagi? He really knows a lot.
B : Yeah. I want to go to that restaurant as well.

A : 前不久，高木带我去了素食餐厅。
B : 哇，这样啊。感觉怎么样?
A : 唔，虽然菜里没有用到肉啊乳制品这些的，但是还是很满足，挺好吃的呢。
B : 啊，这样。其实我也有点兴趣。最近身体状况不太好，就想着重新调整一下饮食。
A : 那，你不找高木聊一下? 他知道得超详细的。
B : 说的是啊。我也想去一次你说的这家餐厅了。

A : 얼마 전에 다카기 상이 비건 레스토랑에 데려가 줬어.
B : 그랬구나. 어땠어?
A : 고기도 유제품도 안 썼는데도 포만감도 있고 맛있었어.
B : 그렇구나. 실은 나도 관심이 있거든. 요즘에 몸도 안 좋아져서 식습관을 바꿔볼까 하고.
A : 그럼 다카기 상한테 물어 봐. 엄청 잘 알더라.
B : 그럴게. 그 레스토랑에도 가 보고 싶네.

1 A : ねー、冬になると肘とか踵がカサカサしない？

B : 大丈夫。この保湿クリームを朝晩すりこんでるから。

A : へー、それどこで売ってるの？

B : え、ドラッグストアならどこでも売ってるよ。

2 A : 彼女、昨日からプリプリして[15]口もきいてくれないんだ。

B : 私にもそうだよ。何怒ってんだろう。

A : まー、ほっとこう。さわらぬ神に祟りなし[16]だ。

B : そうだね。それが一番かもね。

3 A : ねー。ちょっと、聞いて！ このカッターは切れなかったー！[17]って、どう？

B : うーん。内容がないよ〜。

A : さむー[18]、くだらなーい。

B : どっちが？ お互い様でしょ！

4 A : ちょっと、悪いんだけど1000円貸してくれない？

B : また？ この前貸した500円もまだ返してもらってないよ。

A : え〜、そうだっけ？ てっきり返したと思ってた。ごめん！

B : も〜、しょうがないな〜。

5 A : 彼女、最近休みがちだね。

B : 何でも就活[19]が大変で、学校どころじゃないらしいよ。

A : あー、そうか。自己分析とか企業研究とか、やることたくさんあるよね。

B : うん。企業説明会とかもあるしね。

6 A : あー、久しぶりにいい映画を見たわ。

B : 本当だね！ 最後のシーンは感動で心が震えたよ。

A : 私は心のけがれが、すっかり洗い流されたって感じよ。

B : まあ、どうせそれも一日だけだけどね。

1

A : Hey, do your elbows and heels get dry and rough in winter?
B : No problem. I rub this moisturizing cream into them in the morning and at night.
A : I see. Where do they sell it?
B : Oh, any drug store should have it.

A：我说，你到了冬天，手肘啊脚后跟有的会不会很干燥啊？
B：没关系。我每天早晚都涂保湿乳的。
A：这样啊，这个哪里有卖啊？
B：唔，药妆店的话应该都有卖的。

A : 근데 겨울만 되면 팔꿈치랑 뒤꿈치가 거칠어지지 않아?
B : 괜찮은데. 이 보습 크림을 아침저녁으로 바르고 있거든.
A : 오~ 그런 건 어디에서 파는데?
B : 응? 드럭스토어라면 아무 데나 다 있어.

2

A : She's been fuming since yesterday and wouldn't talk to me.
B : She's been the same to me. What is she angry about, I wonder?
A : Well, let's leave her alone. Let's let sleeping dogs lie.
B : Yeah, that might be the best.

A：我女朋友昨天气呼呼的，也不理我。
B：她对我也是这样。这是在生什么气啊。
A：算了，随她去吧。远离保平安，还是别惹她的好。
B：说的是。这样可能是最好的。

A : 여자친구가 어제부터 잔뜩 화가 나서는 말도 안 해.
B : 나한테도 그래. 뭐에 화가 난 거지?
A : 그냥 내버려 두자. 괜히 긁어부스럼 만들라.
B : 그래. 그게 낫겠다.

3

A : Hey, listen! What do you think, this cutter didn't cut.(Play on Japanese words.)
B : Well, there's nothing inside, see. (Play on Japanese words.)
A : That's awful...what nonsense!
B : Which one of us? It goes for both of us!

A：那个，你听一下这个！这把小刀没切开来！怎么样？
B：唔，没有内容哦~。
A：好冷，无聊~。
B：你说谁呢？彼此彼此吧！

A : 야야, 들어 봐! 이 커터는 안 잘리는 것 가타, 어때?
B : 음~ 내용이 없네용~
A : 너는 노꼄이다 진짜.
B : 너도 마찬가지거든요?

4

A : Hey, I'm sorry, but can you lend me 1,000 yen?
B : Again? You haven't returned the 500 yen I lent you the other day yet.
A : Oh, didn't I? I thought I had returned it. I'm sorry!
B : Well, nothing I can do about it.

A：那个，对不住，能不能借我1000日元？
B：又借？之前借你的500日元还没还呢。
A：诶~是吗？我还以为我肯定还了呢。对不起！
B：真的的，拿你没办法。

A : 저기, 미안한데 1000엔 좀 빌려줄 수 있을까?
B : 또? 요전에 빌려 간 500엔도 아직 안 갚았잖아.
A : 그랬나? 갚은 줄 알았어. 미안해!
B : 야~ 너는 진짜~

5

A : She is often absent these days.
B : It sounds like her job hunting is brutal and she doesn't even have time for school.
A : I see. Right. There's so much to do, like thinking about one's self and doing corporate research.
B : Yeah, and there are things like company briefings too.

A：你女朋友最近老是请假啊。
B：主要是在忙着找工作，已经顾不上上学不上学的了。
A：啊，这样啊，又要自我分析，又要了解企业，要做的事情不少呢。
B：嗯，还有企业说明会什么的。

A : 걔 요즘 자주 결석한다?
B : 취업준비가 힘들어서 학교 올 정신이 아닌가 보더라.
A : 그렇구나. 자기분석에 기업연구까지 해야할 게 많다.
B : 응. 기업설명회 같은 것도 있고.

6

A : Oh, I saw a good movie for the first time in a long time.
B : Me too! The last scene made my heart tremble.
A : It felt like the impurity in my heart was completely washed away.
B : Well, even if it's just for a day.

A：啊，好久没看到这么好的电影了！
B：真的是！最后那场戏太震撼太感人了！
A：我觉得自己污秽的心灵都受到洗礼。
B：反正这也肯定只能保持一天吧。

A : 아~ 오랜만에 괜찮은 영화 봤네.
B : 맞아. 마지막 장면은 감동해서 가슴이 떨리더라.
A : 나는 속에 있던 더러운 것들이 정화되는 느낌이었어.
B : 뭐, 어차피 하루 만에 없어질 감정이긴 하지만.

section ❷ 上級 14

7　A ： 学校の隣のうどん屋、つぶれちゃったみたいだよ。
　　B ： え〜、けっこうお客さん入ってたのにね。
　　A ： あ〜あ、つぶれる前にもう一度行っておけばよかった。
　　B ： 本店が新宿にあるみたいよ。今から行ってみる？

8　A ： すべてうまく行っているのに、この不安感はなんだろう？
　　B ： 疲れてるんじゃない？　今日は、ゆっくり休んだら？
　　A ： そうねー。久しぶりに銭湯でも行ってみるかな…。
　　B ： そうだね。何かでリフレッシュするといいんじゃない？

9　A ： 鈴木さんっていつも、顔の色つやがよくて、健康的だね。
　　B ： うん、快食快眠してるからね。健康の秘訣だよ。
　　A ： 私なんか、なかなか睡眠時間が十分取れなくて。
　　B ： いやー、時間って取るんじゃなくて作るもんだよ。

10　A ： 日本人って、どうしてこう優柔不断なんだろう。
　　B ： そうだね。でも、みんながみんな一概に優柔不断とは言えないけどね。
　　A ： まー、そうだけど。多いよ、私の周りには。言い方が曖昧なんだよね。
　　B ： 周りに気を遣ってるってことじゃない？　コミュニケーションの一種だよ。

11　A ： ペットロス[20]なのはわかるけど、いつまでも悲しんでばかりじゃだめだよ。
　　B ： 頭ではわかってるんだけど、なかなかね。
　　A ： 公園でも散歩してみたら？　気分が晴れるよ。
　　B ： うーん、でも、よその犬を見るとまた思い出しちゃって。

12　A ： ねー、もう、立ち直れないくらいショックだったってことある？
　　B ： あり過ぎて思い出せないよ。
　　A ： でもまあ、時間が経てば忘れていって、何とか生きていけるもんだよね。
　　B ： ある程度鈍感っていうのも才能の一つだよね。

7

A : It looks like the udon noodle shop next to the school went out of business.
B : Oh no, they had a lot of customers there though.
A : Oh, I should have gone one more time before it closed down.
B : It looks like their main shop is in Shinjuku. You want to go now?

A : 学校隔壁卖乌冬的那家店，好像倒闭了诶。
B : 诶～，那边不是顾客还挺多的吗……
A : 可惜啊，要是在他关门前再去一次就好了。
B : 总店好像是在新宿哦，要不要现在去看看?

A : 학교 옆에 있던 우동 가게 없어진 것 같더라.
B : 그래? 손님 많았던 것 같은데.
A : 없어지기 전에 한 번 갈 걸.
B : 신주쿠에 본점이 있던데 지금 가 볼래?

8

A : Everything's going well, but what's this feeling of anxiety?
B : You must be tired. Why don't you take a good rest today?
A : You may be right. Maybe I will go to a public bath, it's been a long time.
B : Yeah, it will do you good to do something refreshing.

A : 明明都挺顺的啊，为什么会觉得这么不安呢?
B : 你是累了吧! 要不今天好好休息一下?
A : 是啊。好久没去浴场了要不去一趟吧……
B : 是啊，找点事情好好休整一下应该会好一点吧?

A : 전부 다 잘 되고 있는데 이 불안감은 뭐지?
B : 피곤해서 그런 거 아냐? 오늘은 좀 쉬는 게 어때?
A : 응, 오랜만에 목욕탕이라도 가 볼까…
B : 그래. 뭐라도 재충전하면 좋아지지 않을까?

9

A : Ms. Suzuki, your complexion is always nice and healthy.
B : Yeah, I'm eating well and sleeping well. That's the secret to health.
A : I can never seem to get enough hours of sleep.
B : Well, you have to make the time, not take the time.

A : 感觉铃木你气色一直都很好，很健康。
B : 嗯，我一直都是吃好睡好。这是健康秘诀哦。
A : 我的话，总是没有充足的睡眠时间。
B : 哎呀，时间不是靠得来的而是挤出来的哦。

A : 스즈키 상은 항상 혈색도 좋아서 건강해 보여.
B : 응, 잘 먹고 잘 자니까. 그게 건강의 비결이지.
A : 난 자는 시간이 잘 안 나더라고.
B : 아냐, 시간은 나는 게 아니라 만드는 거야.

10

A : Why are Japanese so indecisive?
B : That's so true. But not everyone is completely indecisive.
A : Well that may be, but there are so many of them around me. They speak in an ambiguous way.
B : Aren't they being considerate of others around them? It's one way of communication.

A : 日本人，为什么这么优柔寡断啊?
B : 是啊。不过呢，也不能说所有人都是优柔寡断的啦。
A : 嗯，话是这么说。不过我身边这种人是真的多。讲话也都模棱两可的。
B : 这应该是考虑到周围的人才会这么说的吧? 也算是一种交流方式。

A : 일본사람은 왜 그렇게 우유부단한 거지?
B : 맞아. 그렇지만 모든 사람들이 우유부단한 건 아니니까.
A : 그건 그렇지만 내 주변엔 많아. 애매한 화법 쓰는 사람들이.
B : 그건 주변 사람들을 배려한다는 거 아니야? 커뮤니케이션의 일종이잖아.

11

A : I know you feel the loss of your pet passing away, but it doesn't do you good to do nothing but grieve forever.
B : I know it in my head, but I can't quite manage to do it.
A : Why don't you take a walk in the park? It should make you feel better.
B : Well, but when I see another dog, it reminds me of mine again.

A : 我知道你刚没了宠物难受，但你也不能一直这么悲伤下去啊。
B : 我心里知道，但是做不到啊。
A : 去公园散个步呢? 心情会好些的。
B : 唔，但是，看到别人家的狗我又会忍不住想起我们家的那只。

A : 펫로스 상태인 건 알겠는데 언제까지 슬퍼하고만 있을 수는 없어.
B : 머리로는 알지만 잘 안 돼.
A : 공원에 산책이라도 해 봐. 기분이 좋아질 거야.
B : 음…. 그래도 다른 개를 보면 또 생각이 나는 걸.

12

A : Say, have you ever been so shocked that you couldn't recover?
B : Too many times to think of just one.
A : But well, as time goes by, we forget them and somehow manage to carry on.
B : Being insensitive is an ability in some way, too.

A : 我说，你有受到过什么让你振作不起来的打击吗?
B : 那可多到我一下子想不起来呢。
A : 不过嘛，时间长了就会忘掉的，总能活下去的。
B : 有时候迟钝一点也是一种才能啊。

A : 지금까지 회생불가일 정도로 충격받은 일 있어?
B : 생각이 안 날 정도로 많지.
A : 그래도 시간이 지나면 잊어버리고 살아 갈 수 있는 거겠지.
B : 적당히 무딘 것도 능력이긴 해.

13　A：あ〜あ、もうヘトヘトだ。

　　B：だいぶ手こずってるようだね。それで許してもらえたのか?

　　A：うん、どうにかね。いや、今度の彼女は手ごわい。

　　B：手ごわいほど相手は振り回されて夢中になるもんだってこと、彼女はちゃんと
　　　　知ってるんだよ。

14　A：何、この写真、すごいピンぼけ[21]じゃない。

　　B：やっぱり?　岡本さんに任せたのがまずかったね。

　　A：あ、でも、見て、由美ちゃんだけはピントばっちり合ってるよ。

　　B：あ、そういうことかー。由美ちゃんだけしか目に入ってなかったのね、岡本さ
　　　　ん。

15　A：リナの元彼、新しい彼女できたんだって。しかもクラスメートのナオよ。別れ
　　　　てから一週間も経ってないのに、ひど過ぎない?

　　B：ふーん、いいじゃない。あいつが何しようと、もう関係ないし…。

　　A：ちょっとなんか言ってやったほうがいいんじゃない?

　　B：もう私がとやかく言う筋合いじゃないから。二度とあいつの名前は口に出さな
　　　　いでくれる?

16　A：推し[22]の声優のイベントチケット、取れたんだ。

　　B：あ、いいよねー、中島みのる。取るの大変だったんじゃない?

　　A：うん。ファンクラブの優待があったんだけど、それでもデバイス[23]三つ使って。

　　B：頑張るね〜。グッズとか買ったら後で見せてね。

17　A：うー、さむーい。どうして寒いと胸を張って歩けないんだろうね。

　　B：うん、肩凝るね。寒いのと暑いのとどっちが我慢できる?

　　A：うーん、今は暑いの。でも、基本的に暑がりで寒がりだからどっちも苦手。

　　B：あ、私も。案外そういう人多いよね。

13

A : Oh, I'm so exhausted.

B : Sounds like you're having quite a tough time. Did she forgive you, by the way?

A : Yes, somehow or other. But, she's being tough this time.

B : The tougher she is, the more attracted the other person is to do anything for her, she knows that well.

A : 啊～，我已经累瘫了。

B : 感觉好像很难搞啊。所以她原谅你了吗?

A : 嗯，终于算是搞定了。真的是，这次的女朋友太难搞了。

B : 你女朋友太懂了，自己越是难搞，对方越是喜欢围着她转。

A : 아~ 이제 지쳤어.

B : 고생이 많다. 그래서 용서를 받았어?

A : 응, 겨우. 이번 여자친구는 좀 버겁네.

B : 너가 그렇게 휘둘리면서도 좋아한다는 걸 여자친구도 아는 거지.

14

A : What's with this picture. It's really out of focus.

B : After all? It was a bad idea to ask Mr. Okamoto.

A : Oh, but look, Yumi is the only one in focus.

B : Oh, that's what it is. Mr. Okamoto only had eyes for Yumi.

A : 这张照片什么情况? 完全没对上焦啊。

B : 果然吗? 就不该交给冈本来拍的。

A : 啊，不过，你看，只有由美的焦是对准了的呢。

B : 啊，是这么回事啊。冈本的眼里只有由美啊。

A : 이 사진 완전히 초점이 나갔잖아.

B : 역시 그렇지? 오카모토 상한테 맡긴 게 잘못이었어.

A : 근데, 봐 봐, 유미는 초점이 딱 맞는데.

B : 그렇단 말이지. 유미만 눈에 들어왔다는 거 아냐, 오카모토 상.

15

A : Lina, your ex-boyfriend found himself a new girlfriend. What's more, it's Nao, our classmate. It's been less than a week since your break-up, isn't it too much?

B : Well, I don't care. Whatever he wants to do, it doesn't matter to me anymore...

A : Wouldn't it be better to say something to him?

B : It's not my place to say anything any longer. Please don't mention his name again, ever.

A : 丽娜，你前男友，听说交了新的女朋友，还是一个班的娜欧诶! 你们分手才不到一周，他这也太过分了吧?

B : 唔……这不挺好的嘛。那家伙想干什么已经和我没关系了……

A : 你真是，还是说他几句比较好吧?

B : 现在也轮不到我说什么吧。你能别再提这个名字了吗?

A : 리나, 네 전 남자친구한테 새 여자친구가 생겼대. 게다가 같은 반인 '나오'래. 헤어진 지 일주일도 안 됐는데 너무하지 않니?

B : 글쎄…뭐 어때. 걔가 뭘 하든 이젠 상관 없으니까.

A : 가서 뭐라고 한 마디 해.

B : 내가 뭐라고 할 입장도 아니고. 다시는 걔 이름 입에 올리지 말아주겠니?

16

A : I managed to get tickets for my favorite voice actor's event.

B : Yeah, he is good, Minoru Nakajima. It must be hard to get tickets, right?

A : Yeah. I got priority as a fan club member, but I still had to use three devices.

B : You really work at it. I want to see them if you buy any souvenirs, OK?

A : 我买到我喜欢的那个声优的活动门票了。

B : 啊，中岛实真的很棒啊! 票很难买吧?

A : 嗯。虽然粉丝俱乐部有福利，但我也是用了三个设备才抢到。

B : 你真拼啊～你要是买了周边什么的给我看看哦。

A : 최애 성우가 나오는 이벤트 티켓을 잡았어.

B : 너무 좋지, 나카지마 미노루. 티켓팅 힘들지 않았어?

A : 어. 팬클럽 우대였는데 그래도 기기를 세 대나 썼어.

B : 열심히 했네. 굿즈 사면 나중에 보여줘.

17

A : Oh, it's so cold. How come we can't walk with our chin up when it's cold?

B : Yeah, it makes my shoulders stiff. Which can you stand better, cold or hot?

A : Well, right now, hot. But basically I'm sensitive to hot and cold, so I'm not good with either.

B : Hey, me, too. More people are like that than you'd imagine.

A : 唔，好冷啊。为什么一冷走起来就不能挺胸抬头啊。

B : 嗯，肩膀都僵了。冷和热，你更受得了哪个?

A : 唔……现在的话我忍得了热。不过基本上我又怕冷又怕热，两个都不行。

B : 啊，我也是。想不到这样的人还挺多的。

A : 으, 추워. 추우면 왜 어깨를 움츠리고 걷는 걸까.

B : 맞아, 어깨가 굳는다고. 추위랑 더위 중에 어느 쪽이 나아?

A : 음…. 지금은 더운 거. 근데 기본적으로 더위도 추위도 많이 타서 둘 다 싫어.

B : 아, 나도. 의외로 그런 사람들 많더라.

59

⒅ A ： 山本教授って、講義の時出席をとらないんだよ。
　　　 やまもときょうじゅ　　　こうぎ　　　　しゅっせき
　　B ： へえー。でも試験の採点基準がすごく厳しいって聞いたよ。
　　　　　　　　　しけん　さいてんきじゅん　　　　きび
　　A ： そうそう。レポートもネットのコピペ²⁴なんかすぐバレて、不合格にされるっ
　　　　　　　　　　　　　　　　　　　　　　　　　　　　　ふごうかく
　　　　 て。
　　B ： 結局、コツコツ²⁵と勉強しないとだめだっていうことだよね。
　　　　 けっきょく

⒆ A ： うーん、見事にやられた。
　　　　　　　みごと
　　B ： どうしたの？
　　A ： テストにやまかけた²⁶ら、完全にはずれちゃったんだ。
　　　　　　　　　　　　　　　かんぜん
　　B ： そりゃ、先生のほうが一枚も二枚も上手²⁷ってことだよ。
　　　　　　　　　　　　いちまい　　にまい　うわて
　　A ： 追試確定だな…。前期に続いて３回目だー。
　　　　 ついしかくてい　ぜんき　つづ　　かいめ
　　B ： ３回目？　まあ、頑張るしかないね。
　　　　かいめ　　　　　　がんば

⒇ A ： 旅行どうだった？
　　　　りょこう
　　B ： それが、散々だったんだよ。ずっと腰痛で本当大変だったんだ。
　　　　　　　　さんざん　　　　　　　　　ようつう　ほんとうたいへん
　　A ： 腰痛？　えー、どうして？　持病なの？
　　　　 ようつう　　　　　　　　　じびょう
　　B ： いや、道歩いてるときにくしゃみした拍子にグキッときて²⁸…。
　　　　　　　みちある　　　　　　　　　　　ひょうし
　　A ： はははは、やだねー、漫画みたい。
　　　　　　　　　　　　　まんが
　　B ： 笑い事じゃなかったんだよー。本当に涙が出るほど痛かったんだから。
　　　　 わら　ごと　　　　　　　　　　　　なみだ　で　　　いた

㉑ A ： 一人はソロで、二人はデュエット、三人はトリオで、四人はカルテットか…。
　　B ： それは音楽用語だね。イタリア語だろう？
　　　　　　　　ようご
　　A ： 一人はシングルとも言うし、二人はペアとも言うよ。
　　B ： あー、ダブルスとも言うね、テニスでは。プロレスはタッグだし…。
　　A ： あー、たわいもない話だけど、面白いね。
　　　　　　　　　　　　　　　　　　おもしろ

18

A : Professor Yamamoto doesn't take attendance.
B : Really? But I heard that her grading of exams is very strict
A : That's right. She catches any cutting and pasting from the Internet onto your report right away and fails you for it.
B : After all, we can't be successful unless we study diligently.

A : 山本教授讲课的时候都不点名的呢。
B : 这样啊。不过听说考试的评分标准相当严格。
A : 是的是的。写报告如果从网上复制粘贴的话马上就会被发现的，然后就会被当不及格处理了。
B : 说到底，还是得好好学习才行啊。

A : 야마모토 교수님은 수업 때 출석을 안 부르셔.
B : 그렇구나. 근데 시험 채점 기준이 엄청 까다롭다고 하더라.
A : 맞아. 레포트도 인터넷에서 긁어오면 바로 들켜서 F래.
B : 결국은 꾸준히 공부해야 한다는 뜻이네.

19

A : Well, it was a total wipe out.
B : What happened?
A : I was guessing what would be on the test, but I completely missed the mark.
B : Well, that means the teacher is a cut above you.
A : I'm sure there is going to be a make-up test. It's my third one since last semester.
B : The third time? Well, you have no choice but to do your best.

A : 唔……华丽地被摆了一道啊。
B : 怎么了?
A : 我考试的时候押题了，结果完美避开了考点。
B : 那是，肯定是老师高明得多啊。
A : 绝对要补考了……加上上学期，我都连着补考3次了。
B : 3次? 那，你只能加油了。

A : 음…. 완벽하게 당했어.
B : 무슨 일인데?
A : 내가 찍은 시험 문제가 완전히 빗나가 버렸어.
B : 그야 당연히 교수님이 한 수, 두 수나 위니까.
A : 추가 시험 쳐야 되잖아…. 지난 학기에 이어서 세 번째네….
B : 세 번째라고? 열심히 하는 수 밖에 없네.

20

A : How was your trip?
B : That was terrible. My lower back ached the whole time and it was brutal.
A : Lower back pain? Oh no, why? Is it a chronic condition?
B : No, when I was walking on the street, I just sneezed and it jerked my back...
A : Ha, ha, ha, no way, it's like a cartoon.
B : It wasn't a laughing matter. It really hurt so much that I could cry.

A : 旅行怎么样?
B : 那简直是太惨了。全程腰痛，太艰难了。
A : 腰痛? 诶，为什么? 老毛病?
B : 不是，在路上走着走着打了个喷嚏闪到腰了……
A : 哈哈哈，什么呀，跟漫画里一样。
B : 才不是什么好笑的事情呢。真的痛得我眼泪都出来了。

A : 여행 어땠어?
B : 힘들어 죽을 뻔 했어. 허리가 아파서 너무 힘들었어.
A : 허리가? 왜? 원래부터 아팠어?
B : 아니, 걸어가다가 재채기를 했는데 그 때 삐끗했어….
A : 아하하, 만화도 아니고 그게 뭐야~
B : 웃을 일이 아냐~. 진짜 눈물 날 만큼 아팠단 말야.

21

A : So, one is a solo, two a duet, three a trio, and four a quartet...
B : Those are musical terms, right. Italian, isn't it?
A : One person is also called singles and two people, a pair.
B : Oh, it's also called doubles, in tennis. Professional wrestling is a tag team.
A : It's a silly thing to talk about, but it's interesting.

A : 一个人是独奏，两个人是二重奏，三个人是三重奏，四个人是四重奏……
B : 这些是音乐术语，是意大利语吧?
A : 一个人也叫单人，两个人也叫双人哦。
B : 啊，在网球里叫双打，职业摔跤里叫tag……
A : 啊，虽然是没什么营养的话题，但还挺有趣的呢。

A : 한 명은 솔로, 두 명은 듀엣, 세 명은 트리오, 네 명은 콰르텟.
B : 음악 용어 맞지? 이탈리아어잖아.
A : 한 명은 싱글, 두 명은 페어라고도 해.
B : 아, 더블스(복식)이라고도 하지, 테니스에서는. 프로레슬링에서는 태그라고 하고.
A : 쓸 데는 없지만 이런 얘기 재미있어.

22 A ： 受験まで残り50日切ったから、そろそろ追い込みかけていかないとね。
　　 B ： そうだね。今が頑張りどころだね。
　　 A ： うん。本当、焦るなー。
　　 B ： え～、なんで～？　毎日コツコツやってきてるじゃん。
　　 A ： そうだけどさ～、何となく。
　　 B ： ま～ね～。やるだけやるしかないんじゃない？

23 A ： ねー、最近のドラマでなんか面白いのある？
　　 B ： 「とんだところに嫁に来た！」ていうのがいいよ。見たことある？
　　 A ： ううん。それってどんなドラマ？
　　 B ： 「嫁と 姑 の確執」ってとこかな。
　　 A ： でも、よくあるパターンじゃない。
　　 B ： そうなんだけど、姑をやってる松下礼子がハマり役[29]でさ。意地悪な女をやら
　　　　 せたら、彼女の右に出る者はいない[30]ね。

24 A ： ねえ、昨日のニュース見た？　土石流で家が押し流されたっていう。
　　 B ： うん。見た見た。最近大雨が原因の土砂災害が多いよね。
　　 A ： やっぱり温暖化が原因かな～。
　　 B ： とりあえず、できる準備はしとかないとね。
　　 A ： うん。夕べ、俺もネットで防災セットみたいなの探したよ。
　　 B ： ああ、すぐに持ち出せるリュックみたいなやつね。

25 A ： ねえ、この写真見て。よく撮れてるでしょ。昨日行ったカフェで撮ったんだ。
　　 B ： わー、何だかすごい大盛りのパフェだね。これ食べたの？
　　 A ： もちろん。味はまあまあだったけど、この盛り具合、ばえる[31]でしょ？
　　 B ： あ、インスタ[32]用ね。確かに目は引くけど、食べ物が見栄えばっかりになるみた
　　　　 いで、ちょっとね～。
　　 A ： でも楽しいから。コメントもたくさん付くしね。
　　 B ： まあ、わかるけど。でも食べにくそ～。

22

A : We have less than 50 days left until the entrance examination, so we have to put in a final kick.
B : That's right. Now is the time to hit it hard.
A : True. Really, I feel desperate.
B : Why? You have been working diligently every day.
A : That's true, but somehow.
B : Well, you just have to do as much as you can.

A : 离考试只有不到50天了，是时候该冲刺了。
B : 是啊，现在真是该加油努力的时候了。
A : 嗯，真的是令人焦虑。
B : 诶？为什么？你不是每天都很认真地在学？
A : 话是这么说啦，就是觉得焦虑。
B : 好吧～除了尽力也没别的办法了。

A : 시험까지 앞으로 50일도 안 남았으니까 막판 스퍼트 끌어올려야지.
B : 그래. 지금은 열심히 해야 할 때니까.
A : 응. 정말, 불안해~.
B : 왜? 매일 착실하게 잘 해 왔잖아.
A : 그렇긴 한데, 그냥.
B : 알지. 그냥 하는 수 밖에 없지 않을까?

23

A : Hey, are there any interesting dramas recently?
B : "とんだところに嫁に来た！(A bride come to a terrible place!) " is good. Have you watched it?
A : No. What kind of drama is that?
B : I'd say it's about "嫁と姑の確執 (A discord between the bride and her mother-in-law) ."
A : But it is a usual pattern.
B : That's right, but I tell you Reiko Matsushita, who is a mother-in-law, is just perfect for the role. When it comes to playing the mean woman, she is second to none.

A : 我说，最近有什么有趣的电视剧吗？
B : 《嫁到不得了的地方来了！》这部剧还挺不错的。你看过吗？
A : 没有。是什么样的电视剧啊？
B : 算是讲"婆媳之争"的吧。
A : 不过，感觉是个挺常见的题材呢。
B : 话是这么说啦，但婆婆是松下礼子演的，太合适了。要说演捉弄人的坏女人的话没人能比她演得好。

A : 근데 요즘 드라마 중에 뭐가 재미있어?
B : '이상한 나라에 며느리가 왔다'라는 드라마 재미있어. 본 적 있어?
A : 아니. 어떤 내용인데?
B : '고부간의 갈등'을 그린 거야.
A : 뻔한 내용 아냐?
B : 그렇긴 한데 마쓰시타 레이코가 시어머니 역을 찰떡같이 소화하더라고. 그 밉상연기를 따라올 사람이 없어.

24

A : Hey, did you see yesterday's news? It said that a house was washed away by a mudslide.
B : Yeah, I saw it too. There are a lot of landslide disasters caused by heavy rains recently.
A : After all, I wonder if it's caused by global warming.
B : In any event, we have to be as well prepared as we can.
A : Yeah. Last night, I even looked for a disaster prevention set on the Internet.
B : Yeah, like a backpack that can be taken out right away, right?

A : 诶，你看昨天的新闻了吗？房屋被泥石流冲走了的那个。
B : 嗯，看了看了。因为近期的大雨，泥石流什么的灾害还挺多的。
A : 果然是因为温室效应的缘故吧～
B : 总之，得尽可能做好准备才行。
A : 嗯。昨天晚上我也在网上搜了一下防灾应急套装什么的。
B : 哦哦，那种像双肩包一样的可以拿起就走的对吧。

A : 있잖아, 어제 뉴스 봤어? 산사태로 토사 더미에 집들이 휩쓸려 떠내려 갔다는 뉴스말야.
B : 응, 봤어. 요즘 폭우로 인한 토사재해가 많은 것 같아.
A : 역시 온난화가 원인 아닐까?
B : 일단은 할 수 있는 준비는 해 둬야겠다.
A : 응. 나도 어젯밤에 인터넷에서 방재세트 같은 걸 알아봤어.
B : 아~ 바로 갖고 나갈 수 있는 배낭 같은 거 말이지?

25

A : Hey, look at this photo. It's a good shot, right? I took it at the café I went to yesterday.
B : Wow, that's a huge parfait. Did you eat that?
A : Of course. The taste was so-so, but the way they serve it, it looks good, don't you think?
B : I see, for Instagram. It's certainly eye-catching, but when the looks of the food becomes the main thing, I'm not so sure...
A : But it's fun. I get a lot of comments.
B : Well, I understand. But it looks like it would be hard to eat.

A : 我说，你看这张照片。拍的不错吧？昨天去咖啡店的时候拍的。
B : 哇，好大的一个芭菲啊。你吃了这个？
A : 当然。虽然味道一般般啦，但是这个装盘，很上镜吧？
B : 哦，发ins用的啊。确实挺引人注目的。不过搞得好像食物不看别的全靠装盘，有点让人不知道该说什么～
A : 不过还是挺开心的，还能收到很多评论。
B : 嗯，也能理解。不过感觉吃起来不方便啊～

A : 이 사진 좀 봐. 잘 나왔지? 어제 간 카페에서 찍은 거야.
B : 와~ 파르페가 무슨 탑같네. 이걸 먹은 거야?
A : 물론이지. 맛은 그냥 그랬는데 이 쌓아올린 모양이 감성있지?
B : 아, 인스타용으로 말이지. 눈에 띄긴 한데 음식에 감성찾는것도 어떤지 싶어~
A : 즐겁잖아. 댓글도 많이 받고.
B : 나도 알지. 그래도 먹기 불편해 보이니까~

解 説 　explanation 解説 해설

① 幸せなやつだな〜

楽観的だという意味です。普通だったら落ち込むようなことを楽観的に考える人に対して言う、皮肉やからかいの表現です。

It means an optimistic person. It expresses sarcasm or teasing to someone who thinks optimistically when a person would normally be depressed.

即乐观的意思。是一种对那些在会让人沮丧的事情面前持乐观态度的人的讽刺或调侃。

낙천적이라는 뜻입니다. 다른 사람이라면 우울해질 법한 일을 낙천적으로 생각하는 사람에게 조금 비꼬거나 놀리는 표현입니다.

② たじたじ

相手の勢いに負けそうになって、くじけそうになる様子を表します。

It refers to a state in which a person becomes disheartened yielding to another's vitality.

形容被对方的势头所压倒，受到打击的样子。

상대의 기에 눌려 주눅이 든 모습을 나타냅니다.

③ そんな〜

「え〜、そんなこと言うなんて、ひどいよ〜」という気持ちを表す表現です。

It is an expression that shows the feeling of "え〜、そんなこと言うなんて、ひどいよ〜 (Eh, it is terrible to say such a thing)."

表达的情感感受是 "诶〜? 这么说也太过分啦"。

'그런 심한 말을 하다니 너무 해~'라는 마음을 나타내는 표현입니다.

④ パブリックビューイング

イベントなどを、実際の会場ではない場所やお店で、集まった大勢の人と一緒に見ることです。

This means viewing an event or the like with a lot of other people in a place or shop which is not an actual event site.

即一群人聚在一起，不是在活动现场，而是在其他地方或者店里一起观看。

행사나 이벤트가 있을 때 실제 행사장이 아닌 곳이나 가게에서 많은 사람들이 모여서 같이 보는 것입니다.

⑤ ごちそうさま

男女の仲が良い姿を見たり話を聞かされたりしたときに、「もう十分だ。それ以上は聞きたくない」という意味を込めて冗談っぽく、その人をからかって言う表現です。

This expression is used when a person sees or hears about a couple who are so in love and is used to joke with or tease the couple, "もう十分だ。それ以上は聞きたくない (enough already, I don't want to hear any more about it)."

看到或者听到某些男女朋友之间关系很好的样子时说的话。意思是 "够了，不想再听了"，是一种开玩笑的，调侃对方的说法。

사이 좋은 남녀의 모습을 보거나 이야기를 들었을 때 '충분하다. 더 이상 듣고 싶지 않다'라는 의미를 담아 농담처럼 놀리듯이 말하는 표현입니다.

⑥ 水さす

「水をさす」の略語です。他の人が盛り上がっている気分のときに、冷静なコメントをして皆の楽しい気持ちを壊すという意味です。

This is an abbreviation of "水をさす (pouring water)." It means pouring cold (state objective views) water on them when others are having good time.

是 "水をさす (泼冷水)" 的省略形式。指在他人正在兴头上的时候，用冷静的评论破坏对方的好心情。

"水をさす (찬물을 뿌리다)"의 줄임말입니다. 다른 사람이 어떤 일에 신나할 때 정색하는 말을 해 모두의 즐거운 기분을 망친다는 뜻입니다.

⑦ 半端じゃない
<small>はん ぱ</small>

「ものすごい」という意味です。「半端ない」という言うこともあります。	This means "ものすごい (tremendous)." Sometimes people say "半端ない."	即"非常，极其"的意思。亦作"半端ない"。	'굉장히'라는 뜻입니다. "半端ない"라는 단어도 있습니다.

⑧ 百均
<small>ひゃっ きん</small>

「百円均一」の略語で、「百円ショップ」のことです。	It is an abbreviation of "百円均一 (uniformly priced at 100 yen)," and means a "100 yen shop."	是"百円均一（全场一百日元）"的省略形式，即"百円ショップ（百元店）"。	"百円均一"의 줄임말로 "百円ショップ"을 말합니다.

⑨ 他人の空似
<small>た にん そら に</small>

血縁ではなく、他人なのに顔が似ているという意味の慣用句です。	It is an idiom for those who look alike even though they are not related.	惯用句，指没有血缘关系的路人，脸却长得很像的意思。	혈연관계도 아닌 타인인데 얼굴이 닮았다는 뜻의 관용구입니다.

⑩ Suica

JR東日本が発行している電子マネーのカードのことです。電車の乗る他にも、買い物などにも使えます。	This is an electronic money card issued by JR East. It can be used for taking trains as well as for shopping.	JR东日本发行的电子储值卡。除了乘电车，还可以用来购物等。	JR동일본이 발행한 선불형교통카드입니다. 전차를 타는 것 외에도 다양한 곳에서 결제할 수 있습니다.

⑪ ハシゴする

「はしご酒をする」の略語で、次々に場所を変えて飲み歩くことを意味です。お酒以外のこと（例えば「映画をハシゴする」など）でも使います。	This is an abbreviation of "はしご酒をする," which is essentially bar hopping. It is also used it for things other than drinking alcohol (for example, "映画をハシゴする (watching movies one after another)."	是"はしご酒をする（喝酒续摊）"的省略形式，不断换地方，边走边喝的意思。也可用于除了酒以外（比如"映画をハシゴする（连着看电影）"）的事情。	"はしご酒をする"의 줄임말로 2차, 3차 자리를 바꿔가며 술을 마시는 것을 뜻합니다. 술자리 외에도 영화같은 것을 연달아서 볼 때도 쓰입니다.

⑫ シネコン

「シネマ・コンプレックス」の略語です。ショッピングセンターなどの中にあり、複数のスクリーンがある複合映画館です。	It is an abbreviation of "シネマ・コンプレックス." It is a cinema complex with multiple screens in a shopping center.	是"シネマ・コンプレックス（多厅影院）"的省略形式。多位于购物中心，是设有多个影厅的复合型电影院。	"シネマ・コンプレックス"의 줄임말입니다. 쇼핑몰 안에 있는 복합 상영관을 말합니다.

※「Suica」は東日本旅客鉄道株式会社の登録商標です。

⑬ SF

「サイエンスフィクション」の略語で、科学的な空想小説のことです。	It is an abbreviation of "サイエンスフィクション" and means a scientific fantasy novel.	是"サイエンスフィクション(科幻)"的省略形式。指科学幻想类的小说。	"サイエンスフィクション"의 줄임말로 과학소설을 말합니다.

⑭ ヴィーガン

動物性の製品を買ったり食べたりしない、完全なベジタリアン（菜食主義者）のことです。	A vegan, or strict vegetarian who does not buy or eat animal products.	指不买不吃动物制品的完全全的素食主义者。	동물성 제품을 사거나 먹지 않는 완전 채식주의자를 말합니다.

⑮ プリプリする

とても怒っている様子を表します。	It refers to how angry someone is.	形容非常生气的样子。	매우 화가난 모습을 나타냅니다.

⑯ さわらぬ神に祟りなし

そのことに関わらなければ面倒なことは起こらないという意味のことわざです。	It is a proverb that means that if you don't get involved in something, no hassles will come of it.	俗语，指不和某事扯上关系就不会有麻烦。	그 일에 관여하지 않았다면 귀찮은 일이 일어나지 않았을 것이라는 뜻의 속담입니다.

⑰ このカッターは切れなかったー

駄洒落の一つです。「カッター」と「切れなかったー」の同じ音を繰り返して使うことが面白いのです。「内容」と「ないよ～」も同様です。	It is a pun and plays on using the same sound of "カッター (cutter)" and "切れなかったー (I couldn't cut)" repeatedly. The same is true for "内容 (content)" and "ないよ～(there is/are not)."	是一种冷笑话。"カッター(小刀)"和"切れなかったー(没切开)"的谐音是笑点。同理"内容(内容)"和"ないよ～(没有哦)"也是谐音。	속된 말로 아재개그 같은 것입니다. "カッター"와 "切れなかったー"의 반복되는 발음이 재미를 줍니다. "内容"와 "ないよ～"도 같습니다.

⑱ さむー

「寒い」のカジュアルな表現です。ここでは、冗談がつまらないという意味です。	It is a casual expression for "cold." Here, it means the joke is so bad it gives you the shivers.	"寒い(冷)"的通俗说法。在这里是形容笑话无聊的意思。	"寒い"의 격식 없는 표현입니다. 여기에서는 농담이 재미없다라는 뜻입니다.

⑲ 就活

「就職活動」の略語です。大学3年生の冬頃から始める場合が多いです。	It is an abbreviation of "就職活動 (job hunting)." It often starts around the winter of the third year at university.	"就职活动(找工作)"的省略形式。一般情况下大学生会从大三的冬天开始找。	"就職活動"의 줄임말입니다. 대학교 3학년 겨울부터 시작하는 경우가 많습니다.

⑳ペットロス

ペットが死んでしまったとき
の喪失感を表す表現です。

This expresses the sense of
loss when a pet dies.

指宠物死去后的那种失落的
感觉。

반려동물이 죽고난 후의 상실
감을 나타내는 표현입니다.

㉑ピンぼけ

写真を撮ったときに、ピント
が合っていないことを表す表
現です。

This expression is used when
you take a picture and it's not
in focus.

指拍照的时候，焦点没对上
的样子。

사진을 찍었을 때 초점이 맞
지 않았다라는 뜻입니다.

㉒推し

とても好きで応援している対
象のことです。特に好きな芸
能人やアニメのキャラクター
などによく使います。

It is something that a person
likes very much and is cheer-
ing for. The expression is often
used for a person's favorite
celebrities and anime charac-
ters.

指非常喜欢且为之应援的对
象。尤其多用于喜欢的艺人
或者动漫角色等。

아주 좋아하고 응원하는 대상
을 말합니다. 특히 좋아하는
연예인이나 애니메이션 캐릭
터에게 자주 씁니다.

㉓デバイス

パソコンやタブレット、スマ
ートフォンの総称です。

It is a general term for PCs,
tablets, and smartphones.

是电脑、平板、智能手机的
总称。

컴퓨터, 태블릿, 스마트폰의
총칭입니다.

㉔コピペ

「コピーアンドペースト」の略
語です。

It is an abbreviation of "コピ
ーアンドペースト(copy and
paste)."

是"コピーアンドペースト
（复制粘贴）"的省略形式。

"コピーアンドペースト"의
줄임말입니다.

㉕コツコツ

少しずつ着実に進めていく
様子を表します。

It refers to a person advanc-
ing steadily, bit by bit.

形容一点一点脚踏实地地前
行的样子。

조금씩 꾸준히 나아가는 모습
을 나타냅니다.

㉖やまかける

試験に出題される内容を予
想して、それを特に勉強する
という意味です。

It means to anticipate the con-
tent of an examination and
study just for that.

指对考试中将出现的题目进
行预测，并针对这一类问题
进行强化学习。

시험에 출제될 내용을 예상해
서 그 부분을 집중적으로 공
부한다는 뜻입니다.

㉗一枚も二枚も上手

「一枚上手」というのは、相手
より一段階優れていることを
意味します。「一枚も二枚も
上手」はさらに優れていると
いう意味です。

"一枚上手" means that you're
a cut above the other person.
"一枚も二枚も上手" means that
it is even better.

"一枚上手"的意思是，对
方强过自己一个级别。"一
枚も二枚も上手"则是对方
要强出许多的意思。

"一枚上手"는 상대방 보다
한 단계 뛰어나다는 뜻입니
다. "一枚も二枚も上手"는
거기에서 더욱 더 뛰어나다는
뜻입니다.

㉘ グキッときて

腰の骨を瞬間的に傷めたことを表します。

It represents an sudden injury to the hip bone.

指腰部的骨头瞬间受伤，闪到了。

허리뼈를 순간적으로 다치는 것을 나타냅니다.

㉙ ハマり役 (やく)

「ハマる」と「役」で、その俳優にぴったりの役柄という意味です。

"ハマる (good fit)" and "役 (role)" mean that it's the perfect role for the actor.

即"ハマる (合适)"和"役 (角色)"，指某演员完美贴合某个角色。

"ハマる"와 "役"을 합한 말로 그 배우에게 딱 맞는 역할이라는 뜻입니다.

㉚ 右に出る者はいない (みぎ で もの)

その人より優れている人はいないという意味の慣用句です。

It is an idiom that means that no one is better than that person.

意思是没有人比这个人更好的人了。

그 사람보다 뛰어난 사람은 없다라는 뜻의 관용구입니다.

㉛ ばえる

写真などがとてもきれいに目立って見えることです。特にインスタグラムなどのSNSに載せることをイメージして使います。

This means that photos and so on that are beautiful and seen to stand out. This is used particularly about images designed to be posted to SNS.

指照片等看上去很好看，很引人注目。尤其是指那些在Instagram等社交平台上的投稿。

사진이 아주 잘 나와서 도드라져 보이는 것을 가리킵니다. 특히 인스타그램과 같은 SNS에 올릴 때 자주 쓰이는 말입니다.

㉜ インスタ

「インスタグラム」の略語で、写真やコメントなどを投稿するSNSです。

An abbreviation of "インスタグラム (Instagram)" It is an SNS for posting photos and comments.

是"インスタグラム (Instagram)"的省略形式，专用来投稿照片和评论等的社交平台。

"インスタグラム"의 줄임말로 사진이나 글을 올리는 SNS입니다.

■知人や近所の人などとの会話
ちじん　　きんじょ

Conversations with acquaintances and/or neighbors.
与熟人和邻里等的对话
지인이나 동네 사람과의 회화

知人や近所の人との会話を練習します。年齢や親密度によって、相
ちじん　　きんじょ　　　　かいわ　　れんしゅう　　　　　ねんれい　　しんみつど　　　　　　あい
手に失礼にならないように婉曲的な表現の使い方を学びましょう。
て　　しつれい　　　　　　　　　　えんきょくてき　ひょうげん
**You will practice conversations with acquaintances and/or neigh-
bors. Learn how to use indirect expressions appropriate with
age and/or closeness, so it will not be rude to the other person.**
本单元将练习与熟人和邻里的对话。一起来学习根据年龄和亲密程度的不
同，该如何委婉地说话才能不失礼于人。

**지인이나 동네 사람과의 회화를 연습합니다. 나이나 친밀도에 따라 무례하게 보
이지 않도록 완곡한 표현을 배워봅시다.**

◎ 行事・儀礼の語彙 Vocabulary for events, ceremonies 节日活动, 仪式的相关词汇 행사에서, 형식적인 자리에서 쓰는 표현	ご不幸、ご愁傷様です、立春、節分、 ふこう　　しゅうしょうさま　　りっしゅん　せつぶん あけましておめでとうございます
◎ 擬音語・擬態語 Phonetic, mimetic words(onomatope) 拟声词, 拟态词 / 의성어, 의태어	プルプル、トロトロ、ジュワッ、プリプリ
◎ 慣用句 Idioms / 惯用句 / 속담	気に障る、釣った魚に餌はやらない、 き さわ　　　つ　　　さかな えさ 行間を読む、羽を伸ばす ぎょうかん よ　　はね の
◎ カタカナ語 Katakana words 片假名词 / 가타카나 단어	ワーケーション、リモートワーク、 オーガニック、リノベーション、 バリアフリー、ハイブリッド

section ① 中級 18

1 A : 来週の日曜日、新年会をしようと思うんですけど。
　　 B : あ、ぜひ参加させてください。楽しみです。
　　 A : それで、一人一品、得意な料理を持ってきてほしいんですけど。
　　 B : わかりました。じゃ、ぎょうざ持っていこうかな。

2 A : このざる豆腐おいしいですね。
　　 B : 本当ですね。このプルプル¹の食感がたまりませんね。
　　 A : さすが、豆腐専門レストランですね。豆腐ハンバーグも注文してみましょうか。
　　 B : いいですね。豆腐料理ってバリエーションが多いですね。

3 A : は〜。
　　 B : ため息つくと幸せが逃げていくって言いますよ。
　　 A : そうなんですけどね。
　　 B : ほらほら、元気出してくださいよ。

4 A : またあそこの交差点で事故だそうですよ。
　　 B : え〜、またですか？　ついこの間も自転車と車の事故があったばかりですよね。
　　 A : ええ。ミラーつけるとか、行政に何とかしてほしいですよね。
　　 B : 本当ですよね。

5 （知人の家で）
　　 A : モンブラン、買ってきましたよ。
　　 B : ありがとうございます。このモンブラン、絶品ですよね。
　　 A : ええ。今日も開店前から大勢のお客さんが並んでいましたよ。
　　 B : おいしいし、1日限定50個ですからね。

6 A : これ、おーついかがですか？　家庭菜園でとれたんです。
　　 B : わー、きれいなトマト。こんなのがうちでできるなんていいですねー。
　　 A : 味は保証できませんが。どうぞ。
　　 B : じゃ、遠慮なくいただきます。

1

A : We are thinking of having a new year's party next Sunday.
B : Oh, please let me participate by all means. I'm looking forward to it.
A : So I'd like each person to bring one dish that you are good at making.
B : OK. Well, I wonder if I should bring gyoza.

A : 下周日我想办个新年聚会。
B : 啊，请务必让我参加。好期待呀。
A : 然后呢，希望每个人都能带一样自己拿手的料理过来。
B : 我知道了。那，我要不带饺子去吧。

A : 다음 주 일요일에 신년회 하려고 하는데요.
B : 아, 저도 꼭 참석할게요. 기대되는데요.
A : 그래서 말인데요, 각자 하나씩 잘하는 음식을 가져 오시면 좋겠어요.
B : 그럴게요. 그럼 만두를 가져갈까….

2

A : This zaru tofu is delicious.
B : True. The jiggly texture is irresistible.
A : It is a restaurant specializing in tofu after all. Shall we order the tofu hamburger, too?
B : That sounds good. There are many variations of tofu dishes.

A : 这个竹篓豆腐真好吃。
B : 真的诶。这个弹滑的口感真是让人欲罢不能。
A : 不愧是专卖豆腐的餐厅。我们再点个豆腐汉堡肉吧？
B : 可以有。豆腐料理的种类还挺多的诶。

A : 이 소쿠리 두부(떠 먹는 두부) 맛있네요.
B : 그러네요. 탱글한 식감이 끝내주네요.
A : 역시 두부 전문 식당은 다르네요. 두부 함박스테이크도 시켜볼까요?
B : 그거 좋네요. 두부요리는 종류도 다양하네요.

3

A : Ah.
B : They say that sighing makes the happiness run away.
A : I know, but…
B : Look, please cheer up.

A : 唉～
B : 俗话说，叹气的话幸福可是会溜走的哟。
A : 话是这么说啦。
B : 好啦好啦，打起精神来啦。

A : 하아….
B : 한숨 쉬면 복이 나간다구요.
A : 그건 알지만요….
B : 자자, 기운 내세요.

4

A : It seems there is an accident at the intersection there again.
B : Oh no, again? There was a car and bicycle accident just the other day.
A : Yes. I want the government to do something like putting up a mirror.
B : That is really true.

A : 那边路口好像又出交通事故了。
B : 诶？又出事故了？刚刚前不久才出了自行车和汽车的事故吧。
A : 是啊。真希望行政部门能做点什么，装个道路反光镜什么的。
B : 真的是。

A : 저기 교차로에서 또 사고가 났대요.
B : 또요? 얼마 전에도 자전거랑 자동차랑 충돌사고가 있었잖아요.
A : 맞아요. 도로반사경을 달던지 관공서에서 조치를 취했으면 좋겠네요.
B : 진짜 그래요.

5 (At a house of acquaintance)

A : I bought the Mont Blanc for you.
B : Thank you. This Mont Blanc is exquisite, isn't it?
A : Yes. Many customers lined up even before the store opened today.
B : It's delicious, and it's limited to 50 pieces per day

（在熟人家里）
A : 蒙布朗我买回来了哦。
B : 谢谢啦。这个蒙布朗真的是绝品啊。
A : 是啊，今天还没开店门口就排了一大群人了。
B : 毕竟又好吃，一天还只卖50个。

（지인 집에서）
A : 몽블랑 좀 사 왔어요.
B : 고마워요. 이 몽블랑 정말 맛있죠.
A : 네. 오늘도 오픈 전부터 줄을 길게 서 있더라구요.
B : 맛있기도 하고 하루 50개 한정이니까요.

6

A : This, would you like one? It is harvested from my family garden.
B : Wow, beautiful tomatoes. It would be nice to be able to grow something like this at home.
A : Although the taste cannot be guaranteed. Here you are.
B : Well, then I won't stand on the ceremony and receive it.

A : 这个要来一个吗？是自家菜园里摘的。
B : 哇，好漂亮的番茄。自己家里能种出这样的真好啊！
A : 不过味道不能保证。请吧。
B : 那，我就不客气了。

A : 이거 하나 드셔보세요. 텃밭에서 딴 거랍니다.
B : 와~ 토마토가 예쁘네요. 이런 걸 집에서 재배하시다니 부러워요.
A : 맛은 보장 못하지만요. 받으세요.
B : 그럼 잘 먹겠습니다.

71

7　A ： 彼女どうして怒ってるわけ？

　　B ： 僕もよくわからないんだけど、口きいてくれないんです。

　　A ： 彼女の気に障る²ことを言ったんじゃない？

　　B ： う～ん、思い当たることはないんですけど…。

8　A ： 夏バテ³対策、何かしていますか？

　　B ： そうですね、うなぎの蒲焼きを食べてスタミナつけるとか…。

　　A ： わー、豪華ですね。僕なんか、アイス食べてしのいでるぐらいです。

　　B ： 食べ過ぎに注意してくださいね。冷たいものは体にあんまりよくないですから。

9　A ： さー、どうぞ。熱いうちに召し上がってください。

　　B ： わー、おいしそう。じゃ、遠慮なくいただきます。

　　A ： いかがですか？

　　B ： うん！　やっぱりできたてはおいしいですね。

10　A ： これ、福岡のお土産なんですけど、皆さんで召し上がってください。

　　B ： あら、ありがとうございます。

　　A ： 地元では有名なお菓子なんですって。けっこうおいしかったですよ。

　　B ： じゃあ、早速お茶入れていただきますね。

11　A ： いよいよ受験勉強も追い込みですね。

　　B ： はい。あとがない⁴ので、ここで一発決めようと思ってます。

　　A ： その意気込みなら合格間違いなしですね。頑張ってください。

　　B ： ありがとうございます。頑張ります。

12　A ： 卒業後はどうされるんですか？

　　B ： 日本でしばらく仕事をしてみたいんですが…。

　　A ： 外国人の就職はなかなか難しいようですけど、やりたい仕事はあるんですか？

　　B ： 私は一応、ＩＴ企業を志望しているんです。

知人や近所の人などとの会話 注→p.88
ち じん きんじょ

7 A : Why is she angry?

B : I don't know for sure, but she won't talk to me.
A : You said something that bothered her, didn't you?
B : Well, I can't think of it...

A : 所以你女朋友是为什么生气啊？
B : 我也不太清楚，她就是不理我。
A : 是你说了什么让她不高兴的话了吧。
B : 嗯……但是我什么都想不到啊……

A : 네 여자친구는 왜 화가 난 건대?
B : 저도 잘 모르겠는데 저랑 말도 안 해요.
A : 거슬릴만한 말이라도 한 거 아냐?
B : 음…. 그럴 만한 건 없는 것 같은데요….

8 A : Are you doing anything to combat summer heat fatigue?
B : Well, eating eel kabayaki and obtain stamina, etc...
A : Wow, that is luxurious. For me, I am just eating ice cream to endure it.
B : Be careful not to eat too much. Cold things are not so good for your body.

A : 为了应对苦夏，你会做些什么？
B : 我想想，我会吃蒲烧鳗鱼增强精力什么的……
A : 哇，这么豪华。我的话，也就吃个冰淇淋什么的。
B : 那你得小心别吃多了。凉的东西对身体不太好。

A : 더위를 이기기 위해서 뭐 하는 거 있으세요?
B : 음…. 장어구이같은 보양식을 먹거나….
A : 와~ 비싼 거로 하시네요. 저는 아이스크림으로 때우는 정도거든요.
B : 너무 많이 먹지 않게 조심하세요. 차가운 건 몸에 안 좋으니까요.

9 A : Here it is. Please eat it while it is hot.

B : Wow, it looks delicious. Well, I won't hesitate to have it then.
A : How is it?

B : Yes! After all, freshly made food is delicious!

A : 来，请。趁热吃吧。
B : 哇，看起来好好吃。那，我就不客气了。
A : 怎么样？
B : 嗯！果然刚做好的就是好吃。

A : 자 여기요. 뜨거울 때 드세요.
B : 와~ 맛있겠다. 그럼 잘 먹겠습니다.
A : 어때요?
B : 음~ 역시 금방 만든 건 맛있네요.

10 A : This is a souvenir from Fukuoka, but please enjoy it with everyone.
B : Oh, thank you.

A : It is a famous sweets in the local area. It was quite delicious.
B : Well, I will make a tea and have it right away.

A : 这个是我从福冈带回来的特产，大家尝尝吧。
B : 哎呀，谢谢。
A : 说是当地有名的小点心。还挺好吃的呢。
B : 那，赶紧泡个茶配着吃吧。

A : 이거 후쿠오카에서 사 온 건데 다 같이 드세요.
B : 오, 고맙습니다.
A : 현지에서는 유명한 과자래요. 상당히 맛있더라구요.
B : 그럼 바로 차 끓여서 같이 먹을게요.

11 A : Finally it is the time to push a last spurt in studying for the entrance exam.
B : Yes. There is nothing to fall back on after this, so I think I am going to nail this one.
A : With that enthusiasm, there is no doubt that you will pass. Good luck.
B : Thank you very much. I will do my best.

A : 终于，到了考前冲刺的时候了。
B : 是的。没有退路了，这次必须一举拿下。
A : 有你这股劲儿肯定能过的。加油。
B : 谢谢，我会加油的。

A : 수험공부도 드디어 막판 스퍼트네요.
B : 네, 물러날 곳도 없으니까 여기서 결판을 내려구요.
A : 그럼 마음가짐이라면 틀림없이 합격할 거예요. 화이팅!
B : 감사합니다. 열심히 하겠습니다.

12 A : What are you going to do after the graduation?
B : I'd like to work in Japan for a while.

A : It seems that it is quite difficult for foreigners to find employment, but is there a job you want to do?
B : For the time being, I would like to work for an IT campany.

A : 你毕业之后做什么呀？
B : 我打算在日本先工作一段时间看看……
A : 外国人好像工作还挺难找的，你有什么想干的工作吗？
B : 我的话，想去IT公司。

A : 졸업 후에는 어떻게 할 거예요?
B : 일본에서 어느 정도 일을 해 보고 싶긴 한데요....
A : 외국인은 취직이 힘든 것 같은데 하고 싶은 일이 있으세요?
B : 저는 일단은 IT회사에 지원중이에요.

13　A : 来週は地域のハロウィンパーティですね。
　　　　　　ちいき

　　B : そうですね。昔はハロウィンなんてしなかったですけどね〜。
　　　　　　　　　　　　むかし

　　A : 最近は仮装を楽しむお祭りとして定着してきた感じですね。
　　　　　さいきん　かそう　たの　　　まつ　　　　ていちゃく　　　　　かん

　　B : 大人も子どもも楽しむイベントになりましたよね。

　　A : うちの子たちも、毎年はりきって仮装してますよ。

　　B : 今年は私も仮装に挑戦してみようかなって思ってるんです。
　　　　　　　　　　　かそう　ちょうせん

14　A : 最近、松下さんの姿が見えないけど、どうしたのかしら。
　　　　　さいきん　まつした　　　すがた　み

　　B : 何でも、ご家族にご不幸があったとかで、大変だったみたいですよ。
　　　　　なん　　　　　　　　　　　ふこう　　　　　　　　　　　たいへん

　　A : あら、そうだったんですか。だから、電話しても出なかったんですね。

　　B : ええ、いつもなら、メール送ってもすぐ返事くれますから。
　　　　　　　　　　　　　　　　　　　　　　　へんじ

　　A : どなたがお亡くなりになったんでしょうね。
　　　　　　　　　　な

　　B : 前にお父様の具合が悪いって言っていたような気がします。
　　　　　　とうさま　ぐあい　わる　　い

15　A : ワーケーション⁶っていう働き方、いいですよね。
　　　　　　　　　　　　　　　　はたら

　　B : リモートワーク⁷する人にとっては、好きな環境で働けたら作業効率が上がる
　　　　　　　　　　　　　　　　　　　　す　　かんきょう　はたら　　　さぎょうこうりつ　あ
　　　　からいいですね。

　　A : 集中とリラックスのバランスが大事ですもんね。
　　　　　しゅうちゅう　　　　　　　　　　　　だいじ

　　B : そうですよね。リモートワークになってから、雑談の大切さを感じますよ。
　　　　　　　　　　　　　　　　　　　　　　　　ざつだん　たいせつ　　かん

　　A : 狭い家で、一日中誰にも会わないで仕事してたら、メンタルやられ⁸ますし。
　　　　　せま　いえ　　　　　　だれ

　　B : 自由な働き方の例として広がっていくでしょうね。
　　　　　じゆう　はたら　　　れい

16　A : 駅前にオーガニック野菜を使ったお惣菜屋さんができたんですって。
　　　　　　　　　　　　　　やさい　　　　　　そうざいや

　　B : オーガニックって高いっていうイメージがありますが。

　　A : 自分で野菜作れたら一番安心だけど、できないから安心をお金で買うというこ
　　　　　　　　　　　　　　いちばんあんしん
　　　　とですね。

　　B : なるほど。健康に対する投資かぁ。
　　　　　　　　けんこう　たい　　とうし

　　A : 手軽に買えて、体にもいいから、私は時々買って帰ろうと思います。
　　　　　てがる　　　　　　　　　　　　　　　　ときどき

　　B : 僕も今度買ってみます。
　　　　ぼく

13

A : There is a community Halloween party next week, isn't there?
B : That's true. We didn't celebrate Halloween in the past.
A : Recently though, it seems to have become a regular festival that lets us enjoy wearing costumes.
B : It has become an event for both adults and children to enjoy.
A : My kids also get excited about wearing their costumes.
B : I am thinking I might try wearing a costume this year.

A : 下个星期就是咱们这一片的万圣节派对了呢。
B : 是啊。以前都不过什么万圣节的。
A : 最近感觉已经变成享受变装的固定节日了。
B : 变成大人和小孩都能好好享受的活动了呢。
A : 我家的孩子们也是，每年都卯足了劲儿地装扮呢。
B : 今年我也想试着挑战一下变装。

A : 다음주는 지역 할로윈 파티날이네요.
B : 네. 옛날에는 할로윈 같은 것도 없었는데 말이죠.
A : 요즘에는 코스튬을 즐기는 축제로 자리잡은 것 같아요.
B : 어른이나 아이나 할 것 없이 즐기는 이벤트가 되었죠.
A : 우리 아이도 매년 진심으로 준비한답니다.
B : 올해는 저도 코스튬에 도전해보려고요.

14

A : We haven't seen Ms. Matsushita these days, but I wonder what's with her.
B : It sounds like there was a death in the family, so she was going through a difficult time.
A : Oh, is that so? That's why she didn't answer the phone when I called.
B : Yes, usually she gets back to me right away when I send her an email.
A : I wonder who passed away.
B : I think I heard her say that her father was ill before.

A : 最近怎么都没看到松下，他/她怎么了？
B : 好像是他/她家里人出事了，挺不好过的。
A : 哎呀，是这样吗。难怪给他/她打电话也没人接。
B : 是啊。换作平时，给他/她发个邮件他都会马上回。
A : 是他/她家哪一位去世了啊？
B : 我记得他/她之前好像说过他/她父亲身体不太好。

A : 요즘 마쓰시타 상이 잘 안 보이는데 무슨 일 있어?
B : 가족 분이 돌아가셨던가 해서 큰일 치르신 것 같더라구요.
A : 어머 그랬어요? 그래서 전화해도 안 받았구나.
B : 네. 평소라면 메일 보내면 바로 답장이 오잖아요.
A : 누가 돌아가신 걸까요?
B : 전에 아버지가 편찮으시다고 했던 것 같아요.

15

A : The way of working called "workation" is good, isn't it?
B : For those who work remotely, their work efficiency will go up if they can work in an environment they like, so that is nice.
A : The balance between concentration and relaxation is important, right?
B : That's right. Since we started working remotely, I realized how important chatting is.
A : When you work in a small house all day long without seeing anyone, you suffer mentally.
B : It will continue spreading as an example of a liberating way to work.

A : 感觉边度假边工作的形式还挺不错的。
B : 对于那些远程上班的人来说是挺不错的。能在喜欢的环境里工作，工作效率也会提高。
A : 专注和放松的平衡很重要呢。
B : 是啊。自从开始远程上班之后，我感觉到闲聊还是很重要的。
A : 在狭小的家里，一整天工作下来都不见人，精神上会受不了啊。
B : 作为一种自由的工作方式的例子，应该慢慢会被广泛采用吧。

A : 워케이션이라는 근무형태, 괜찮은 것 같죠?
B : 재택근무 하는 사람한테는 자기가 선호하는 환경에서 일할 수 있으면 생산성도 올라갈 테니까 좋겠네요.
A : 집중과 휴식의 밸런스가 중요하잖아요.
B : 맞아요. 재택근무로 바뀌고 나서 잡담의 소중함을 깨달았다니까요.
A : 좁은 집에서 하루종일 아무도 안 만나고 일만 하면 멘탈이 나가기도 하고요.
B : 자유로운 근무형태의 하나로 확산될 것 같아요.

16

A : I heard that there is a new deli in front of the station that uses organic vegetables.
B : My impression of organic is that it is expensive.
A : It's the safest way to grow your own vegetables, but since that is not possible, we buy peace of mind with cash.
B : I see. An investment in our health, I guess.
A : You can get them easily and they are good for your health, so I think I will buy some on the way home sometimes.
B : I will go buy some next time, too.

A : 听说车站前面开了一家使用有机蔬菜的熟食店。
B : 有机蔬菜总让人感觉价格很贵啊。
A : 虽说蔬菜还是自己种最放心，但是种不了，那就只能花钱买安心了。
B : 原来如此。为健康投资啊……
A : 买买很方便，还对身体好，我打算时不时地买一点回去。
B : 我下次也买来试试。

A : 역 앞에 있는 유기농 채소로 만든 반찬가게가 생겼어요.
B : 유기농이면 왠지 비쌀 것 같은데요.
A : 자기가 직접 키우는 게 제일 마음 편하지만 그렇게 못하니까 돈으로 안심을 사는 거죠.
B : 그렇구나. 건강에 대한 투자인가요.
A : 손쉽게 구할 수 있고 몸에도 좋아서 저는 가끔 사 가려고요.
B : 저도 다음에 사 볼게요.

17　A ： 犬と猫、どっちが好きですか？

　　B ： 私は犬派。小さい頃からずっと犬がいる生活だから。

　　A ： 私は猫派です。最近猫を飼い始めたんですけど、かわいい仕草に癒されます。

　　B ： ホームセンターもペット関連のグッズが充実していますよね。

　　A ： ペットといえども、もはや家族同然ですね。

　　B ： かわいいものを見つけるとついつい買っちゃうんだよなー。

18　A ： この間、実家をリノベーション⁹したんです。親も高齢になってきたしライフ
　　　　スタイルが変わってきたので。

　　B ： へー、いいですね。そういう人増えているらしいですよ。

　　A ： バリアフリーにして、4LDK¹⁰から2LDKの間取りに変更したんです。

　　B ： それは広々としていて、いいですね。

　　A ： 内装も、シック¹¹で落ち着いていて、親も気に入っているみたいです。

　　B ： うちもしたいけど、まずは断捨離¹²しなきゃ。

19　A ： 最近、りんごを食べると喉が痒くて…

　　B ： それってアレルギーじゃないですか？

　　A ： えっ、今まで普通に食べてたのに、急に食物アレルギーになることってあるん
　　　　ですか？

　　B ： 最近は増えているそうですよ。他の果物を食べたときは？

　　A ： うーん、桃とか、さくらんぼとかも、少し…。

　　B ： 一度病院で調べてみたほうがいいですよ。

20　A ： この中トロ、召し上がりましたか？　脂が乗っててトロトロ¹³ですよ。

　　B ： 本当ですね。何ですか、この舌でとろけるまろやかさは…。

　　A ： でしょう？　それから、このシュウマイも召し上がってみてください。肉汁が
　　　　ジュワッと出てきておいしいですよ。

　　B ： うーん、この海老のプリプリッ¹⁴とした食感がたまりませんねー。

　　A ： このお店は当たりですね。

　　B ： ぜひまた来ましょう！

知人や近所の人などとの会話 注→p.89
ちじん　きんじょ

17
A : Which do you like better, cats or dogs?
B : I am for dogs. Dogs have always been in my life, ever since I was small.
A : I am for cats. I started to keep a cat recently, but its cute behavior is so healing for me.
B : The home center also has a full range of pet-related goods.
A : We call them pets, but they aren't anymore, they are our family.
B : I end up buying something every time I find something cute.

A：狗和猫，你喜欢哪个？
B：我喜欢狗。因为我小时候一直和狗生活在一起。
A：我喜欢猫。我最近开始养猫了，那个可爱的一举一动太治愈了。
B：家居商城里和宠物相关的物品也挺全的呢。
A：虽说是宠物，也和家人差不多。
B：看到可爱的东西忍不住就会买下来啊…

A : 개랑 고양이랑 중에서 누구 좋아하세요?
B : 저는 강아지파. 어렸을 때부터 쭉 같이 생활했거든요.
A : 저는 고양이파예요. 얼마 전부터 고양이를 키우고 있는데 귀여운 행동 보면서 힐링해요.
B : 마트에도 반려동물 용품들이 잘 되어 있죠.
A : 이름은 반려동물이지만 이미 가족같은 존재잖아요.
B : 귀여운 용품을 보면 저도 모르게 사 버린다니까요.

18
A : We renovated my parents' house recently. My parents are getting old and their life styles have changed, so...
B : Oh, that's nice. People like that are increasing, I heard.
A : We made the rooms barrier-free and changed the layout from 4LDK to 2LDK.
B : That is spacious and nice.

A : The interior is chic and calming, so my parents seem to like it, too.
B : We wish we could do that, but first we need to declutter.

A：前不久我把老家改造了一下。毕竟父母年纪也大了，生活方式也有了转变。
B：不错啊。最近这么做的人好像越来越多了。
A：我把家里改造成无障碍化的了，把房间格局从4LDK改造成了2LDK。
B：这样挺宽敞的，不错啊。

A：内部也装修得比较高级沉稳，父母都很喜欢。
B：我们家也想这么一次，但得先来一波断舍离才行。

A : 얼마 전에 부모님 집을 리모델링 했거든요. 부모님도 나이도 들고 생활 스타일도 바뀌어서요.
B : 오~ 좋네요. 그런 사람이 많아지고 있나보더라구요.
A : 배리어 프리로 싹 바꾸고 방 구조도 4LDK에서 2LDK로 고치구요.
B : 공간이 넓어서 좋겠어요.

A : 인테리어도 시크하고 차분하게 해서 부모님도 마음에 들어하신 것 같아요.
B : 우리집도 하고 싶은데, 먼저 짐 정리부터 해야돼요.

19
A : My throat hurts when I eat apples these days...
B : That sounds like an allergy, don't you think?
A : What? I have been eating them as a matter of course, but can you become allergic to a food all of a sudden?
B : I hear that more and more people are like that nowadays. How about when you eat other fruits?
A : Well, peaches and cherries, a little...

B : You should have it checked out at a clinic.

A：最近，我一吃苹果喉咙就会痒。
B：这不是过敏吗？
A：诶？到目前为止我都能正常吃啊，这还会突然开始就过敏的吗？
B：最近这样的人好像变多了呢。你吃其他水果的时候呢？
A：唔……桃子啊，樱桃这些也会有点……
B：你还是去医院查一下看看比较好。

A : 요즘 사과를 먹으면 목이 가려워서…
B : 그거 알러지 아니에요?
A : 네? 지금까지 아무렇지 않다가 갑자기 알러지가 생기기도 하나요?
B : 최근에 많대요. 다른 과일 먹었을 때는요?
A : 음…. 복숭아나 체리 같은 것도 조금….
B : 한 번 병원에서 검사 받아보는 게 좋겠어요.

20
A : Have you tried this medium-fat tuna? It is fatty and melts in your mouth.
B : True. What is this? A mellowness melting on my tongue...
A : You see? Try these steamed dumplings as well. The juice from the meat comes out and it is delightful.
B : Wow, the firm texture of these shrimp is beyond words.
A : This shop is a good find.

B : Let's come back again!

A：这个中腹肉，尝尝看吗？带有脂肪，很肥嫩哦。
B：真的诶！什么情况，这种在舌尖融化的丝滑口感……
A：对吧？还有，这个烧麦你也尝尝看。肉汁四溢，很好吃哦！
B：嗯……这个虾的口感又弹又嫩，我欲罢不能啊！
A：来这家店真是来对了！

B：必须再来！

A : 이 참치 중뱃살 드셨어요? 적당히 기름져서 살살 녹아요.
B : 진짜네요. 입 안에서 녹아내리는 부드러움이라니….
A : 그렇죠? 그리고 이 사오마이도 드셔보세요. 육즙이 나와서 맛있어요.
B : 음…. 새우의 탱글탱글한 식감이 끝내주네요.
A : 이 가게는 성공이네요.

B : 다음에도 꼭 옵시다!

1 A : あれっ、石井さんの隣に写ってるこの人、ご兄弟ですか？
 B : いえいえ、赤の他人[15]ですよ。
 A : へー、他人の空似[16]とは、よく言ったもんですね。
 B : そうですか？　そんなに似てますかね。

2 A : もっと日常会話が上手になりたいんですが、どうしたらいいですか？
 B : どうしてですか？　お上手ですよ。
 A : う〜ん。でも、聞いてわかっても言いたいことがすぐ言葉にならないんです。
 B : じゃ、このアプリ使ってみますか？　隙間時間[17]を使ってオンラインレッスン
 　　ができるんですよ。

3 A : 企業買収って、最近増えてますよね。
 B : そうですね。老舗の企業なんかもどんどん買収の対象になってますしね。
 A : 変化のスピードが速いですよね。
 B : 古いものと新しいものの融合、これも新しい時代の流れなんでしょうね。

4 A : 今度の車は環境に配慮して電気自動車にしようと思っているんです。
 B : いいですね。最近街中でもEV車[18]、よく見るようになりましたよね。
 A : でも、まだ地方には充電スタンドがあまりないんですよねー。
 B : そう考えると、ハイブリッド車[19]がいいかもしれませんね。

5 A : このおにぎり、なんかシールが貼ってありますけど、これ何でしょう？
 B : あ、それは、販売期限が迫った商品についているんですよ。シールが貼ってあ
 　　る商品から買うことで食品ロス[20]を防ぐことにつながるんです。
 A : へーそうなんですか。環境に配慮した選択ができるんですね。
 B : ええ、環境問題に関心がある人は以前よりも増えましたからね。

6 A : 災害ボランティアに登録したんです。
 B : それって、何ですか？
 A : 地震や台風で被害を受けた場所に行って、被災者を支援するんです。
 B : へー、そうなんですか。立派な社会貢献ですね。僕も何かやってみようかな。

知人や近所の人などとの会話 注→p.89,90
（ちじん）（きんじょ）

1

A : Oh, the person who is sitting next to you, Mr. Ishii, is he your brother?
B : No, a complete stranger.

A : Oh, a chance resemblance is the word for it.
B : Is that so? Do they look so much alike?

A：咦？镜头里石井旁边的那个人，是他的兄弟吗？
B：不是不是，两个人完全没关系啦。

A：诶，路人撞脸，说的就是这个吧。
B：是吗？长得有这么像吗？

A : 어? 이시이 상 옆에 찍힌 이 사람은 형제분이세요?
B : 아뇨, 모르는 사람인데요.

A : 모르는 사람의 닮은꼴이라는 말이 괜히 있는 게 아니네요.
B : 그래요? 그렇게 닮았나요?

2

A : I would like to be better at everyday conversation, but what should I do?
B : Why is that? You are good at it.

A : Well... But even when I understand what I hear, I can't find the words for what I want to say right away.
B : In that case, would you like to use this app? You can use down times to take on-line lessons.

A：我想熟练掌握日常会话的话，该怎么办啊？
B：为什么呀？你已经说得很好了啊。

A：唔……虽然能听懂，但想说的话不能立马组织成语言说出来。
B：那，你要不试试这个APP？可以利用空余时间见缝插针上网课哦。

A : 지금보다 회화실력을 키우고 싶은데 어떻게 하면 좋을까요?
B : 왜요? 잘하시잖아요.

A : 음…. 듣고 이해해도 하고 싶은 말이 잘 안 돼서요.
B : 그럼 이 앱을 써 볼래요? 틈틈이 남는 시간에 온라인 레슨을 받을 수 있답니다.

3

A : There are more and more corporate acquisitions recently.
B : That's so true. Old, established companies are being targeted for acquisition, one after another.
A : The speed of change is fast, isn't it?
B : The fusion of something old and new, this is also a trend of the new era, I think.

A：最近是企业收购越来越多了呢。
B：是啊。那些老企业都慢慢变成收购对象了。
A：变化的速度太快了。
B：新旧融合，这也是新时代的大势所趋吧。

A : 기업의 인수합병이 최근 늘고있네요.
B : 맞아요. 장수 기업들이 점점 인수 대상이 되고 있고요.
A : 변화하는 속도가 빠른 것 같죠.
B : 오래된 것과 새로운 것의 융합, 이것도 새로운 시대의 흐름이겠죠.

4

A : I think I'll choose an electric car for my next vehicle, in consideration for the environment.
B : That sounds good. We often see EVs in the city lately as well.
A : But there are not many recharge stands in the countryside yet.
B : When you think about it, a hybrid car might be better.

A：我这次买车的话打算买环保的电动汽车。
B：真不错。最近路上也经常能看到呢。
A：不过，小地方的话充电点还不太有啊。
B：这么想的话，混合动力车可能会更好一些呢。

A : 이번 자동차는 환경을 생각해 전기 자동차를 사려고 해요.
B : 좋은 생각이네요. 최근 길에서도 전기차가 자주 보이더라고요.
A : 그래도 아직 지방에는 충전소가 별로 없는 것 같아요.
B : 그러면 하이브리드 자동차가 좋을 것 같은데요.

5

A : There is some kind of a sticker on this rice ball, but what is this?
B : Ah, that is on products whose sell-by-date is getting close. If you eat it right away, buying products with the sticker helps prevent food loss.
A : Oh, is that right? So you can make a choice that is good for the environment.
B : Yes, there are more people who are concerned with environmental issues than before.

A：这个饭团，好像贴着个什么贴纸，这是什么呀？
B：啊，这个是贴在快到销售截止期限的商品上的。如果马上就要吃掉的话，买这种贴标的商品就能防止食物的浪费。
A：是这样啊。可以做出环保的选择了呢！
B：是啊，比起以前，现在开始注重环境问题的人越来越多了呢！

A : 이 삼각김밥에 스티커가 붙어있는데 뭔가요?
B : 아, 그건 판매기한이 얼마 안 남은 상품에 붙어 있는 거예요. 스티커가 붙어있는 상품부터 먼저 사면서 식품 폐기를 방지하는 거죠.
A : 그래요? 환경을 생각한 선택이 가능한 거네요.
B : 네. 환경문제에 관심있는 사람들이 예전보다 늘어났으니까요.

6

A : I have registered as a disaster volunteer.
B : What is that?
A : They go to places hit by earthquakes or typhoons and give support to the people afflicted by it.
B : Oh, is that right? It's a splendid contribution to society. Perhaps I should do something, too.

A：我刚注册了灾害志愿者。
B：那是什么呀？
A：就是去地震啊台风的受灾地区帮助受灾者的那种。
B：哦～这是这样啊。真是了不起的社会贡献呐。我也试着做点什么吧。

A : 재난 자원봉사에 등록했어요.
B : 그게 뭐예요?
A : 지진이나 태풍 피해를 입은 곳에 가서 재난민을 도와주는 일이에요.
B : 그런 것도 있군요. 사회공헌도 하시고 훌륭하시네요. 나도 뭔가 해 볼까.

7 A : あ～あ、親切心で言ったのに、嫌がられちゃった。
   B : むなしいですね。
   A : 世代が違うのかな。
   B : いやー、個人の価値観の相違じゃないですか?

8 A : いじめって、なかなかなくならないようですね。
   B : そうですね。けっこう根が深いんでしょうね。
   A : そうなんでしょうね。それに、いじめは、何も子どもの世界に限ったことじゃありませんしね。
   B : まったくですね～。ひとごとじゃありませんよね。

9 A : 幼い子どもをターゲットにした犯罪は、許せませんね。
   B : まったくですね! 怒りで体が震えます。
   A : 本当ですね。こんなことは決して起こってはならないことですよね。
   B : こういう犯罪が多発しているということは、社会が歪んでいるということですね。

10 (お葬式で)
   A : この度はご愁傷さまでした。[21]
   B : ありがとうございます。
   A : どうぞお力落としのないように…。
   B : ありがとうございます。

11 A : この間、別れる別れないって揉めてたけど、あの後よく話し合いましたか?
   B : 話し合うも何も、電話にも出てくれないんです。メールは送ってるんですけど。
   A : 関係修復は難しいってことですか?
   B : う～ん、実は、もう別れようって、返事が来ました。
   A : じゃあ、もう、ちょっとね…。
   B : やっぱりそうですよね…。

知人や近所の人などとの会話 注➡p.90

7
A : Well, I said it out of kindness but she didn't like it.
B : That's too bad.

A : Different generation, maybe.

B : Well, isn't it the difference of values between individuals?

A：唉，明明我是出于好意才说的，反而被嫌弃了。
B：那真是令人失落啊。

A：是不是因为代沟啊。

B：不是吧，应该是个人的价值观不同吧。

A : 아~ 친절한 마음에서 말 한건데 달가워 하지 않네요.
B : 허무하네요.

A : 세대가 달라서 그런가.

B : 그렇다기 보다는 개인의 가치관 차이가 아닐까요?

8
A : It seems difficult to eradicate bullying.
B : That's so true. It must be deep rooted.
A : I think so, too. And bullying is not limited to the world of children.
B : You're absolutely right. It could happen to us.

A：霸凌，感觉真是怎么都不会消失啊。
B：是啊，可以说是根深蒂固了吧。
A：是的吧。而且，霸凌也不止发生在孩子们的世界里。
B：真的是……并不是与我们无关的啊。

A : 왕따는 아무리 해도 없어지지 않는 것 같아요.
B : 맞아요. 뿌리깊이 박혀 있는 것 같아요.
A : 그렇죠. 게다가 왕따는 아이들 세계에만 있는 게 아니잖아요.
B : 제 말이 그 말이에요. 남 일이 아니죠.

9
A : Crimes targeting small children are unforgivable.
B : I completely agree! It makes me tremble with anger.
A : That's true. This kind of thing should never-ever happen.
B : The fact that such crimes are happening a lot is because society is warped.

A：那些以小孩儿为目标的犯罪真的是不可原谅。
B：真是够了！气得我浑身发抖。
A：真的是。这种事情绝对不应该发生的。
B：多次发生这种犯罪，说明这个社会已经扭曲了。

A : 어린 아이를 노린 범죄는 용서할 수 없어요.
B : 진심으로요! 화가 나서 몸이 떨릴 정도예요.
A : 정말, 이런 일은 절대로 일어나선 안 되는데 말이죠.
B : 이런 범죄가 많이 발생한다는 건 사회가 삐뚤어졌다는 거겠죠.

10 (At a funeral)

A : Please accept my condolences.

B : Thank you.

A : Please try to hang in there...

B : Thank you.

（在葬礼上）

A：这真是太令人难过了。

B：谢谢。

A：还请您节哀……

B：谢谢。

（상례식에서）

A : 얼마나 상심이 크시겠어요.

B : 네, 감사합니다.

A : 기운 차리세요….

B : 감사합니다.

11
A : You were fighting about whether you should stay together or break up the other day, but did you have a good talk afterwards?
B : Forget about talking about it, she doesn't even answer the phone. I have been sending emails.
A : Does that mean there's no saving your relationship?
B : Yeah, actually, a reply arrived saying "let's break up."
A : Oh, so it is too late.

B : I think so, too.

A：前不久你们还在吵着要不要分手，之后好好聊了吗？
B：聊什么啊，打电话过去都没人接。邮件倒是有在发。
A：意思是关系很难修复吗？
B：唔……其实，我已经收到回信了，说分手吧。
A：那，已经，就有点……

B：果然是这样啊……

A : 요전에는 헤어진다 못한다 싸우더니 그 후에 이야기 했어요?
B : 이야기고 뭐고 전화도 안 받아요. 메일도 보냈는데요.
A : 관계회복이 어려울 것 같다는 뜻인가요?
B : 음…. 실은 헤어지자고 답장이 왔어요.
A : 그럼 이미 좀….

B : 역시 그렇겠죠….

⓬ A ： 先日、初めて韓国へ行ってきたんですよ。韓国料理を堪能してきました！
　　B ： そうですか、韓国の印象はどうでしたか？
　　A ： はい、見るものすべてが刺激的でした。それで、あの…。
　　B ： はい…。
　　A ： これ、韓国のお土産です。ほんの「キムチ」ですが…。
　　B ： ほんのきむち…、親父ギャグ[22]ですね。ははは。

⓭ A ： 「釣った魚に餌はやらない[23]」って言うけど、あれ本当ね。
　　B ： へ〜、ご主人プレゼントしてくださらないんですか？
　　A ： ぜーんぜん。結婚してから誕生日プレゼントなんて一度もなしよ。
　　B ： 意外〜、優しそうなご主人なのに…、人は見かけによらないもんですね。
　　A ： この世代の男の人なんてみんなそんなもんなんじゃないの。
　　B ： そうですか〜？　　僕はちゃんと記念日にはカードとプレゼント贈りますよ。

⓮ A ： この前、骨董品屋に行って、初めて鑑定してもらったんですよ。
　　B ： へー、何を？
　　A ： うちに代々伝わる皿があって、それがどのぐらい価値があるのか知りたくなっ
　　　　て。まー、古いってだけなんですけどね。
　　B ： それで、何て言われたんですか？
　　A ： 「この皿は大変貴重なもので、100万円はくだらない[24]」って。
　　B ： へー、100万円！そりゃ、すごい。
　　A ： 凡人には普通の皿にしか見えないんですけどね。

知人や近所の人などとの会話 注➡p.90,91

12
A : The other day, I visited Korea for the first time. I really enjoyed Korean food!
B : Is that so? What was your impression of Korea?
A : Oh, everything I saw was exciting. So, uh...
B : Yes...

A : This is a souvenir from Korea. It is just "kimchi"...(Play on Japanese words)
B : Just kimchi? That's a dad joke, isn't it? Ha, ha, ha.

13
A : They say "people never feed a landed fish," and that is so true.
B : Oh, so your husband doesn't give you presents?
A : Not at all. Ever since we got married, there hasn't been a single birthday present.
B : That's a surprise, your husband appears to be kind, but you can't judge a book by its cover, I suppose.
A : Every man in this generation must be like that, I suppose.
B : Do you think so? I'm always sure to send a card and present for our anniversary.

14
A : The other day, I went to an antique shop and got an appraisal for the first time.
B : Really? For what?

A : There is a plate handed down generation after generation in our family, and I got curious to know how much it was worth. Well, that just means that it's old.
B : And, what did they say?

A : They said, "this plate is very precious and it would be no less than 1,000,000 yen."
B : Wow, 1,000,000 yen! That's awesome.
A : To an ordinary person, it looks like nothing more than an ordinary plate.

A : 前些日子，我第一次去了趟韩国，好好享受了一番韩国料理!
B : 是吗? 对韩国的印象怎么样?

A : 嗯，看到的东西都挺让人兴奋的。然后，那个……
B : 嗯……

A : 这个，是韩国的特产。是我的一点泡菜（心意）……
B : 一点泡菜……，冷笑话啊! 哈哈哈!

A : 人们常说"不给钓到的鱼喂食"，还真是。
B : 哦? 你丈夫不给你送礼物吗?

A : 完全不送。自从结婚以来就一直没送过我生日礼物什么的。
B : 想不到啊，你丈夫看上去人还挺好的……真是人不可貌相啊。
A : 他们这一辈的男人大概都是这样的吧?
B : 是吗? 我的话还是会在纪念日好好准备贺卡和礼物送出去的。

A : 前不久我去了一趟古董店，第一次托人做了鉴定。
B : 哦? 鉴定什么了?

A : 是我们家代代相传的盘子，就想知道到底值多少钱。唔……也就是年代比较久远啦。
B : 然后，那边怎么说?

A : 说是"这个盘子非常贵重，得100万日元往上"。
B : 诶! 100万日元! 那可真是太厉害了。
A : 一般人看着也就是个普通的盘子而已。

A : 얼마 전에 처음으로 한국에 갔다 왔어요. 한국요리를 실컷 먹고 왔어요.
B : 그러셨군요. 한국은 분위기가 어땠어요?
A : 보이는 것들이 전부 감각을 자극하더라고요. 그래서 저기….
B : 네….

A : 이거 한국에서 사 온 거예요. 제 '기무치'인데요. (※원래는 '기모치(마음)' 라고 해야 함)
B : 기무치라…. 아재 개그네요. 하하하.

A : '잡은 물고기에게 먹이 안 준다' 라잖아, 그거 진짜더라.
B : 흠…. 남편분이 선물을 안 주시는 거예요?
A : 전혀. 결혼하고 나서 생일 선물은 한 번도 없었어.
B : 의외라~ 잘 챙겨줄 것 같은데…. 사람은 겉만 봐선 모르겠네요.
A : 요즘 세대 남자들은 다 그렇지 않을까?
B : 그런가요? 저는 기념일에는 카드랑 선물이랑 주는데요.

A : 요전에 골동품 가게에 가서 처음으로 감정을 받아 봤거든요.
B : 오~ 어떤 걸요?

A : 집에 대대로 내려오는 접시가 있는데 얼마나 가치가 있는지 알아보고 싶어서요. 오래된 거 빼고는 볼 거 없지만요.
B : 그래서 뭐라고 하던가요?

A : '이 접시는 매우 귀중한 것으로 100만엔은 우습다' 라네요.
B : 와! 100만엔! 엄청나네요.
A : 일반인한테는 평범한 접시로만 보이는데 말이죠.

15　A ： スマホ²⁵、買い替えようかなって思ってるんですよ。

　　B ： じゃー、カメラの機能が高いのがいいんじゃない？

　　A ： おすすめのモデルって、何かありますか？

　　B ： 画質にこだわりたいならこれいいよ。デジタルズームも入ってるし便利だし。

　　A ： いいですね。最近のスマホって、本当にきれいに撮れるからカメラいらないで
　　　　すね。

16　A ： お正月になると、お年寄りが餅を喉に詰まらせたっていうニュースが増えます
　　　　ね。

　　B ： 年を取ると、飲み込む力が弱くなるんですかね。

　　A ： うん。唾液の分泌も減るでしょうし。

　　B ： そういえば、うちの祖母なんて、この間ゼリーを喉に詰まらせたって言ってま
　　　　したよ。

　　A ： えーっ、ゼリーで喉が詰まっちゃうんですか？

　　B ： ええ、急に呼吸ができなくなっちゃって、このまま死んじゃうのかって思った
　　　　らしいですよ。

17　A ： だいぶ、日が長くなりましたねー。

　　B ： ええ、5時でも、まだこの明るさですからねー。

　　A ： もう1月も半ばかー。

　　B ： あと2週間もすれば、もう立春²⁶ですよ。

　　A ： 立春かー。確か、その前の日が節分²⁷でしたよね。

　　B ： 節分といっても、最近は豆をまく家は減ってきちゃったんでしょうね。

18　A ： オリンピック見ましたか？

　　B ： ええ、昨日はフィギュアスケートを見ました。

　　A ： フィギュアスケートは人気がありますよね。

　　B ： 美しい演技とジャンプの緊張感、見ごたえがありますよ。

　　A ： そういえばスケートなんて子どもの時以来ずいぶんしてないなぁ。

　　B ： 久しぶりに行ってみたくなりますね。

⒂

A : I am wondering if I should replace my smart phone.
B : Well, wouldn't you like one with good camera functions?
A : Do you have any models that you recommend?
B : If you are particular about the resolution, this one is good. It's got digital zoom and it's convenient.
A : That sounds good. Newer smart phones can take such good pictures that we don't need a camera.

A : 我在想要不要重新买个智能手机。
B : 那，换个拍照性能比较好的怎么样？
A : 你有什么推荐的机型吗？
B : 如果你想拍的画质好一点的话这款不错，自带数码变焦，挺方便的。
A : 不错诶。最近的智能手机真的都能拍得很好看，都不需要相机了。

A : 스마트폰을 바꿀까 해요.
B : 그럼 카메라 기능이 좋은 게 좋지 않겠어?
A : 추천해줄 만한 모델이 있으세요?
B : 화질이 중요하면 이거 좋아. 디지털 줌 기능이 있어서 편하고.
A : 좋네요. 요즘 스마트폰들은 진짜 잘 찍히니까 카메라가 필요 없죠.

⒃

A : When the New Year arrives, news about elderly people choking on rice cakes increases.
B : I wonder if the ability to swallow gets weaker as a person ages.
A : Yes. The secretion of saliva must drop, too.
B : Speaking of which, my grandmother said that she got a Jello snack stuck in her throat the other day.
A : What? Jello clogged her throat up?
B : Yes, she seemed to have thought she might die like that as she couldn't breathe all of a sudden.

A : 一到正月，老年人被年糕噎住嗓子的新闻就会变多呢。
B : 因为年纪大了，吞咽的能力也会变弱吧。
A : 嗯，唾液的分泌也会减少。
B : 说起来，我奶奶前不久还说吃果冻噎住了。
A : 诶！果冻也会噎住喉咙的吗？
B : 是啊，她说突然就不能呼吸了，还以为自己就要这么死掉了呢。

A : 설날이 되면 어르신들이 떡을 드시다 질식한다는 뉴스가 느네요.
B : 나이를 먹으면 삼키는 힘이 약해지는 걸까요.
A : 네. 침 분비도 줄어들 거고요.
B : 그러고 보니 저희 할머니도 얼마 전에 젤리 드시다가 목에 걸렸다고 하시더라고요.
A : 네? 젤리 같은 것도 목에 걸리나요?
B : 네. 갑자기 숨을 못 쉬어서 이대로 죽는 줄 아셨대요.

⒄

A : The days are getting quite a bit longer, aren't they?
B : Yes, it's still bright even though it's 5 o'clock.
A : It's already mid-January.
B : After 2 more weeks, it will be the first day of Spring.
A : The first day of Spring. If I remember it right, the day before is Setsubun.
B : We say Setsubun, but families that scatter beans must be on the wane nowadays.

A : 白天的时间变长了很多啊。
B : 是啊，都5点了，天还那么亮呢。
A : 1月都过去一半了啊……
B : 再过两个星期就是立春了哦。
A : 立春啊……我记得前一天是节分来着吧。
B : 说到节分，最近撒豆子的人家是不是变少了啊。

A : 해가 상당히 길어졌네요.
B : 맞아요. 다섯 시인데 아직 이렇게 밝잖아요.
A : 벌써 1월 중순….
B : 2주만 지나면 입춘이죠.
A : 입춘이구나. 그 전 날이 세쓰분 맞죠?
B : 세쓰분이라도 요즘에는 콩 뿌리는 행사 하는 집들은 많이 줄었죠.

⒅

A : Have you been watching the Olympics?
B : Yeah, I watched figure skating yesterday.
A : Figure skating is popular, isn't it?
B : With the beautiful performances and the tension of jumps, it's worth watching.
A : Speaking of which, I haven't skated for quite a long time, since my childhood.
B : It makes me want to go after all this time.

A : 你看奥运会了吗？
B : 看了，我看了昨天的花滑。
A : 花滑人气很高呢。
B : 有充满美感的演绎又有跳跃的紧张感，可看性太高了！
A : 说起来，好像长大了之后，已经很久没滑过冰了。
B : 都想久违地去滑一次了呢。

A : 올림픽 봤어요?
B : 네. 어제는 피겨 스케이트 봤어요.
A : 피겨가 인기가 많죠.
B : 아름다운 연기와 긴장감 있는 점프가 볼 맛이 나요.
A : 그러고 보니 스케이트는 어렸을 때 이후로는 안 탔네….
B : 오랜만에 해 보고 싶어지네요.

section ❷ 上級 🔊26

19　A：「行間を読む²⁸」って言いますけど、なかなか難しいですよね。
　　　　ぎょうかん　　　　　　　　　　　　　　　　　　むずか

　　B：まー、人の感性は一人一人違いますからね。
　　　　　　　かんせい

　　A：読者がとんでもない読み違いをしちゃってることもあるでしょうね。
　　　　　　　　　　　　　　ちが

　　B：書評を見て、作家が苦笑いするなんてこともあるんじゃないですか。
　　　　しょひょう　　さっか　にがわら

　　A：あり得るでしょうねー。
　　　　　　う

　　B：評論家ももっともらしいこと言いますからね。
　　　　ひょうろんか

20　A：あけましておめでとうございます。今年もよろしくお願いします。
　　　　　　　　　　　　　　　　　　　　　　　　　　　　　ねが

　　B：あ、おめでとうございます。お正月休みはゆっくりできましたか?
　　　　　　　　　　　　　　　　　　しょうがつ

　　A：ええ、今年はちょっと奮発して、家族でハワイに行ったんですよ。
　　　　　　　　　　　　ふんぱつ

　　B：え、本当ですか。うらやましい限りですね。
　　　　　ほんとう　　　　　　　　　　　かぎ

　　A：えへへ。で、ビーチで一日中寝そべってのんびりしたり、いろいろ買い物した
　　　　　　　　　　　　　　　　ね
　　　　り…。おかげさまでいい骨休め²⁹ができました。鈴木さんも、どちらかに出か
　　　　　　　　　　　　　　　ほねやす　　　　　　　　　すずき
　　　　けられたんですか?

　　B：うちは家族で妻の実家に行ったんですけどね、気を遣ってすっかり肩が凝っ
　　　　　　　　つま　じっか　　　　　　　　　　　　　　つか　　　　　　かた　こ
　　　　ちゃって…。羽を伸ばすどころじゃなかったんですよ。
　　　　　　　　　はね　の

21　A：田中さん、悪いんですが、今度買い物に付き合ってくれませんか?
　　　　たなか　　　　　　　　　　　　　　　　あ

　　B：ええ、いいですけど、何を買うんですか?

　　A：お世話になった方へプレゼントを探していて。普段使い³⁰ができるようなバッ
　　　　　　　　　　　　　　　　　さが　　　　ふだんづかい
　　　　グとかいいと思っているんです。

　　B：いいですね。一つあると便利ですよ。どんなコーディネートでも合わせやすい
　　　　　　　　　　　　　べんり
　　　　ですし。

　　A：自分ではなかなか選べなくて。
　　　　　　　　　　えら

　　B：最近はやさしい丸みのあるデザインが人気なんですよ。いつ行きましょうか?
　　　　さいきん　　　まる

　　A：来週の金曜日はいかがですか?

　　B：いいですよ。予定空けておきますね。
　　　　　　　　よてい

19

A : They say "read between the lines," but it is quite difficult.

B : Well, our sensibilities are different for each and every one of us.

A : The readers may have made unbelievable errors as they read.

B : I'd think there are times the author must crack a wry smile reading the book reviews.

A : That's very likely, isn't it.

B : The critics also make plausible-sounding comments, you know.

A : 虽说要"读字里行间的意思"，但是实在是有难度啊。

B : 嗯，毕竟每个人的感知能力都不一样嘛。

A : 应该也会有读者的理解和原意八竿子打不着的情况吧。

B : 想必看了书评，作家有时候都会苦笑吧。

A : 有可能。

B : 毕竟评论家们也会一本正经地说些不着边际的呢。

A : '행간을 읽는다'라고들 하는데 참어려운 것 같아요.

B : 사람마다 감성이 다 다르니까요.

A : 독자가 엉뚱한 방향으로 이해하는 경우도 있겠죠.

B : 서평을 보고 작가가 쓴웃음을 짓는 일도 있지 않을까요?

A : 있겠죠.

B : 평론가도 그럴싸하게 말하니까요.

20

A : Happy new year. I hope you have a good year.

B : Oh, a happy New Year to you, too. Did you have a relaxing New Year's break?

A : Yes, this year my family splurged on going to Hawaii.

B : What, really? I am so envious.

A : He, he, he. So I lied around on the beach all day and did some shopping... Luckily I got well rested up. Mr. Suzuki, did you go somewhere?

B : My family went to my wife's parents' house so I had to be attentive and I'm quite stiff-shouldered... There was no time to relax, I tell you.

A : 新年快乐！今年也请多指教。

B : 新、新年快乐。新年假期好好休息了吗？

A : 嗯嗯，今年稍微拼了一把，全家一起去了夏威夷。

B : 诶，真的吗。太让人羡慕了。

A : 嘿嘿，然后，一整天在沙滩上悠闲地躺着，买买东西什么的。托您的福，好好放松了一把。您也去哪里玩了吗？

B : 我们家全家去了我妻子的老家，要顾忌的地方太多太压力太大了……完全就没办法放松。

A : 새해 복 많이 받으세요. 올 한해도 잘 부탁드립니다.

B : 네, 새해 복 많이 받으세요. 연휴는 잘 보내셨어요?

A : 네, 올해는 큰 맘 먹고 가족들이랑 하와이에 갔다 왔어요.

B : 정말요? 진짜 부럽네요.

A : 하하. 가서 해변에서 하루종일 누워서 여유도 부리고 쇼핑도 하고…. 그 덕분에 피로도 많이 풀렸어요. 스즈키 상은 어디 갔다오셨어요?

B : 저는 가족이랑 처가에 다녀왔는데 이것저것 신경 쓴다고 피곤해서…. 마음 편하게 못 쉬었어요.

21

A : Ms. Tanaka, I am sorry to bother you, but would you come along with me to do some shopping?

B : Sure, that is fine, but what are you going to buy?

A : I am looking for presents for people who have been helpful to me. I am thinking something like a bag would be good, one that can be used in everyday life.

B : That sounds good. It is convenient to have one. One that goes with anything.

A : It is hard to select on my own.

B : These days, designs with a gentle curve are popular. When shall we go?

A : How about next Friday?

B : That'll work. I'll keep my schedule open.

A : 田中，不好意思，这次能不能陪我去买个东西？

B : 嗯，可以啊，你要买什么？

A : 我在找礼物，送给一直照顾我的人。想着平时能用的包什么的应该不错。

B : 不错啊，有一个挺方便的，还百搭。

A : 我自己怎么都选不好。

B : 最近那种种稍微有点圆圆的设计还挺火的，什么时候去看看？

A : 下周五怎么样？

B : 可以啊，我把时间空出来。

A : 다나카 상, 죄송한데 저 쇼핑갈 때 같이 가 주시면 안 될까요?

B : 그래요. 뭐 사려고요?

A : 신세진 분한테 드릴 선물을 찾고 있는데 평소에도 쓸만한 가방이 어떨까 해서요.

B : 괜찮네요. 가방은 하나쯤 있으면 편리하잖아요. 어떤 옷이라도 매치하기 쉽고.

A : 저 혼자서는 잘 못 고르겠더라고요.

B : 요즘에는 부드러운 곡선이 있는 디자인이 인기예요. 언제 갈래요?

A : 다음 주 금요일은 어떠세요?

B : 좋아요. 시간 비워 놓을게요.

① プルプル

弾力のあるものが細かく揺れる様子を表します。	It refers to the jiggling of something that is elastic.	形容有弹性的东西小范围晃动的样子。	탄력있는 물체가 흔들리는 모습을 나타냅니다.

② 気に障る（さわ）

相手を嫌な気持ちにさせることです。	To make the other person feel bad.	指会惹对方不高兴的的事。	상대를 짜증나게 하는 것입니다.

③ 夏バテ

「夏にバテる」の略語です。「バテる」は、「疲れる」という意味です。日本の夏は蒸暑いので、食欲がなくなったり疲れやすくなる人が増えます。夏バテ防止には、うなぎを食べるのが効果的だと言われています。	This is an abbreviation for "夏にバテる (fatigued in summer)." "バテる" means "fatigued." Because the summer in Japan is hot and humid, a lot of people lose their appetite or feel fatigued. To prevent 夏バテ, they say it helps to eat eels.	是 "夏にバテる (在夏天疲累不堪)" 的省略形式。"バテる" 就是 "疲れる (疲累)" 的意思。因为日本的夏天比较闷热，就会出现很多容易食欲不振，浑身乏力的人。一般认为吃鳗鱼对预防苦夏很有效。	"夏にバテる"의 줄임말입니다. "バテる"는 '피곤하다'라는 뜻입니다. 일본은 여름이 습도가 높아서 식욕이 없어지거나 지치는 사람이 늘어납니다. 더위를 이기기 위해서는 장어를 먹는 게 효과적이라고 합니다.

④ あとがない

これを失敗したらもう次のチャンスがない、これ以上は失敗できないという意味です。	This means that if you fail this, there will be no more chances, so you can't fail anymore.	意思是，如果这次失败的话就没有下一次机会了，不能再失败了。	이번에 실패하면 다음 기회는 없다, 더 이상은 실패할 수 없다라는 뜻입니다.

⑤ ご不幸（ふこう）

家族や親戚などが亡くなったことを表します。「○○さんのお宅にご不幸があったそうだよ」などのように使います。	It refers to the fact that a family member or relative passed away. It is used as in "○○さんのお宅にご不幸があったそうだよ (there was a death in OO family)," etc.	表示家人或者亲戚去世了。常用 "○○さんのお宅にご不幸があったそうだよ (○○家好像出事了)" 等表达方式。	가족이나 친척이 죽은 것을 나타냅니다. "○○さんのお宅にご不幸があったそうだよ (○○상 집에 불행한 일이 있었대요)"로 씁니다.

⑥ ワーケーション

「ワーク」と「バケーション」を合わせた言葉です。どこかで休暇を過ごしながら働くことです。	It is a word combined from "ワーク (work)" and "バケーション (vacation)." This means to taking some time off while working somewhere else.	是 "ワーク (工作)" 和 "バケーション (假日)" 的组合词。指在某地一遍度假一边工作。	"ワーク"와 "バケーション"의 합성어입니다. 휴가를 보내면서 일한다는 뜻입니다.

⑦ リモートワーク

自宅など会社以外の遠隔の場所でオンライン上でコミュニケーションを取りながら働くことです。「テレワーク」とも呼びます。	This means to work while communicating online from one's home or a remote place, other than one's company. It is called "テレワーク (telework)."	即在家里或者其他公司以外的地方远程通过线上交流进行工作的形式。亦作 "テレワーク"。	회사 이외의 장소에서 온라인상으로 커뮤니케이션을 하면서 일하는 것입니다. "テレワーク"라고도 부릅니다.

⑧ メンタルやられる

精神的にダメージを受けるという意味です。	This means being damaged mentally.	精神上受到损害的意思。	정신적으로 데미지를 입었다는 뜻입니다.

⑨ リノベーション

手を加えて、よりよくすることです。ここでは、家の間取りなどを大規模に改修することです。	This is to make things better by adding some touches. Here, it refers to a major-scale reform of the house layout.	加工改造得更好的意思。在这里指大规模改建家里的格局。	고쳐서 더 좋게 하는 것입니다. 여기에서는 집 구조 등을 대규모로 보수하는 것입니다.

⑩ 4LDK

L（リビング）D（ダイニング）K（キッチン）が一緒になっている部屋（LDK）と4つの部屋がある間取りのことです。	This is a layout with a room that combines L (living), D (dining), K (kitchen) and 4 bedrooms.	指屋内格局是加上L（客厅）D（餐厅）K（厨房），且有4间卧室的屋子。	L(거실), D(식사공간), K(부엌)과 방이 네 개 있는 구조입니다.

⑪ シック

上品でエレガントな様子のことです。	It means high-class and elegant.	指高级且高雅的样子。	고상하고 엘레강스한 모양을 말합니다.

⑫ 断捨離
だんしゃり

自分に本当に必要なものだけを残し、要らないものは処分することです。	This means to retain what is really necessary for yourself and dispose of what is not needed.	指只留下自己必须的东西，把不需要的东西处理掉。	필요한 것만 남겨 놓고 불필요한 물건은 처분하는 것입니다.

⑬ トロトロ

溶けている、油などが光って滑らかな様子を表します。	It indicates that something is melting or smooth and shiny with oil, etc.	形容融化的油脂等有光泽的顺滑的样子。	기름등이 녹아서 광택이 나는 모양을 나타냅니다.

⑭ プリプリッ

食べ物などで弾力がある様子を表します。	This refers to foods that are firm/elastic.	形容食物等有弹性的样子。	음식등이 탄력있는 모양을 나타냅니다.

⑮ 赤の他人
あか　たにん

家族や友達ではない全くの他人のことです。	This means a total stranger, not a family member or friend.	指并非家人或者朋友的纯路人。	가족이나 친구가 아닌 완전한 타인을 말합니다.

⑯ 他人の空似
たにん そらに

血縁ではなく他人なのに、顔が似ていることです。

Refers to faces that look alike, even though the people are not related.

明明是没有血缘的陌生人，脸却长得却很像。

혈연관계가 아닌 타인인데 얼굴이 닮았다는 말입니다.

⑰ 隙間時間
すきま じかん

行動と次の行動の間にできた短時間の空き時間のことです。例えば移動時間や待ち時間などです。

It means the short free time between one action and the next. For example, the time while on transport or while waiting.

指一次行动和下一次行动之间空出来的短暂的时间，比如在路上的时间和等待的时间这些。

행동과 다음 행동 사이에 생긴 짧은 빈시간을 말합니다. 예를 들면 이동시간이나 기다리는 시간 같은 것입니다.

⑱ EV車
イーブイしゃ

EV は「Electric Vehicle」の頭文字を取った略語で、電気自動車のことです。

EV is an abbreviation that takes the initial letter of "Electric Vehicle," and it means an electric car.

EV是 "Electric Vehicle" 的首字母缩写。即电动汽车。

EV는「Electric Vehicle」, 전기 자동차를 말합니다.

⑲ ハイブリッド車
しゃ

ガソリンで動くエンジンと、電気で動くモーターの二つの動力がある車のことです。

A car with two motive forces, namely, a gasoline engine and an electric motor.

即兼具汽油驱动的引擎和电能驱动的马达的双动力源汽车。

가솔린 엔진과 전기로 움직이는 모터를 같이 조합해서 두 가지 동력으로 움직이는 자동차입니다.

⑳ 食品ロス
しょくひん

まだ食べられるのに、捨てられてしまう食品のことです。

This refers to food that can still be eaten, but ends up being thrown away.

指明明还能吃却被白白扔掉的食品。

아직 먹을 수 있는데 버려지는 식품을 말합니다.

㉑ ご愁傷さまでした
しゅうしょう

家族が亡くなった人に対する、「悲しい気持ちはよくわかります」という意味の挨拶です。

This is a greeting that means "悲しい気持ちはよくわかります (I am in sympathy with your sadness)," directed towards the person who has lost his/her family member.

对有家人去世的人说的话。寒暄用语，意思是 "我非常能明白您悲伤的心情"。

가족을 잃은 사람에게 전하는 "悲しい気持ちはよくわかります(그 슬픈 마음을 이해한다)"라는 뜻의 인사말입니다.

㉒ 親父ギャグ
おやじ

中年のおじさんが言うようなセンスがない冗談（ギャグ）のことです。

It is a joke (gag) lacking a good sense of humor, like those made by middle-aged guys.

指像是中年大叔会说的符合他们品味的笑话（梗）。

중년의 남자가 말할 법한 센스가 없는 개그를 말합니다.

㉓ 釣った魚に餌はやらない
つ　　　うお　　えさ

| 付き合う、あるいは結婚するまではプレゼントをしたりして相手を大切にするが、付き合ったり、結婚後はプレゼントなどもせず、相手を大事にしないという意味です。 | This means a person cherishes the partner until s/he marries him/her, by giving presents and so on, but after going steady or getting married, the person takes the other for granted and doesn't give presents, etc. | 即在开始交往或结婚之前会给对方送礼物，很珍惜对方，但是交往后，或者结婚后就不再送礼物，也不再珍惜对方。 | 사귀거나 결혼하기 전에는 상대방을 잘 챙겨 주다가 결혼 후에는 선물도 하지 않고 상대방을 잘 챙겨주지 않는다는 뜻입니다. |

㉔ 100万円はくだらない

| 100万円より安くなることはないという意味です。 | It means that it will be no less than 1,000,000 yen. | 意思是不会比100万日元低。 | 100만엔 밑으로 내려가는 일은 없다라는 뜻입니다. |

㉕ スマホ

| 「スマートフォン」の略語です。 | The abbreviation of "スマートフォン (smart phone)." | 是"スマートフォン（智能手机）"的略称。 | "スマートフォン"의 줄임말입니다. |

㉖ 立春
りっしゅん

| 春の始まりの日で、節分の翌日のことです。 | It is the first day of Spring, and the day after Setsubun (節分). | 即春天开始的日子，是节分的第二天。 | 봄이 시작되는 날로 세쓰분 다음날 입니다. |

㉗ 節分
せつぶん

| 春になる日（立春）の前日のことで、毎年2月3日がこの日にあたります。この日、一年間家に住みついた鬼に豆を投げて追い払い、新しい幸福を家に呼び込むという行事をする習慣があります。 | This is a day before the first day of Spring (立春) and it is February 3rd every year. On this day, the Japanese custom is to chase out demons who inhabited the house for a year by throwing beans at them, thus inviting new happiness into the house. | 即春天开始（立春）的前一天，在每年的2月3日。这一天有撒豆驱赶在家住了一年的恶鬼，迎新的幸福进门的习俗。 | 봄이 시작되는 날(입춘) 전날로 매년 2월 3일입니다. 이날에는 집에 붙어 있던 귀신을 내쫓고 복을 불러들인다는 의미로 집 안에 콩을 뿌리는 풍습이 있습니다. |

㉘ 行間を読む
ぎょうかん　よ

| 文章には直接書かれていない、作家の真意を理解するという意味です。 | This means grasping the true intent of the author, which was not expressed directly in the text. | 指理解那些作者没有直接写在文字里的真正意图。 | 문장에는 직접적으로 나타나 있지 않으나 작가의 의도를 파악한다는 뜻입니다. |

㉙ 骨休め
ほねやす

| 休暇を取り、体を休めて日頃の疲れを取ることです。 | This refers to taking a vacation and eliminating the fatigue from day-to-day life by resting. | 指休假后身体也得到休息，去除了平日里的堆积的疲劳。 | 휴가를 받아 쉬면서 일상의 피로를 푼다는 뜻입니다. |

㉚ 普段使い
ふ だんづか

日常生活で使うものを指しま
す。アクセサリーや洋服など
について使うことが多いです。

This refers to things used in
daily life. It is often used to
refer to accessories and/or
clothes.

指日常生活中可以使用的东
西。多指首饰、衣服这些。

평소에 사용하는 것을 가리킵
니다. 악세서리나 옷에 관해
서 말할 때 쓰이는 경우가 많
습니다.

Unit

4

■店員や医者などとの会話
てんいん　いしゃ

Conversations with a shop attendant and/or doctor
与店员和医生等的对话
가게 직원이나 의사등과의 회화

店員や医者などとの様々な目的に応じた社会的な会話を練習します。
さまざま　もくてき　おう　　　しゃかいてき　かいわ　　れんしゅう
それぞれの場面でよく使われる表現に慣れておくと便利です。
ばめん　　　つか　　　ひょうげん　な　　　　　　　べんり

Here you will practice conversations in social contexts in line with various purposes, such as with a shop attendant or doctor. It's helpful to get used to expressions frequently used in each scenario.

本单元将练习如何与店员或医生等进行有目的性的社会性对话。提前熟悉一下在各种情境中常用的表达方式会比较方便。

가게 직원이나 의사와의 회화 등 다양한 목적에 맞는 사회적인 회화를 연습합니다. 각각의 상황에서 자주 쓰이는 표현에 적응해 두면 편합니다.

◎ 短縮形 Contracted form 简略形式 / 단축형	省エネ、イメチェン、サブスク しょう
◎ 前置き表現 Prefatory expressions 前置用语 / 서론, 쿠션어	すみません、あのー
◎ 依頼の表現 Request 请求的表达方式 / 의뢰 표현	〜たいんですけど、〜をお願いできますか、 ねが 〜てもらえますか
◎ 婉曲的な断りの表現 Indirect refusal 婉拒的表达方式 / 완곡한 거절 표현	〜でして、〜はちょっと、またにします
◎ 不動産の語彙 Vocabulary for real estate 房地产相关用语 / 부동산 어휘	物件、間取り、日当たり、1DK、 ぶっけん　まど　　ひあ 北向き、築年数 きたむ　　ちくねんすう

1 （病院の初診受付で）
<small>びょういん しょしんうけつけ</small>

A ： すみません。こちらの病院は初めてなんですが。
<small>びょういん はじ</small>

B ： 初診の方ですね。それではこちらの受付票にご記入頂き、健康保険証と一緒
<small>しょしん かた うけつけひょう きにゅういただ けんこうほけんしょう いっしょ</small>
にお持ちください。

A ： はい。

B ： それから、こちらはわかる範囲で結構ですので、症状をお書き頂けますか。
<small>はんい けっこう しょうじょう いただ</small>

2 （病院で）
<small>びょういん</small>

A ： どうされましたか？

B ： 最近何だか疲れ気味で、よく頭が痛くなるんです。
<small>さいきん つか ぎみ あたま いた</small>

A ： そうですか…。今日は熱がありますか？
<small>ねつ</small>

B ： いや、36度で平熱です。でも何だかだるくてボーッとして。
<small>へいねつ</small>

3 （病院で、診察後）
<small>びょういん しんさつ</small>

A ： こちらのファイルを会計窓口にご提出ください。
<small>まどぐち ていしゅつ</small>

B ： はい。ところで、こちらの病院は薬は出るんですか？
<small>くすり</small>

A ： すみません。当院はすべて院外薬局でお薬をお渡ししています。
<small>とういん いんがいやっきょく くすり わた</small>

B ： そうなんですね。分かりました。

4 （コンビニで or 宅配センターで）
<small>たくはい</small>

A ： あのー、この荷物送りたいんですけど…。
<small>にもつ おく</small>

B ： はい。では、この送り状にご記入をお願いします。
<small>じょう きにゅう ねが</small>

A ： あのー、これ、ワレモノ¹なんですが。

B ： はい。では、ワレモノのところに丸を付けてください。
<small>まる つ</small>

5 （宅配を受け取る）
<small>たくはい う と</small>

A ： 高田さん、書留です。ここに認め²お願いします。
<small>たかだ かきとめ みと ねが</small>

B ： えーと、今ハンコ持ってないんですけど、サインでもいいですか？

A ： ええ、結構です。（サインをする）
<small>けっこう</small>

B ： はい。お世話様でした。
<small>せわさま</small>

店員や医者などとの会話 注→p.118
てんいん　　いしゃ

1 (The first time at a reception desk of a hospital)

A : Excuse me. It's my first time to come to this hospital.
B : It's your first time here, right? In that case, please fill in the registration form here and bring it back up with your health insurance card.
A : OK.
B : Also, here, would you write as much as you can about your symptoms?

2 (At a hospital)

A : What are you here for?
B : Recently I feel fatigued somehow and I often get a headache.
A : I see... Do you have a temperature today?
B : No, it's 36 ℃, so an average temperature. But I feel sluggish and am zoned out.

3 (At a hospital, after the medical examination)

A : Please take this file and submit it to the cashier.
B : Yes. By the way, can I receive medications at this hospital?
A : I am sorry. All medications are provided at pharmacies outside the hospital.
B : I see. I understand.

4 (At a convenience store or home delivery center)

A : Um, I would like to send this package.
B : Sure. Then, please fill in this shipping label.
A : Um...this is breakable.
B : OK. In that case, place a circle where it says breakable.

5 (Receiving a delivered package)

A : Ms. Takada, some registered mail for you. Please acknowledge receipt here.
B : Well...I don't have a seal with me but would it be OK to sign for it?
A : Sure, that is OK. (Signs the slip)
B : Here you go. Thank you.

（在医院的初诊接待处）

A：不好意思，我是第一次来这家医院。
B：是初诊啊。那请您填一下这边的登记表，然后您的医保卡一起拿过来。
A：好的。
B：然后，这边这个把能填的填一下就行，能把您的症状填一下吗？

（在医院）

A：是哪里不舒服呀？
B：最近不知道为什么总感觉很疲惫，还经常会头疼。
A：这样啊……今天有发烧吗？
B：没有，是36度正常体温，但是总感觉提不起劲有点恍惚。

（在医院看诊后）

A：请把这个文件交到结算窗口。
B：好的。对了，这家医院能拿药吗？
A：抱歉，我们医院都是在外面的药店配药的。
B：这样啊，我知道了。

（在便利店 or 快递站）

A：那个，我想寄一下这个包裹……
B：好的。那，请您填一下这个寄件单。
A：那个，我这个是易碎品。
B：好的，那请您在易碎品那里圈一下。

（接收快递）

A：高田女士，您的挂号信。请您在这里确认签收一下。
B：呃……我现在没拿印章，签名可以吗？
A：嗯嗯，可以的。（签名）
B：好的，谢谢您。

（병원 초진 접수르)

A : 저기요. 이 병원에 처음 오는데요.
B : 초진이시네요. 그럼 여기 접수표에 기입하시고 건강보험증이랑 같이 가지고 계세요.
A : 네.
B : 그리고 알고 계신 것만 쓰셔도 되니까 증상도 기입해 주시겠어요?

（병원에서）

A : 어디가 안 좋으세요?
B : 요즘에 이유 없이 몸도 피로하고 두통도 자주 생겨서요.
A : 그러시군요. 열은 있으시고요?
B : 아뇨. 36도예요. 근데 몸이 나른해서 쳐지더라고요.

（병원에서. 진료 후）

A : 이 파일을 수납창구에 제출해 주세요.
B : 네. 그런데 여기 병원에서 약도 지어 주시나요?
A : 아뇨. 저희 병원은 전부 원외약국에서 지어 드리고 있어요.
B : 그렇군요. 알겠습니다.

（편의점 또는 택배집하장에서）

A : 저기요. 이 물건을 보내고 싶은데요.
B : 네. 그럼 이 송장에 기입 해주세요.
A : 저기…. 이게 깨지는 물건인데요.
B : 네. 그럼 '취급주의'에 동그라미 쳐 주세요.

（택배를 수령하다）

A : 다카다 씨, 등기입니다.
B : 아…. 지금 도장이 없어서 그런데 싸인도 가능한가요?
A : 네, 됩니다. (싸인을 한다)
B : 네. 고맙습니다.

6 （タクシーで）

A ： そこを左折すると、突き当たりに銀行があるので、そこで停めてください。

B ： お客さん、左折できませんよ、ここは。一方通行ですから。

A ： え〜、じゃ、ここでいいから停めてください。

B ： はい、わかりました。

7 （レストランに電話）

A ： もしもし、今夜8時に予約してある、田中ですが。

B ： はい、田中様ですね。3名様で伺っております。

A ： それが、もう1人増えちゃったんですけど、大丈夫ですか？

B ： ただいま確認いたしますので、少々お待ちください。

8 （駅で、電車が遅延）

A ： すみません、渋谷まで行きたいんですけど…。

B ： 渋谷ですね。じゃ、この電車で新橋まで行って、そこで地下鉄に乗り換えてください。

A ： はい、新橋で乗り換えですね。

B ： ええ、そうです。それからこの振替切符³を渋谷で駅員に渡してください。

9 （駅で、電車が遅延）

A ： すみません、遅延証明書⁴もらいたいんですけど。

B ： あちらの改札口付近で、係の者が配布しております。

A ： あっちですね。わかりました。

B ： ご迷惑をおかけして申し訳ありません。

10 （マッサージ店で）

A ： すみません、今からマッサージお願いできますか？

B ： はい。どちらのコースメニューになさいますか？

A ： 全身もみほぐしコース、30分でお願いします。

B ： はい、かしこまりました。当店のクーポンはお持ちですか？

6 (In a taxi) / (在出租车上) / (택시에서)

A : If you turn left there, there is a bank at the end of the street, so please stop there.
B : Miss, I cannot turn left here. It is a one way street.
A : Oh, then this is good, please stop here.
B : Yes, certainly.

A : 那边左转开到底有家银行，麻烦停在那边。
B : 客人，这里不能左转。这里是单行道。
A : 诶……那麻烦停在这里就行了。
B : 好的，明白了。

A : 저기에서 좌회전 하시면 막다른 길 끝에 은행이 있는데 거기에서 세워 주세요.
B : 손님, 여기는 좌회전이 안 돼요. 일방통행이거든요.
A : 그래요…? 그럼 여기에서 세워 주셔도 돼요.
B : 네, 알겠습니다.

7 (Calling a restaurant) / (给餐厅打电话) / (레스토랑에 전화)

A : Hello, this is Tanaka, I have a reservation at 8 tonight.
B : Yes, Mr. Tanaka, right? We have a reservation for 3 people.
A : Actually, there is going to be one more person, will that be OK?
B : I will check right away, please hold for a moment.

A : 你好，我是预约了今天晚上8点的田中。
B : 好的，田中先生是吗。这边登记的是3位客人。
A : 就是这个人数，又多了一个人，可以吗？
B : 我现在帮您确认一下，请稍等。

A : 여보세요, 오늘 밤 8시에 예약한 다나카라고 하는데요.
B : 네, 다나카님. 세 분이시죠?
A : 그런데 저희가 한 명이 늘어날 것 같은데 괜찮을까요?
B : 확인 도와드리겠습니다. 잠시만 기다려 주세요.

8 (At a station, the train is delayed) / (在车站，电车延迟了) / (역에서 전차가 지연)

A : Excuse me, I would like to go to Shibuya...
B : Shibuya, right? Then take this train to Shimbashi and transfer to the subway there.
A : OK, transfer at Shimbashi, right?
B : Yes, that's right. Also give this transfer ticket to a station attendant in Shibuya.

A : 不好意思，我想去涩谷。
B : 涩谷啊，那，您先坐这趟电车去新桥，然后换地铁。
A : 好的，是到新桥换乘对吧。
B : 对，是的。还有，您把这个换乘票给涩谷的车站工作人员。

A : 저기요. 시부야까지 가려고 하는데요….
B : 시부야네요. 그럼 이 전차로 신바시까지 가서 거기에서 지하철로 환승하세요.
A : 네, 신바시에서 환승 맞죠?
B : 네. 그리고 이 대체 수송 티켓을 시부야 역무원에게 내면 됩니다.

9 (At a station, the train is delayed) / (在车站，电车延迟了) / (역에서, 전차가 지연)

A : Excuse me, I'd like to obtain a delayed certificate.
B : The person in charge is distributing them near the ticket gate over there.
A : Over there. I see.
B : We are sorry for the inconvenience.

A : 不好意思，我想拿一下延迟证明书。
B : 那边的闸机口附近，有工作人员在发。
A : 那边是吧，知道了。
B : 真的很抱歉，给您添麻烦了。

A : 저기요. 지연증명서를 받으러 왔는데요.
B : 저쪽에 개찰구 부근에서 역무원이 배부중입니다.
A : 저쪽이죠? 알겠습니다.
B : 불편을 드려서 죄송합니다.

10 (At a massage shop) / (在按摩店里) / (마사지 가게에서)

A : Excuse me, but can I get in now for massage?
B : Yes. Which course would you like to go for?
A : A whole body massage course, for 30 minutes please.
B : Yes, certainly. Do you have a coupon for our shop?

A : 不好意思，现在可以按摩吗?
B : 可以的。您需要哪个套餐呢?
A : 麻烦要全身推拿的套餐，30分钟的。
B : 好的，明白了。您有我们店的优惠券吗?

A : 실례합니다. 지금 바로 받을 수 있을까요?
B : 네. 코스는 어느 걸로 하시겠어요?
A : 전신 코스 30분으로 할게요.
B : 네, 알겠습니다. 저희 가게 쿠폰 있으신가요?

11 （お店で）

A ： お客様、この商品はただ今在庫切れでして…。

B ： じゃ、取り寄せてもらえますか？

A ： 一週間ほどお時間がかかりますが、よろしいでしょうか？

B ： ええ、できるだけ早くお願いします。

12 （デパートで）

A ： この5000円のセットを一つお願いします。

B ： かしこまりました。ご進物⁵ですか？

A ： はい。

B ： お熨斗紙⁶はお付けしますか？

13 （ホテルのコンシェルジュデスクで）

A ： この近くに子どもと一緒に遊べる施設はありますか？

B ： はい、ございます。フラワーキッズパークですと、敷地内でバーベキューもで
きますし、20種類のアスレチックも楽しめますが。

A ： よさそうですね。ここからどう行ったらいいんですか。

B ： 当ホテルから直通バスが出ております。こちらがバスの時刻表です。割引チケ
ットもこちらにございます。

14 （不動産屋で）

A ： あのー、今、部屋を探してるんですが、駅から歩いて５分以内で家賃が９万円
ぐらいのところってありますか？

B ： そうですね。こちらなどはいかがでしょうか。こちらは大変人気の物件なんで
すよ。

A ： そうですか。でも、間取りがちょっと…。１DKでいいんです。

B ： それでは、こちらのお部屋など特におすすめですよ。

A ： そうですね。でも、この部屋北向きですよね。

B ： それではこちらはいかがでしょうか。日当たりは最高ですし、築年数もそれほ
ど経っていませんし。

店員や医者などとの会話 注→p.118
<small>てんいん　いしゃ</small>

---

11 (At a shop)

A : Ma'am, this product is currently out of stock...
B : In that case, could you order one in for me?
A : It will take about one week, but would that be all right with you?
B : Yes, as soon as possible please.

（在店里）

A：客人，这个商品现在没有库存了……
B：那，可以订购吗?
A：大约需要花费一个星期的时间，可以吗?
B：可以的，麻烦尽量快一些。

（가게에서）

A : 고객님, 이 상품은 지금 재고가 떨어졌나봐요….
B : 그럼 주문할 수 있을까요?
A : 일주일 정도 걸리는데 괜찮으시겠어요?
B : 네, 가능한 빨리 부탁드릴게요.

---

12 (At a department store)

A : I would like this 5,000 yen set.

B : Certainly. Is it a gift?

A : Yes.

B : Would you like it with noshi attached (noshi is a decorative wrapper)?

（在商场）

A：请帮我拿一个5000日元的套装。

B：好的。是要送人吗?

A：是的。

B：需要包熨斗纸吗?

（백화점에서）

A : 여기 있는 5000엔짜리 세트 하나 주세요.

B : 알겠습니다. 선물이신가요?

A : 네.

B : 노시가미도 붙일까요?

---

13 (At a concierge desk at a hotel)

A : Is there a facility where you can play with your kids around here?
B : Yes there is. Flower Kids Park lets you barbecue on site and you can also enjoy 20 kinds of athletic activities.
A : It sounds good. How can we get there from here.
B : There is a direct bus from our hotel. This is the bus timetable. Also, here is a discount ticket.

（在酒店服务台）

A：这附近有可以和孩子一起玩的设施吗?
B：有的。花花儿童公园的话，在园内不仅可以烧烤，还有20种运动攀爬设施可以玩。
A：听起来不错。要怎么从这里过去呢?
B：我们酒店有直达的巴士。这是巴士的时间表。这里还有打折票。

（호텔 컨시어지 데스크에서）

A : 이 근처에 아이와 같이 놀만한 시설이 있나요?
B : 네, 있습니다. 플라워 키즈 파크라고 부지 내에서 바베큐도 할 수 있고 20종류의 놀이기구도 탈 수 있는 곳입니다.
A : 괜찮을 것 같네요. 여기에서 어떻게 가면 되나요?
B : 저희 호텔에서 직통 버스가 있습니다. 여기 버스 시간표입니다. 할인쿠폰도 이쪽에 있습니다.

---

14 (At a realtor)

A : Well, I am looking for a room now, but is there a place that is within 5 minutes of walking distance from the station with a rent of about 90,000 yen?
B : Let me see. Well, how about this one? This is a very popular property.
A : I see. But the layout is a little... 1DK is enough for me.
B : Then I particularly recommend this room.
A : Well. But this room faces north, doesn't it?
B : OK, how about this one? It is very sunny and it was built not so long ago.

（在房地产公司）

A：那个，我现在在找房子，有什么步行5分钟可以到车站的，房租在9万日元左右的房子吗?
B：我看看。这个房子怎么样? 这个房子还挺抢手的。
A：这样啊。不过这个房间格局有点……1DK的就行了。
B：那，我特别推荐这边这个房子。
A：嗯，不过这个房间是朝北的诶。
B：那这边这个怎么样? 光照极佳，建造时间也比较新。

（부동산에서）

A : 저기…. 지금 방을 구하고 있는데요. 역에서 걸어서 5분 이내에 월세 9만 원 정도인 방 있을까요?
B : 어디 보자. 여기는 어떠세요? 아주 인기가 많은 물건이랍니다.
A : 그래요? 근데 구조가 조금…. 1DK라도 괜찮거든요.
B : 그럼 이 방을 추천 드리고 싶네요.
A : 음…. 근데 북향이네요.
B : 그럼 이쪽은 어떠세요? 햇볕도 잘 들고 지은 지 얼마 안되거든요.

15 （歯医者に電話）

A : はい、井上歯科でございます。

B : あ、あのー、明日の5時に予約してる清水ですが。

A : あ、はい、清水様ですね。

B : はい、あの、ちょっと用事ができまして、明日キャンセルしたいんですが。

A : わかりました。では、次回はいつお取りしましょうか？

B : えーと、6日の5時か6時はどうでしょうか。

16 （お店で）

A : すみません、プレゼント用に包装してもらいたいんですけど。

B : はい、かしこまりました。では、このレシートとお品物をお持ちになって、サービスカウンター⁷へいらっしゃってください。

A : えっ、サービスカウンターってどこですか。

B : あのエレベーターの左側にございます。

A : エレベーターの左側？　あー、わかりました。レシートを出せばいいんですね。

B : はい、そうです。

17 （お店で）

A : あのー、ポイントカードをなくしちゃったんですが、再発行をお願いできますか？

B : あ、はい。そうしますと、新規のお申し込みになりますので、こちらの用紙に記入していただけますか？

A : はい。あのー、ちょっと聞きたいんですけど、前のカードに貯まってたポイントはどうなるんですか？

B : 申し訳ございませんが、ポイント数はそのカードでしか認証できないんです。

A : そうなんだ…。けっこう貯まってたのに、惜しかったな〜。

B : 申し訳ございません。こちらが新しいカードです。裏側に署名なさってからお使いください。

店員や医者などとの会話 注 ➡p.119
てんいん　　いしゃ

15 (Calling a dentist)

A : Hello, this is Inoue Dental Clinic.

B : Oh, um, my name is Shimizu and I have an appointment at 5 tomorrow.

A : Oh, yes, Mr. Shimizu.

B : Yes, well, I want to cancel it tomorrow due to other business.

A : I understand. So, when shall I book you in next?

B : Well, how about 5 or 6 on the 6th?

16 (At a store)

A : Excuse me, can I have this wrapped as a gift?

B : Yes, certainly. So, please take this receipt and your purchase to the service counter.

A : Oh, where is the service counter?

B : It is on the left side of that elevator.

A : The left side of the elevator? Oh, I see it now. I need to give the receipt, right?

B : Yes, that's right.

17 (At a store)

A : Um, I lost my point card, but can you reissue it?

B : Well, yes. In that case, it requires a new application, so would you fill in this form please?

A : Sure. Well, I have a question; what will happen to the points accumulated with my former card?

B : I am sorry, but points can only be verified with the same card.

A : I see... I had quite a lot of points; how unfortunate!

B : I'm sorry. This is the new card. Please sign on the back of the card before starting to use it.

（给牙医打电话）

A：你好，井上牙科医院。

B：啊，那个，我是预约了明天5点的清水。

A：啊，你好，清水先生。

B：你好，那个，我稍微有点事，明天想取消一下。

A：好的。那下次要预约什么时候呢？

B：呃，6日的5点或者6点可以吗？

（在店里）

A：不好意思，我想包装成礼品。

B：好的。那，请您拿着这个小票和商品到服务台。

A：呃，服务台在哪儿？

B：在那台电梯的左边。

A：电梯的左边？啊，我知道了。把小票拿给他们看就行了吧？

B：是的。

（在店里）

A：那个，我积分卡弄丢了，能补办一张吗？

B：啊，好的。这样的话，就是新用户申请了，您能填一下这个单子吗？

A：好的。那个，我想问一下，之前的那张卡里存的积分会怎么样？

B：很抱歉，积分只能通过那张卡才能查看。

A：这样啊……亏我还攒了挺多的呢，可惜了啊～

B：实在抱歉。这是新卡，请您在背面署名后再使用。

（치과에 전화）

A : 네, 이노우에 치과입니다.

B : 아, 저기…. 내일 5시에 예약한 시미즈입니다.

A : 네, 시미즈님.

B : 네, 저기 사정이 생겨서 예약을 취소하고 싶은데요.

A : 네, 취소 도와드리겠습니다. 다음은 언제로 하시겠어요?

B : 어…. 6일 5시나 6시는 괜찮을까요?

（가게에서）

A : 저기요. 선물용으로 포장 하고싶은데요.

B : 네, 됩니다. 그럼 영수증하고 같이 서비스 카운터에 가지고 가세요.

A : 어, 서비스 카운터는 어디 있나요?

B : 저쪽 엘리베이터 왼쪽에 있습니다.

A : 엘리베이터 왼쪽이요? 아~ 알겠습니다. 영수증을 보여주면 되죠?

B : 네, 그렇게 하시면 됩니다.

（가게에서）

A : 저기…. 포인트 카드를 잃어버렸는데 재발급 받을 수 있을까요?

B : 아, 네. 그러면 새로 신청을 해주셔야 돼서, 이 용지에 기입해주시겠어요?

A : 네. 저기, 하나 물어볼게요. 전에 쓰던 카드에 있던 포인트는 어떻게 되나요?

B : 죄송한데 포인트는 그 카드에서밖에 인증이 안 돼요.

A : 그렇군요…. 되게 많이 모였는데 아깝다….

B : 죄송합니다. 여기 새 카드입니다. 뒤쪽에 서명하시고 사용해주세요.

18 （レストランで）

A ： あのー、すみません。まだ料理来ないんですけど。

B ： あ、申し訳ございません。

A ： もう30分も待ってるんですけど…。それに、あちらより私のほうが先に注文してると思うんだけど…。

B ： あ、本当に申し訳ございません。ただ今確認してまいります。

A ： あんまり時間ないんで…。まだ時間がかかるようだったらキャンセルにしてください。

B ： あ、ただ今すぐに確認してまいりますので、少々お待ちいただけますか。

19 （レストランで）

A ： そろそろラストオーダーのお時間ですので、ご注文があればお伺いいたしますが。

B ： じゃー、ちょっとデザートのメニュー見せてもらえますか？

A ： はい、こちらでございます。本日はイチゴのムースがおすすめです。

B ： じゃ、それお願いします。あ、それと、コーヒーもね。

A ： コーヒーは、カプチーノかエスプレッソをご用意できますが。

B ： じゃ、エスプレッソにしてください。

20 （空港の観光案内所で）

A ： すみません、市内のバリアフリー[8]対応のトイレの場所を知りたいんですが。

B ： こちらの「観光バリアフリーマップ」をご覧になりますか？

A ： あ、ありがとうございます。

B ： それから、この冊子も合わせてお持ちください。市内観光や宿泊施設のバリアフリー情報、ユニバーサル・デザイン[9]に対応したレンタカー、福祉タクシーといった乗り物情報も載っております。

A ： あ、ありがとうございます。へー、本当に気が利いていますね。

B ： いいえ、良い旅をお過ごしください。

店員や医者などとの会話 _{てんいん} _{いしゃ} 注→p.119

---

18 (At a restaurant)

A : Ah, excuse me. My dish hasn't been served yet.
B : Oh, I'm sorry.

A : I have been waiting for at least 30 minutes... And I think I ordered before them over there.
B : Oh, I am truly sorry. I will go and check right away.
A : I don't have much time so... If it's going to take even longer, please cancel it.
B : Oh, I am going to check right away, would you please wait a moment.

19 (At a restaurant)

A : It's getting close to last orders, so if you would like something, I'll take your order.
B : Well, can you show me a dessert menu then?
A : Yes, here it is. Today's special is strawberry mousse.
B : In that case, I'd like that one. Oh, and a coffee, too.
A : We have cappuccino or espresso for coffee.
B : Espresso it is, please.

20 (At a tourist information at an airport)

A : Excuse me, I'd like to know where the barrier-free bathrooms are within the city.
B : Would you like this "Barrier-free Sightseeing Map?"
A : Oh, thank you.

B : Also, please take this pamphlet. It has information on barrier-free city sightseeing and accommodations, as well as information on transportation, such as rental cars or handicapped accessible taxis that comply with the universal design.
A : Thank you very much. Wow, that's really thoughtful.
B : You're welcome. Have a nice trip.

（在餐厅）

A：那个，不好意思，我的菜还没上呢。
B：啊，抱歉。

A：都已经等了30分钟了……而且，我应该比那边那桌先下单吧……
B：啊，真的非常抱歉。我这就帮您去确认。
A：我没什么时间……如果还要再等的话就帮我取消吧。
B：啊，我现在马上就帮您确认，能请您稍等一下吗？

（在餐厅）

A：马上就到点单的截止时间了，请问您还需要点单吗？
B：那，能给我看一下甜点的菜单吗？
A：好的，您要的菜单。今天推荐的是草莓慕斯。
B：那就要这个吧。啊，再要一个咖啡。
A：咖啡的话，有卡布奇诺和特浓咖啡。
B：那，就要特浓咖啡吧。

（在机场的旅游咨询台）

A：打扰了，我想了解一下市里哪里有无障碍洗手间。
B：您要看看这个"无障碍观光地图"吗？
A：啊，谢谢。

B：还有，这个册子也请您一并拿着。市里与观光以及住宿设施相关的无障碍信息、可租借的通用车、无障碍出租车等交通工具的信息里面都有。
A：啊，谢谢。哇，你真贴心啊。
B：哪里哪里，祝您旅行愉快。

（레스토랑에서）

A : 저기요. 아직 음식이 안 왔는데요.
B : 아, 죄송합니다.

A : 벌써 30분이나 기다리고 있거든요…. 그리고 제가 저 테이블 보다 먼저 주문한 것 같은데요.
B : 아, 정말 죄송합니다. 바로 확인해드리겠습니다.
A : 저도 시간이 없으니까 더 걸릴 것 같으면 그냥 취소해 주세요.
B : 아, 바로 확인해 보고 오겠습니다. 잠시만 기다려 주시겠어요?

（레스토랑에서）

A : 곧 주문 마감시간인데 다른 주문 필요 없으세요?
B : 그럼 디저트 메뉴 좀 보여 주시겠어요?
A : 네, 여기 있습니다. 오늘은 딸기 무스를 추천드리고 있어요.
B : 그럼 그걸로 주세요. 아, 그리고 커피도요.
A : 커피는 카푸치노랑 에스프레소가 있습니다.
B : 그럼 에스프레소로 주세요.

（공항 관광 안내소에서）

A : 저기요. 시내에 배리어 프리 화장실을 알고 싶은데요.
B : 이쪽에 '관광 배리어 프리 맵' 을 보시겠어요?
A : 아, 고마워요.

B : 그리고 이 책자도 같이 갖고 가세요. 시내 관광이나 숙박시설의 배리어 프리 정보, 유니버설 디자인 렌트카, 복지 택시 같은 이동수단 정보도 실려 있거든요.
A : 아, 고맙습니다. 와~ 정말 세심하시네요.
B : 뭘요. 즐거운 여행 되세요.

103

section ❷ 上級 32

1 (ペットショップで)

A : いらっしゃいませ。

B : この犬かわいいですね。今、何ヵ月ですか？

A : 生後2ヵ月ほどです。ちょっと抱っこしてみませんか？

B : え、いいんですか？

2 (郵便局で)

A : あのー、来週引っ越すので、郵便物の転送をお願いしたいんですけど。

B : はい。では、こちらの用紙にご記入ください。

A : あの、どのくらいの間、転送してくれるんですか？

B : 指定日から1年間になります。

3 (メガネ売り場で)

A : お客様、とてもよくお似合いですよ。

B : そう？　顔が大きく見えないかしら？

A : フレームがシャープですから、かえって小さく見えますよ。

B : じゃー、いただこうかしら。

4 (ホテルに電話)

A : すみません、宿泊のキャンセルをしたいんですが。

B : お名前とご予約の日にちを伺ってもよろしいでしょうか。

A : 森村です。7月2日に1泊で予約取っています。

B : ありがとうございます。森村様でいらっしゃいますね。ただ今確認いたしますので、少々お待ちください。

5 (花屋で)

A : あのー、お祝い用に花束をお願いしたいんだけど…。

B : お花のご希望は何かございますか？

A : そうだな、大きめの薔薇を何本か入れて、明るい色でまとめてくれないかな。

B : はい、かしこまりました。ご予算はおいくらになさいますか？

店員や医者などとの会話
てんいん　　　いしゃ

---

1 (At a pet shop)

A : Welcome.

B : This dog is cute, isn't she? How old is she now?
A : About 2 months. Would you like to hold her?
B : Oh, can I?

---

2 (At a post office)

A : Ah, I am going to move out next week, so I would like to forward my mail.
B : OK. Please fill in this form.

A : Well, how long can you forward it?

B : It is one year from the specified date.

---

3 (At an optician's shop)

A : That suits you very nicely, ma'am.

B : Really? Does it make my face look big?
A : The frame is sharp, so on the contrary, it makes your face look rather small.
B : Then I think I am going to buy them.

---

4 (Calling a hotel)

A : Excuse me, but I'd like to cancel my reservation.
B : May I ask your name and the date of the reservation please?
A : It's Morimura. I made a reservation for one night on July 2nd.
B : Thank you. Ms. Morimura it is, right? I am going to check now, so please wait a moment.

---

5 (At a flower shop)

A : Um, I want a bouquet of flowers for a celebration.
B : Do you have a preference for the flowers?
A : Let's see, would you include some rather large roses and put them together with flowers of bright colors?
B : Yes, certainly. What would your budget be?

---

1 (在宠物店)

A : 欢迎光临。

B : 这只狗好可爱啊，现在几个月了？
A : 生下来2个月的样子。您要试着抱抱它吗？
B : 诶，可以吗？

---

2 (在邮局里)

A : 那个，我下周要搬家了，想办一下邮件的转运。
B : 好的，那，请您填一下这个单子。
A : 那个，大概多长时间内可以帮忙转运呀？
B : 您的指定日期后的1年以内都可以。

---

3 (在眼镜店)

A : 客人，这个很适合您。

B : 是吗？脸不会看起来很大吗？

A : 因为是方框的，反而会显脸小呢。

B : 那，就买这个吧。

---

4 (给酒店打电话)

A : 不好意思，我想取消一下住宿的预约。
B : 能告诉我您的姓名和预约的日期吗？
A : 我是森村。预约的是7月2日一个晚上。
B : 谢谢。森村女士是吗？我现在帮您确认，请稍等。

---

5 (在花店)

A : 那个，我想买一束用来庆祝的花……
B : 您对花有什么要求吗？

A : 我想想，要有几朵大一点的玫瑰花，然后整体色调可以明亮一点吗？
B : 好的，了解了。您的预算大概是多少？

---

1 (펫샵에서)

A : 어서오세요.

B : 이 강아지 예쁘네요. 지금 몇 개월인가요?
A : 생후 2개월쯤 됐어요. 한 번 안아 보시겠어요?
B : 어? 그래도 돼요?

---

2 (우체국에서)

A : 저기…. 다음주에 이사를 해서 우편물 전송을 부탁하고 싶은데요.
B : 네. 그럼 이 신청서를 작성해 주세요.

A : 저기, 얼마 동안 전송 해주나요?

B : 지정일로부터 1년동안이에요.

---

3 (안경 가게에서)

A : 고객님, 너무 잘 어울리세요.

B : 그래요? 얼굴이 커 보이지 않나요?

A : 안경테가 샤프해서 오히려 작아 보이는데요.
B : 그럼 이걸로 할까봐요.

---

4 (호텔에 전화)

A : 저기요. 숙박 취소를 하고 싶은데요.

B : 성함이랑 예약 날짜를 알려주시겠습니까?
A : 모리무라입니다.

B : 감사합니다, 모리무라님. 확인해서 알려드릴테니 잠시만 기다려 주십시오.

---

5 (꽃집에서)

A : 저기요, 축하용 꽃다발을 사려고 하는데…
B : 원하는 느낌이 있으세요?

A : 그러니까, 커다란 장미 좀 넣어서 전체적으로 밝게 해주겠어요?
B : 네. 알겠습니다. 예산은 얼마 정도로 생각하세요?

6 (電気屋で)
でんきや

A ： スマホの画面にヒビが入っちゃったんです。修理できますか？
　　　　　　がめん　　　　　　　　　　　　　　しゅうり

B ： ちょっと拝見させていただいてもよろしいでしょうか。
　　　　　　はいけん

A ： あ、はい。

B ： この程度の破損になりますと、修理はちょっと難しいかもしれません。本体丸
　　　　　ていど　　はそん　　　　　　　　　　　　　　　　むずか　　　　　　　　　　　　　　　ほんたいまる
　　　ごと交換になりますね。
　　　　　こうかん

A ： え〜、困るな〜。データが全部なくなっちゃうんですよね？
　　　　　　こま　　　　　　　　　　ぜんぶ

B ： ええ、お客様ご自身でバックアップをお願い致します。
　　　　　きゃくさま　じしん　　　　　　　　　　　　　ねが　いた

7 (電気屋で)
でんきや

A ： あ、すいません。この冷蔵庫、こっちのに比べてだいぶ高いんだけど、何が違
　　　　　　　　　　　　れいぞうこ　　　　　　　くら　　　　　　　　　　　　　　なに　ちが
　　　うんですか。

B ： はい、えーとですね。

A ： 容量も同じだし、使い勝手も似たような感じだし。
　　　ようりょう　　　　　　　つか　がって　に　　　　　　かん

B ： あ、こちらは省エネ[10]の点でだいぶ進んでるんです。消費電力とかCO₂の排出
　　　　　　　　しょう　　　　　てん　　　　　すす　　　　　　しょうひでんりょく　　　　　はいしゅつ
　　　量とかですね。
　　　りょう

A ： なるほど。環境にも家計にも優しいっていうわけですね。パンフレットいただ
　　　　　　　　かんきょう　　かけい　　やさ
　　　けますか？

B ： はい、こちらです。このページをご覧ください。
　　　　　　　　　　　　　　　　　　　らん

8 (本屋で)
ほんや

A ： あのー、すみません。西本佳穂の最近出た小説、どこにありますか？
　　　　　　　　　　　　にしもとかほ　さいきんで　しょうせつ

B ： えーと、題名はおわかりですか？
　　　　　　だいめい

A ： えーと、花のように何とかかんとかって感じの…。
　　　　　　　　　　　なん

B ： 少々お待ちください。ただいまお調べしますので。
　　　　　　　　　　　　　　　　　　　しら

A ： あー、『花のように風のように』だったかなー、確か。
　　　　　　　　　　　　　　　　　　　　　　　　たし

B ： はい。あー、ございます。こちらです。

店員や医者などとの会話 ^注➡p.119
てんいん　　いしゃ

➡p.119

6 (At an electric appliances shop)

A : My smart phone screen got cracked. Can you repair it?
B : May I take a look at it please?

A : Sure.

B : It may be difficult to repair with damage like this. The whole phone needs to be replaced.
A : Oh no, that would be a problem. All the data will be gone, right?
B : Yes, please back-up the data yourself.

（在电器店）

A : 我的手机屏幕裂了，能修吗？
B : 能让我看一下吗？

A : 啊，好。

B : 这种程度的损坏的话，可能有点难修，整体都得换一遍。
A : 诶……伤脑筋了……数据会全部消失吗？
B : 是的，得麻烦您自己做好备份了。

（가전제품 판매장에서）

A : 스마트폰 화면에 금이 갔거든요. 수리할 수 있을까요?
B : 잠시 보여주시겠어요?

A : 아, 네.

B : 이 정도 파손이면 수리는 좀 어려울 것 같은데요. 본체 전부 교체해야할 것 같네요.
A : 아~. 난감한데…. 데이터가 전부 없어지잖아요?
B : 네, 고객님이 직접 백업을 해 주셔야 해요.

7 (At an electric appliances shop)

A : Oh excuse me. This refrigerator is quite expensive compared with this one, but what are the differences?
B : Yes, well...

A : The capacity is the same, and the ease of use seems to be similar.
B : Well, this one is quite advanced in terms of energy conservation. Like the amount of power consumed and CO2 discharged, etc.
A : I see. So this is kind to the environment as well as the household budget. May I have a pamphlet?
B : Yes, here it is. Please look at this page.

（在电器店）

A : 啊，打扰一下。这个冰箱，跟这边这个比起来贵好多啊，有什么么不一样吗？
B : 哦，是这样的……

A : 容量也一样，感觉用起来的感觉也差不多。
B : 啊，这边这台的节能这一块会比较先进，耗电量和CO2的排量什么的。
A : 原来如此。既环保又能节省开支啊。有宣传册吗？
B : 有的，这个。您请看这一页。

（가전제품 판매장에서）

A : 저기요. 이 냉장고가 이쪽보다 상당히 비싼데 뭐가 다른거죠?
B : 네, 그러니까.

A : 용량도 같고 쓰임새도 비슷한 것 같아서요.
B : 아, 이쪽은 에너지 효율이 좋습니다. 소비전력이나 이산화탄소 배출량 같은 것들이요.
A : 그렇군요. 친환경에 돈도 절약된다는 말이네요. 팜플렛 좀 받아 갈 수 있을까요?
B : 네, 여기 있습니다. 이 페이지를 보시면 됩니다.

8 (At a book store)

A : Well, excuse me. Where can I find the novel by Kaho Nishimoto, which was on sale recently?
B : Well, do you know the title?

A : Well, it's like...Like Flowers something something...
B : Please wait a moment. I will look for it now.
A : Ah, "Like Flowers, Like the Wind" I think; I am pretty sure.
B : OK. Oh, we have it. It is over here.

（在书店）

A : 那个，打扰一下。西本佳穗最近出的小说在哪里呀？
B : 唔……您知道书名吗？

A : 唔……好像是像花一样什么么的。
B : 您稍等，我现在帮您查一下。
A : 哦，好像是《如花似风》吧。
B : 是的。啊，有的有的。在这里。

（서점에서）

A : 저기요. 니시모토 가호의 신작 소설은 어디에 있나요?
B : 음-제목 아세요?

A : 음~꽃처럼 뭐라뭐라 같은느낌의….
B : 잠시만 기다려 주세요. 확인해 볼게요.
A : 아~. '꽃처럼 바람처럼'이었던 것 같아요. 아마도.
B : 네. 아! 있네요. 이쪽에 있습니다.

section ❷ 上級 34

9 （美容院で）

A ： 今日はどうなさいますか？

B ： そうね、だんだん暑くなってきたから、思い切ってバッサリ切っちゃおうかな。

A ： じゃ、全体的に少しすいて髪を軽くしましょうか。ゆるいウェーブをつければ、夏らしく涼しげになりますよ。お客様の髪ですと、パーマはかかりやすいですし。

B ： そうねー、それと髪を少し明るめの色にしてもらおうかな。

A ： そうですね、じゃ、こちらの赤っぽい茶色なんかいかがですか？　それから、こちらのオレンジがかった茶色も今流行りですよ。お客様にもよくお似合いだと思いますが…。

B ： そーね。たまにはイメチェン[11]もいいかもね。じゃ、あとはお任せで。

10 （図書館で）

A ： すみません、図書館のカードを作りたいんですが…。この区の住民じゃないんですけど、大丈夫ですか？

B ： お勤め先がこの区でしたら、問題ありませんよ。本日何か会社の住所が書いてあるものをお持ちでいらっしゃいますか？

A ： あ、名刺ならあります。

B ： 申し訳ありません。名刺ですとちょっと…。社員証とか健康保険証とか、公的に証明できるものをお持ちですか？

A ： え〜、公的なものですか。僕、フリーランス契約だからそういったものないんですよ。

B ： でしたらお手数ですが、在勤証明書をご所属の機関で書いてもらって、持ってきて頂けますでしょうか。

A ： そうですか。色々手間がかかるんですね。

B ： すみません、よろしくお願いします。

店員や医者などとの会話 注→p.119
てんいん　　　いしゃ

9 (At a beauty salon)

A : How would you like it done today?

B : Let me see, it's getting hotter, so I'm thinking of being daring and having it cut very short.

A : So, shall we lighten your hair by thinning it overall? Giving soft waves makes it summer-like and cool looking. Your hair will take the perm well.

B : OK, and maybe I will have you lighten the color of my hair.

A : Sure, then, what about this reddish brown here? And this brown with orange hue is also in fashion now. I think it will look good on you, ma'am.

B : Right. It can be good to change one's image once in a while, right? So, I will leave the rest to you.

10 (At a library)

A : Excuse me, I'd like to make a library card... I am not a resident of this ward, but is it OK?

B : If you work in this ward, then there is no problem. Do you have anything that says your company's address today?

A : Oh, I have my business card.

B : I am sorry. Business cards can't be used... Do you have something to act as official proof, such as an employee ID card or health insurance card?

A : Oh, something official. I work on a free-lance basis, so I don't have things like that.

B : In that case, we are sorry to trouble you but would you ask the organization you belong to to issue a proof of work and bring it here?

A : I see. It takes a bit of work, doesn't it?

B : We are sorry but look forward to seeing you then.

（在美容院）

A : 今天想怎么剪?

B : 唔，天气也渐渐热起来了，我想干脆一刀全剪了算了。

A : 那，整体稍微打薄一点剪得轻盈一点怎么样? 稍微加点波浪，就很夏天很清凉了。像客人您的头发的话还挺容易烫波浪的。

B : 嗯，还有，发色也染浅一点吧。

A : 这样的话，那，这边这种偏红的棕色怎么样? 然后这边这个比较橘的棕色今年还挺流行的。感觉也挺适合客人您的。

B : 行吧，偶尔换个形象也挺好的。那，后面就交给你了。

（在图书馆）

A : 不好意思，我想办一张图书卡……但我不是这个区的居民，可以办吗?

B : 只要您的工作单位在这个区就没问题。您今天带着什么写有公司地址的东西吗?

A : 啊，名片的话我有。

B : 抱歉。名片有点……您有员工证或者医保卡什么的这种官方的证明吗?

A : 诶……官方的啊……我是自由职业的契约，拿不出这种证明啊。

B : 那能麻烦您，去您所属的工作单位开一张在职证明然后拿过来吗?

A : 这样啊。还真是麻烦啊。

B : 很抱歉。麻烦您了。

（미용실에서）

A : 오늘은 어떻게 하시겠어요?

B : 그러게. 날이 점점 더워지니까 큰맘 먹고 잘라 버릴까.

A : 그럼 전체적으로 숱만 조금 칠까요? 웨이브를 크게 넣으면 시원해 보일 거예요. 고객님 머리는 파마도 잘 먹으니까요.

B : 그리고 조금 밝은 색으로 염색 할까?

A : 그러세요. 그럼 여기 있는 붉은기가 들어간 브라운은 어떠세요? 그리고 이쪽 오렌지가 살짝 들어간 브라운도 지금 유행이거든요. 고객님한테도 잘 어울릴 것 같은데요.

B : 괜찮겠네. 가끔은 이미지도 바꿔줘야지. 나머지는 알아서 해 줘요.

（도서관에서）

A : 저기요. 대출 카드를 만들고 싶은데요. 여기 주민이 아닌데 괜찮나요?

B : 근무지가 여기시면 문제 없어요. 회사 주소가 기재되어 있는 거 있으세요?

A : 아, 명함이 있어요.

B : 죄송합니다. 명함은 좀…. 사원증이나 건강보험증 같은 공적으로 인증할 수 있는 건 없으신가요?

A : 음…. 공적인 거요. 제가 프리랜서라 그런 게 없거든요.

B : 그럼 번거로우시겠지만 소속기관에서 재직증명서를 받아 오셔야겠는데요.

A : 그런가요. 뭔가 복잡하네요.

B : 번거롭게 해드려 죄송해요.

11 （病院で）

A ： 本日は、診察をご希望ですか？

B ： あのー、薬だけお願いしたいんですが…。

A ： あ、はい。では、診察券を拝見できますか？

B ： はい。

A ： え〜と、前回いらっしゃったのが9月ですから、6カ月過ぎてしまってますね。

B ： あ、そうですか。そんなに経ってますか。

A ： ええ、6カ月過ぎますと、一度診察を受けていただかないとお薬はお出しできないんですよ。

B ： あ、そうなんですか。じゃ、診察、お願いします。

12 （病院で）

A ： 今日はどうなさいましたか？

B ： あの〜、下痢と吐き気が止まらなくて。

A ： 下痢と吐き気。それは辛いですね。いつから症状が続いていますか？

B ： 昨日の夕方からです。ちょっと血が混じった便も出ました。

A ： どれどれ、今熱もありますね。じゃ、ちょっとお腹の音を聞いてみましょうか。
　　　（聴診器を当てる）
　　　うーん、胃腸炎ですね。お腹の風邪です。

B ： お腹の風邪!?

13 （薬局で）

A ： すみません、これと同じうがい薬はありますか？

B ： はい、ございます。こちらに…。あれ、ないな。ただ今確認してまいります。

A ： はい、お願いします。

B ： お客様、お待たせいたしました。こちらの商品は欠品しておりまして…。メーカーに問い合わせたところ、次の入荷予定日は週明けの月曜になります。

A ： そうですか。じゃ、またにします。

B ： 申し訳ございません。

店員や医者などとの会話
てんいん　　いしゃ

11 (At a hospital) ｜ (在医院) ｜ (병원에서)

A : Would you like a medical examination today?
B : Well, I'd just like to receive some medication...
A : Oh, OK. May I see your registration card?
B : Here.

A : Well, the last time you came here was in September, so it is over 6 months ago.
B : Is that so? That long.

A : Yes, when it's over 6 months, we can't give you medication unless you have a medical examination.
B : Is that right? Then, let's schedule a medical exam.

A : 您今天是来看诊吗?
B : 那个, 我就想配个药……
A : 啊, 好的。能看一下您的挂号证吗?
B : 好的。

A : 那个, 您上次是9月来的, 已经超过6个月了啊。
B : 啊, 是吗? 已经过了这么久了吗。

A : 是啊, 超过6个月的话, 您得再看一次诊才行, 不然不能配药给您。
B : 啊, 是这样啊。那, 麻烦帮我挂个诊吧。

A : 오늘은 진찰 받으러 오셨나요?
B : 그게…. 약만 받고 싶어서요.
A : 네. 그럼 진찰권을 보여주시겠어요?
B : 네.

A : 음…. 전에 오셨던 게 9월이니까 6개월이 지나셨네요.
B : 아, 그런가요. 그렇게 지났던가요?

A : 네. 6개월이 경과하면 한 번 진찰을 받으셔야 약을 처방해드릴 수 있어요.
B : 그렇군요. 그럼 진찰 받을게요.

12 (At a hospital) ｜ (在医院) ｜ (병원에서)

A : Why are you here today?
B : Well, I have diarrhea and nausea that won't stop.
A : Diarrhea and nausea. That sounds brutal. How long have you had these symptoms?
B : Since yesterday evening. Also, my stool had a little blood in it.
A : Let's see. You have a fever now, don't you? Then, let's listen to your stomach. (Placing the stethoscope.) Ah, it's gastroenteritis. It is a belly cold.
B : A belly cold?

A : 今天是哪里不舒服?
B : 那个, 我一直在拉肚子, 然后想吐。
A : 拉肚子和想吐。那真是不好受啊。这种症状是从什么时候开始的?
B : 从昨天傍晚开始的。拉的大便还有点带血。
A : 我看看, 现在还有的发烧呢。那, 我听一下你肚子的声音。(放上听诊器) 嗯, 是肠胃炎。也就是胃肠感冒。
B : 胃肠感冒!?

A : 오늘은 어떻게 오셨나요?
B : 저기…. 설사도 하고 메슥거림이 멈추지 않아서요.
A : 설사와 메슥거림. 힘드시겠네요. 언제부터 증상이 있었나요?
B : 어제 저녁부터요. 살짝 혈변도 봤구요.
A : 어디보자…. 지금 열도 있네요. 그럼 배소리를 들어볼까요. (청진기를 갖다 댄다) 음…. 위장염이네요. 배감기 입니다.
B : 배감기요?

13 (At a pharmacy) ｜ (在药店) ｜ (약국에서)

A : Excuse me, do you have this mouthwash?
B : Yes, we do. Here... Oh, there isn't any left. I'll go and check right now.
A : Yes, please.

B : Sorry to keep you waiting, ma'am. This product is out of stock... I called and asked the manufacturer, the next arrival is scheduled on Monday, early next week.
A : Is that right? Well, next time then.
B : Oh, I'm sorry.

A : 打扰一下, 有和这个一样的含漱剂吗?
B : 有的。在这里……咦, 没了。我现在帮您确认一下,
A : 好的, 麻烦了。

B : 客人, 让您久等了。这个商品现在缺货……刚才问了制造商, 定的下个进货日是下周一。
A : 这样啊。那我下次再买。
B : 实在抱歉。

A : 저기요. 이거랑 같은 가글액 있나요?
B : 네, 있습니다. 이쪽에…. 어? 없네. 지금 확인해 보고 올게요.
A : 네. 고맙습니다.

B : 고객님, 기다리셨죠. 이 상품은 지금 재고가 없네요. 제조사에 알아보니까 다음 주 월요일에 들어온대요.
A : 그래요? 그럼 다음에 올게요.
B : 죄송합니다.

⒕ （銀行に電話）

A ： お電話ありがとうございます。三友銀行、山田がうけたまわります。

B ： すみません、ちょっとお聞きしたいんですが。そちらから、定期預金の満期¹²案内が届いたんですが。

A ： あ、いつもご利用ありがとうございます。満期のお知らせでございますね。失礼ですが、お客様は継続のご希望でいらっしゃいますか？　それとも解約ご希望でしょうか？

B ： 解約でお願いします。

A ： それでは、定期預金の通帳と届け出印¹³、身分証明書をお持ちの上、お近くの支店に期日までにお越しいただき、お手続きをお願いいたします。

B ： はい、わかりました。

⒖ （寿司屋で）

A ： あのー。

B ： はい、いらっしゃいませ。

A ： この５人前のお寿司の盛り合わせ、予約したいんですけど。

B ： はい、こちらの盛り合わせですね。ありがとうございます。いつご用意いたしましょうか。

A ： 明日お昼頃、取りに来ます。

B ： お昼頃ですね。じゃ、こちらにお名前と電話番号をお願いします。

A ： はい。あ、それから、この太巻き¹⁴も１本入れてもらえますか？

B ： こちらの太巻きを１本ですね。お会計は先になりますが、よろしいですか？

⒗ （観光案内所で）

A ： すみません、ちょっとお聞きしたいんですが…。

B ： はい。何でしょうか。

A ： 市内観光循環バス¹⁵ってどこから出てるんですか？

B ： 向かいのシティホテルの前から20分間隔で出ています。１時間コース、半日コースなどございます。こちらがパンフレットです。

A ： あ、ありがとうございます。

B ： あ、観光モデルコースも載っておりますので、そちらもご参考に。

112

14 (Calling a bank)

A : Thank you for calling. I am Yamada of Sanyu Bank, how may I help you?
B : Excuse me, but I have a question. I received information about the maturation of fixed-term deposits from you.
A : Oh, we appreciate your patronage. It was a notice about maturation, right? Excuse me, but would you like to continue? Or do you wish to terminate this?
B : I wish to terminate it.

A : In that case, you can do so by going to your nearest branch by the maturity date with your account book for the fixed-term deposit, the seal used at registration and proof of identity.
B : OK, I understand.

15 (At a sushi shop)

A : Ah.

B : Hi there, welcome!

A : I'd like to order this sushi platter for 5 people.
B : Yes, this platter, isn't it? Thank you very much. When shall we prepare it for?
A : I will come and pick it up around noon tomorrow.
B : Around noon. Please write your name and telephone number here.
A : Yes. Oh, would you please add one of these futomaki, too?
B : One of these futomaki, right? Orders have to be paid ahead of time, is that OK?

16 (At a tourist information booth)

A : Excuse me, I have something I'd like to ask...
B : Sure. How may I help you?

A : Where does the city loop sightseeing bus leave from?
B : It leaves every 20 minutes from the front of the city hotel across from here. There is a one-hour course or a half day course, etc. This is the pamphlet.
A : Thank you very much.

B : Oh, there are also model sightseeing courses, so please have a look.

(给银行打电话)

A : 感谢致电。三友银行的山田为您服务。
B : 不好意思，我想问一下，我收到了你们寄出来的一张定期存款到期的操作指南。
A : 啊，感谢您一直以来的惠顾。是到期通知是吗。冒昧问一下，客人您是希望继续办理定期呢，还是希望解约呢？
B : 我要解约。

A : 那么，请您带上您定期存款的存折、印章、身份证，在到期前就近到附近的分店办理手续。
B : 好的，知道了。

(在寿司店)

A : 你好。

B : 你好，欢迎光临。

A : 我想预约一下这个5人份的寿司拼盘。
B : 好的，是这个拼盘是吗。谢谢惠顾。需要什么时候帮您准备好呢？
A : 我明天中午过来拿。
B : 中午是吗。那，请留一下您的姓名和电话号码。
A : 好的。啊，还有，能再加1根太卷吗？
B : 1根这个太卷是吗。我们这里需要先付款，可以吗？

(在旅游咨询台)

A : 不好意思，我想问一下……
B : 好的，您想问什么？

A : 市里的观光环线巴士是从哪里出发的呀？
B : 对面那个都市酒店前面，每隔20分钟就会有一班。线路有1个小时的和半天的。这是宣传手册。
A : 啊，谢谢。

B : 啊，上面还有观光参考线路，您也可以参考一下。

(은행에 전화)

A : 네, 감사합니다. 산유은행 야마다입니다.
B : 안녕하세요, 문의할 게 있어서요. 여기 은행에서 정기예금 만기 안내가 왔는데요.
A : 아, 이용해 주셔서 감사합니다. 만기 안내 말씀이시죠. 실례지만 계속 넣으실 건가요? 해약 하실 건가요?
B : 해약 하려고요.

A : 그럼 정기예금 통장, 도장, 신분증 지참하시고 가까운 지점으로 기일내에 오시면 해약 도와드리겠습니다.
B : 네, 알겠습니다.

(초밥집에서)

A : 저기….

B : 어서오세요!

A : 여기 5인용 모듬 초밥을 예약하려고요.
B : 네, 이거 말씀이시죠? 감사합니다. 언제 준비할까요?
A : 내일 낮에 가지러 올게요.

B : 내일 낮이요. 그럼 여기에 성함하고 전화번호를 써 주세요.
A : 네. 참, 그리고 이 김밥도 한 줄 넣어 주시겠어요?
B : 김밥 한 줄 추가요. 계산은 선불입니다.

(관광 안내소에서)

A : 저기요. 뭐 하나 물어봐도 될까요?

B : 네, 어떤 건가요?

A : 시내 관광 순환 버스는 어디에서 출발하나요?
B : 맞은편에 있는 시티호텔 앞에서 20분 간격으로 출발합니다. 1시간 코스, 반나절 코스가 있어요. 이거 팜플렛이에요.
A : 아, 고맙습니다.

B : 참, 관광 모델 코스도 있으니까 한 번 훑어 보세요.

17 (スマホサポートへの問い合わせ電話)

A： 大変お待たせいたしました。どのようなご用件でしょうか。

B： すみません。Orange Musicのサブスク[16]をキャンセルししたはずなんですけど、また今月も引き落としがかかっちゃってるんです。

A： さようでございましたか[17]。ただ今確認いたしますので、OrangeIDを教えていただけませんか。

B： はい、小文字で kurosio です。

A： ありがとうございます。確かにまだサブスクが残ってますね。それでは、こちらでご解約のお手続きをいたします。

B： あ、そう。でも、ちゃんと自分でキャンセルしたんだけどおかしいな。

18 (フードデリバリーに電話)

A： すみません、昨日寿司の注文をしたんですけど、届いたものがぐちゃぐちゃになっていたんです。

B： そうでしたか。大変申し訳ございませんでした。

A： 明らかに寿司パックからはみ出してたから、配達員に言ったんですけど、「ちょっと傾きました」っていうだけで取り合ってくれなくて…。

B： はあ。

A： で、まだ食べてないので、返金をお願いしたいんです。

B： かしこまりました。まず、お客様のご注文内容を確認させていただいてから、手続きを進めさせていただきます。

19 (新幹線乗り場で)

A： すみません。乗車券と特急券の二枚重ねて改札に入れたら、一枚しか出てこなかったんです。吸い込まれちゃったのかな。

B： 少々お待ちいただけますか。今確認してみます。

A： はい。

B： 切符が詰まってしまったようです。今お取りしましたので、もう一度通してみていただけませんか。それでもダメな場合は、有人改札のほうをお通りください。

A： はい、わかりました。

B： 申し訳ございません。

店員や医者などとの会話 注→p.120
てんいん　　いしゃ

17 (Making an inquiry to smart phone customer support)

A : Thank you very much for waiting. How may I help you?
B : Excuse me I canceled my subscription to Orange Music, but the amount was withdrawn from my bank account this month.
A : Is that right? I will check right away, so would you please tell me your Orange ID?
B : Yes, it's "kurosio" in small letters.

A : Thank you. The subscription is still on I see. I am going to proceed with canceling it now.
B : Oh, OK. But I did cancel it myself, so that is strange.

(打电话咨询智能手机服务中心)

A : 让您久等了。请问有什么可以帮您?
B : 不好意思,我应该已经取消Orange Music的订阅了,但是这个月又扣费了。
A : 是这样啊。我现在帮您确认一下,能告诉我您的Orange ID吗?
B : 好的,是小写的 "kurosio"。

A : 谢谢。确实还是订阅状态。那,我这边帮您取消吧。
B : 啊,这样。但是我明明已经自己取消了啊,奇怪了。

(스마트폰 콜센터에 문의 전화)

A : 오래 기다리게 해드려 죄송합니다. 어떤 상담이신가요?
B : 오렌지 뮤직 월정액을 해지했었는데 이번 달에 또 돈이 빠져 나갔더라고요.
A : 그러셨군요. 제가 확인해 보겠습니다. OrangeID가 어떻게 되시나요?
B : 네, 소문자로 'kuroshio'입니다.

A : 네, 감사합니다. 조회해보니까 아직 월정액을 이용중으로 나오네요. 저희 쪽에서 해지 해드리겠습니다.
B : 아, 그래요? 제대로 해지했었는데 이상하네.

18 (Calling a food delivery service)

A : Excuse me, I ordered sushi yesterday, but when it was delivered, the sushi was all a mess.
B : Is that right? I am terribly sorry.
A : It was obviously sticking out of the sushi package, so I told the deliverer, but he just said "it tilted a little" and turned a deaf ear.
B : Oh.

A : And since I haven't eaten them yet, I'd like a refund.
B : Certainly. First let me confirm the details of your order and I will proceed with the procedure.

(给餐饮外卖打电话)

A : 不好意思,我昨天下单的寿司,送到的东西都糊成一坨了。
B : 是这样吗,真的非常抱歉。
A : 完全就从寿司盒子里挤出来了,我跟外卖员说了,但是他就说了句"稍微侧了一下",完全不当回事……
B : 啊……

A : 然后,我还没吃,想让你帮我退一下款。
B : 明白了。首先,需要确认一下您下单的内容,然后这边会帮您办理手续的。

(배달앱에 전화)

A : 저기요. 어제 초밥을 주문 했는데 열어 보니까 다 흐트러져 있더라고요.
B : 아, 정말 죄송합니다.
A : 포장 용기에서부터 튀어 나와 있길래 배달원한테 말했더니 '조금 기울어졌네요.' 하고는 대응도 안해주더라구요.
B : 네….

A : 아직 안 먹었으니까 환불 하려고요.
B : 알겠습니다. 먼저 고객님 주문 내용을 확인하고 나서 환불 도와드리겠습니다.

19 (At the turnstile for a bullet train)

A : Excuse me. When I put the fare ticket and the express ticket together in the ticket gate, only one came out. I wonder if it got eaten.
B : Would you give me a moment? I will check it now.
A : Yes.

B : It looks like the ticket got jammed. I removed it now, so would you put it in again please? If it still doesn't work, please use the ticket gate with the station attendant.
A : OK.
B : I'm sorry.

(新干线乘坐处)

A : 不好意思,我把车票和特快车票两张一起放进闸机了,但是只出来了一张。是不是被吸进去了啊?
B : 请稍等,现在帮您确认一下。
A : 好的。

B : 好像是票卡住了,现在帮您取出来了,能麻烦您再过一次吗? 如果这样还过不去的话,还请您走人工通道。
A : 好的,知道了。
B : 实在抱歉。

(신칸센 승강장에서)

A : 저기요. 승차권하고 특급권을 겹쳐서 개찰구에 넣었는데 한 장 밖에 안 나와서요. 먹어버린 것 같은데요.
B : 잠시만 기다려 주세요. 확인 해보겠습니다.
A : 네.

B : 표가 안에서 걸렸나 봐요. 지금 꺼냈으니까 다시 한 번 넣어 보시겠어요? 그래도 안 되면 역무원한테 표를 주고 통과하세요.
A : 네, 알겠습니다.
B : 불편을 드려서 죄송합니다.

20 （区役所の窓口で）

A : すみません、マイナンバーカード[18]の申請をしたいんですが。

B : 本日、通知カードと本人確認のできる書類、個人番号カード交付申請書、それから顔写真を１枚お持ちでいらっしゃいますか？

A : はい、あります。

B : それでは、申請書にご記入いただき、顔写真を貼り付けてからご提出お願いします。

A : これに記入ですね。で、カードは今日もらえるんですか？

B : 申し訳ございません。カードができましたら、本人限定受取郵便[19]でお送りいたします。受け取りまでに１ヵ月ほどかかります。

21 （銀行で）

A : いらっしゃいませ。本日はどのようなご用件でしょうか。

B : あの、送金をしたいんですが。

A : ご来店のご予約はございますか？

B : いいえ、予約はしていないのですが。

A : ただ今大変混み合っておりまして、今からですと、お手続きまでに１時間ぐらいお待ちいただくかもしれません。お急ぎでしたら、窓口ではなくATMをご利用いただければすぐにできますが。振込手数料もそちらのほうがお安いですよ。

B : ええ、そうなんですけど、確か上限金額に制限ってありませんでしたっけ。

22 （レンタカー電話予約）

A : はい、トヨミレンタカーサービス札幌、松本がお受けいたします。

B : すみません、車の当日予約はできますか？

A : はい、ただし、店舗にある車をお貸しすることになりますので、ご希望の車種がなかったり、他のお客様のご予約状況によってはご用意できない場合もありますが…。

B : あるもので構いません。すぐに使いたいので。じゃ、これからそちらに伺いますね。

A : はい、かしこまりました。お待ちしております。

B : はい、よろしく。

店員や医者などとの会話注→p.120
てんいん　　　いしゃ

20 (At a reception counter of a ward office)

A : Excuse me, I'd like to apply for a My Number card.
B : Do you have the notification card and the document with which we can confirm your identity, application form for the individual number card and an ID photo today?
A : Yes, I have them.

B : Then please submit the application form after filling in the information and attaching your photo.
A : So I fill it in here. And can I receive the card today?
B : I'm sorry. Once the card is made, we will send it to you via certified mail. It will take about one month for you to receive it.

21 (At a bank)

A : Welcome. What would you like to do today?
B : Oh, I want to send money.

A : Have you made an appointment to come here today?
B : No, I don't have an appointment.

A : At the moment we are really busy, so you may have to wait for about one hour from now to proceed with your request. If you are in a hurry, you can do that right away using the ATM instead of the teller counter. The transfer fee is cheaper that way.
B : Yes, I know that, but I seem to remember that there is a maximum amount, right?

22 (Calling a rental car shop to make a reservation)

A : Hello, Toyomi rental car service Sapporo, this is Matsumoto speaking.
B : Excuse me, but can I reserve a car on the day?
A : Yes, but we can only rent what's available in our shop, so it's possible that we may not have the desired model or not be able to rent one, depending on the reservation status with other customers.
B : Whatever is available is fine. I want to use it right away. So, I am coming now.
A : OK, certainly. We will be waiting for you.
B : OK, thank you.

（在区役所的窗口）

A : 不好意思，我想申请一下个人编号卡。
B : 您今天有带通知卡、能确认您身份的文件资料、个人编号卡申请书，以及1张面部照片吗？
A : 有的。

B : 那，请您填一下申请书，贴上面部照片，然后提交一下。
A : 填这个是吧。还有，卡的话今天能拿到吗？
B : 抱歉。卡做好了会通过需要本人签收的邮件邮寄过去的。寄到您手上大概需要1个月左右的时间。

（在银行）

A : 欢迎光临。今天需要办理什么业务？
B : 那个，我要汇款。

A : 您有预约吗？

B : 没有，我没预约。

A : 现在人很多，要等的话，到办手续大概需要等待1个小时左右的时间。如果您赶时间的话，可以不在窗口，通过ATM办理，很快就能办完了。汇款手续费也会便宜一些。
B : 嗯，我知道。但是我记得有金额限制吧。

（电话预约租车）

A : 你好，丰海租车服务中心札幌店，松本为您服务。
B : 不好意思，车子可以当天预约吗？
A : 可以的，不过因为可租借的车辆仅限于店内现有的车辆，可能会没有您需要的车型。根据其他顾客的预约情况，也可能出现无法为您准备车辆的情况……
B : 现有的就行了。我马上就要用。那，我现在就去店里。
A : 好的，明白了，等候您的光临。
B : 嗯，有劳了。

（구청 민원업무 창구에서）

A : 저기요. 마이넘버 카드 신청하고 싶은데요.
B : 통지카드, 신분증, 마이넘버 카드교부 신청서, 상반신 사진 가지고 오셨나요?
A : 네, 있어요.

B : 그럼 신청서를 작성하시고 사진 붙이셔서 제출해 주세요.
A : 여기에 작성하라는 거죠. 카드는 오늘 받을 수 있나요?
B : 죄송합니다. 카드가 나오면 본인지 정배달편으로 보내드릴 거예요. 수령까지 한 달 정도 걸립니다.

（은행에서）

A : 어서오세요. 어떤 일로 오셨나요?

B : 그, 송금을 하고 싶은데요.

A : 예약은 하셨나요?

B : 아뇨, 안했는데요.

A : 지금 대기인원이 많아서 지금부터 기다리시면 1시간 후에나 도와드릴 수 있을 것 같아요. 급하시면 창구 말고 ATM도 이용 가능하세요. 수수료도 싸고요.
B : 그렇긴 한데 송금액이 한도가 있지 않았나요?

（렌트가 전화예약）

A : 네, 도요미 렌트카 서비스 삿포로점 마쓰모토입니다.
B : 저기요. 당일 예약도 되나요?
A : 되긴 되는데 점포에 있는 차를 렌트 가능하셔서 원하시는 차종이 없을 수도 있고 다른 고객님들 예약 상황에 따라서 준비를 못해드릴 수도 있답니다….
B : 있는 걸로도 상관 없어요. 당장 필요해서요. 그럼 지금 그쪽으로 가겠습니다.
A : 네, 알겠습니다. 기다리고 있겠습니다.
B : 네, 고마워요.

解説　explanation 解説 해설

① ワレモノ

ガラスや陶器などの壊れやすい物のことです。	This refers to breakable objects, such as glasses or ceramics.	指玻璃、瓷器等容易损坏的东西。	유리나 도자기 등 깨지기 쉬운 물건을 말합니다.

② 認め
みと

認めた印として押すハンコのことで、名字だけのものが一般的です。宅配便の受け取りや、書類上の手続きなどに多く使われます。	This refers to stamping a seal as recognition of receipt, and it is usually the family name only. It is frequently used to accept delivered goods or for procedures with documents, etc.	指代表确认签收的印章，一般只刻有姓氏。多用于签收快递、办理书面的手续等。	확인된 도장이라는 뜻으로 일반적으로 성씨만 있습니다. 택배수령, 서류상 절차확인 때 자주 쓰입니다.

③ 振替切符
ふりかえきっぷ

「輸送振替切符」の略語です。電車やバスが事故などで遅れたり止まったりしたときに、替わりの交通機関が利用できるように乗客に配付される乗車券のことです。その日に限り有効です。	This is an abbreviation of "輸送振替切符," or "transportation transfer ticket." It is a boarding ticket distributed to passengers so they can use alternative transportation when a train or bus is delayed or stopped due to an accident, etc. It is valid for that day only.	是"輸送振替切符（换乘票）"的略称。指在电车或公交车因事故等发生延迟或停运时，为方便乘客换乘其他交通工具而分发的车票。仅限当日有效。	"輸送振替切符"의 줄임말입니다. 전차나 버스가 사고등으로 인해 지연되거나 운행중지 했을 때, 대체 교통기관을 이용할 수 있도록 승객들에게 배부하는 승차권을 말합니다. 당일만 유효합니다.

④ 遅延証明書
ち えんしょうめいしょ

電車やバスが遅れたときに、運行会社が遅れを証明する目的で発行する証明書のことです。	This is a certificate issued by the operator to certify that there is a delay with trains or buses.	电车、公交车延迟时，交通公司会开证明延迟的证明书。	전차나 버스가 지연됐을 때, 지연된 것을 운행회사가 증명하는 목적으로 발행하는 증명서입니다.

⑤ 進物
しんもつ

人にあげる品物、贈り物（プレゼント）のことです。	This refers to goods or a present for someone.	指要送给别人的东西，礼物。	선물을 말하며 격식을 차린 표현입니다.

⑥ 熨斗紙
の し がみ

フォーマルなお祝いの贈り物につける紙のことです。紙にはのし（飾り）と水引（ひも）が印刷されています。	This is a paper affixed on a present for formal celebration. The "のし (decoration)" and "水引 (cord)" are printed on the paper.	包装正式送人的礼品时所用的纸。纸上印有熨斗（装饰）和水引（绳结）。	격식을 차리는 선물에 붙이는 종이입니다. 종이에는 장식과 끈이 인쇄되어 있습니다.

⑦サービスカウンター

スーパーやデパートなどにある、お客様への様々なサポートをするコーナーのことです。

This counter provide various customer services, and is often located in supermarkets and/or department stores.

超市或商场等处设有的，专为客人提供各种服务的区域。

슈퍼, 백화점 등에 있는 고객을 도와주는 코너를 말합니다.

⑧バリアフリー

邪魔をするものがない、あるいは、それを取り除くことを表します。車椅子などでも動きやすい建物などによく使います。

This means that there are no obstacles, or the act of removing obstacles. It is used for buildings which are, for example, wheel-chair friendly.

指没有或者除去了碍事的东西。多用于方便轮椅等行动的建筑物。

방해하는 것이 없거나 제거했음을 나타냅니다. 휠체어가 다니기 쉬운 건물등에 자주 쓰입니다.

⑨ユニバーサル・デザイン

誰もが利用しやすく、わかりやすいようにデザインされたもののことです。

This refers to a design which is easy to use and easy to understand for anyone.

指设计成方便所有人使用的，易懂的东西。

누구나 이용 가능할 수 있게 디자인 되었다는 말입니다.

⑩省エネ
しょう

「省エネルギー」の略語です。エネルギーを節約することです。

This is an abbreviation of "省エネルギー (energy conservation)." It means to conserve energy.

是"省エネルギー(节能)"的略称。即节约能源。

"省エネルギー"의 줄임말입니다. 에너지를 절약을 말합니다.

⑪イメチェン

「イメージチェンジ」の略語です。髪型を変えたり、いつもと違う服を着たりして、今までとは違うということです。

This is an abbreviation of "イメージチェンジ (image change)." It means that a person changes his/her hairdo or wears different clothes than usual, creating a different image.

是"イメージチェンジ(改变形象)"的略称，即换发型，穿和平时不同的衣服，变得和之前不一样的意思。

"イメージチェンジ"의 줄임말입니다. 헤어 스타일이나 옷을 지금까지와 다르게 바꾸는 것을 말합니다.

⑫満期
まん き

保険や定期貯金などで、あらかじめ決められた期限が来たことです。

This refers to reaching the date of maturity for insurance or fixed deposits, which was set up ahead of time.

指保险或者定期存款等到了原先定好的期限。

보험이나 정기예금의 정해진 날짜가 왔다는 말입니다.

⑬届け出印
とど   で いん

銀行などに登録したハンコのことです。口座を作るときや預金の引き出しのときに必要です。

This is a seal registered with bank, etc. It is needed to create a bank account or withdraw deposits.

即在银行等地方登记的印章。在开户的时候或者取款的时候需要用到。

은행에 등록한 도장을 가리킵니다. 통장을 개설할 때, 돈을 인출할 때 필요합니다.

⑭ 太巻き
ふとまき

太く巻いた寿司のことです。	This is a thick roll of sushi.	即卷得比较粗的寿司。	굵게 만 김밥 같은 모양의 초밥을 말합니다.

⑮ 循環バス
じゅんかん

始発点と終点が同じで、その区間を一周するバスのことです。	This refers to a bus that starts and ends at the same point and circulates around a loop route.	指始发站和终点站相同的，在区间内环行一周的巴士。	출발지와 도착지가 같아서 그 구간을 한 바퀴 도는 버스를 말합니다.

⑯ サブスク

「サブスクリプション」の略語です。ある商品やサービスを一定期間、同じ金額で利用できるサービスのことです。	This is an abbreviation of "サブスクリプション (subscription)." It is a service that let you use a certain product or service for a set period of time at the same price.	"サブスクリプション(订阅)"的略称。即定期支付同样的费用，即可享受某种商品或者某项服务的形式。	"サブスクリプション"의 줄임말입니다. 어떤 상품이나 서비스를 일정 기간 동안 같은 가격으로 이용하는 서비스를 말합니다.

⑰ さようでございましたか

「さよう」は「その通り」という意味の言葉で、「そうでしたか」の丁寧な表現です。ビジネスシーンや接客の場面などではしばしば使用されます。	"さよう" is a word which means "その通り(that is so)," and it is a polite expression for "そうでしたか." It is often used in contexts like in business or tending to customers.	"さよう"是"その通り（正是如此）"的意思。是"そうでしたか（是这样啊）"的更为礼貌的形式。常用于商务场景或接待客人的时候。	"さよう"는"その通り（그대로）"라는 뜻의 단어로 '그렇습니까'의 정중한 표현입니다. 비즈니스나 고객 응대에서 자주 쓰입니다.

⑱ マイナンバーカード

個人番号カードのことです。日本に住む人が持つ12桁の番号が載っていて、証明書の一つとして使われます。	This refers to an individual number card. The residents of Japan may have one, which contains 12 digits and are used as a form of ID.	即个人编号卡。居住在日本的人所持有的一种证件，上面有12位的数字编号。	일본에 살고 있는 사람에게 부여되는 12자리 번호이며 신분증으로 쓰입니다.

⑲ 本人限定受取郵便
ほんにんげんていうけとりゆうびん

本人だけが受け取れる郵便のことです。受け取る際に、本人であることを確認する書類を見せなくてはいけません。	This refers to postal items that can only be received by the addressed person. Prior to receiving the postal item, the recipient must show documents confirming his/her identity.	即仅限本人签收的邮件。签收的时候必须看能证明本人身份的证件。	본인만 수취할 수 있는 우편을 가리킵니다. 받을 때 본인임을 확인하는 서류를 보여줘야 합니다.

■同僚との会話
どうりょう

Conversations with colleagues
与同事的对话
직장 동료와의 회화

共に働く同僚との会話を練習します。同僚と友人は違います。親密
とも はたら どうりょう れんしゅう どうりょう ゆうじん ちが しんみつ
度や年齢やシチュエーションに応じた表現を使いましょう。
ど ねんれい おう ひょうげん つか
You will practice conversations with work colleagues. Colleagues
and friends are different. Use the expressions according to the
situation with closeness and age in mind.

本单元将练习与一起工作的同事进行的对话。同事和朋友是不一样的。根
据亲密程度、年龄、情境，选择合适的表达方式吧!

함께 일하는 직장 동료와의 회화를 연습합니다. 직장 동료와 친구는 다릅니다. 친
밀도, 나이, 상황에 맞는 표현을 써 봅시다.

◎ ビジネス用語 Vocabulary for business 商务用语 / 비즈니스 용어	昇進、部署、遅番、残業、配属、面談、 しょうしん ぶしょ おそばん ざんぎょう はいぞく めんだん 出世、転職 しゅっせ てんしょく
◎ 敬語 Keigo (honorific expressions) 敬语 / 경어	申し上げる、いたしかねます もう あ
◎ 擬音語・擬態語 Phonetic, mimetic words(onomatope) 拟声词, 拟态词 / 의성어, 의태어	ショボショボ、ネチネチ、タラタラ、 ガンガン
◎ ことわざ Proverbs / 俗语 / 속담	身から出た錆、人の振り見て我がふり直せ み で さび ひと ふ み わ なお
◎ カタカナ語 Katakana words 片假名词 / 가타카나 단어	データ、バッグアップ、プロジェクト、 フォーマット

1 A : 今日は何日だっけ？

　　B : 22日だけど。

　　A : あー、あとちょっとで給料だ。今月は厳しかったな〜。
　　　　　　　　　　　　　きゅうりょう　　　　　　　　きび

　　B : あー、あと３日だね。

2 A : 久しぶりの三連休、何するの？
　　　　ひさ　　　　さんれんきゅう

　　B : 入社してから初めての連休だから、家でゆっくりするつもり。
　　　　　　　　　はじ　　　　れんきゅう

　　A : えーせっかくの休みなのに。

　　B : だって、混んでるところに行っても疲れるんだもん。
　　　　　　　　こ　　　　　　　　　　　つか

3 A : 聞いた？　田中くん、この間の昇進試験、まただめだったんだって。
　　　　き　　　　　たなか　　　　　　　しょうしん しけん

　　B : まじで！　あんなに頑張ってたのにね。凹んでる¹だろうなー。
　　　　　　　　　　　　がんば　　　　　　　へこ

　　A : 明日会ったら、なんて言って慰めよう。
　　　　あした あ　　　　　　　　　　なぐさ

　　B : 気の毒で、声のかけようもないよ。
　　　　き どく　　こえ

4 A : 山田さんの送別会の費用、一人3000円でお願いします。
　　　　やまだ　　　　そうべつかい ひよう　　　　　　　　　ねが

　　B : すみません。今日は持ち合わせがなくて…。
　　　　　　　　　　　　　　あ

　　A : じゃー、私が立て替えておきましょうか。
　　　　　　　　　た か

　　B : え、いいんですか？　すみません、明日、必ずお返しします。
　　　　　　　　　　　　　　　　　　あした かなら かえ

5 A : この間、課長のお宅にお邪魔したんだ。
　　　　　　　かちょう たく じゃま

　　B : へ〜、どんな集まりだったの？
　　　　　　　　　あつ

　　A : 社内で日本酒が好きな人が集まって、飲み比べ会。他の部署の話、面白かったよ。
　　　　しゃない にほんしゅ す　　　　あつ　　　　の くら　　　ほか ぶしょ　　　　おもしろ

　　B : きっと、課長、それが目的だったんだろうね。
　　　　　　　　かちょう　　　　もくてき

6 A : すみません。明日、午前中に私宛に代引き²で荷物が届くことになってるんで
　　　　　　　　　　あした ごぜん　　　　あて だいびき　　にもつ とど
　　　　すけど、遅番³なんで受け取ってもらえますか？。
　　　　　　　おそばん　　　　う と

　　B : 了解。お金だけ準備しといてね。
　　　　りょうかい　　　　じゅんび

　　A : はい。じゃー、この引き出しにお金入れときます。ぴったりお釣りなしです。
　　　　　　　　　　　ひ だ　　　　　　　　　　　　　　　　　つ

同僚との会話 注→p.140
どうりょう

1

A : What's the date today?

B : It's the 22nd.

A : Ah, almost payday. It's been tight this month.
B : Yeah, 3 more days.

A：今天是几号来着?

B：22号啊。

A：啊! 马上就有工资了。这个月手头太紧了～
B：啊! 还有3天。

A : 오늘 며칠이더라?

B : 22일인데.

A : 아~, 조금만 더 참으면 월급날이다. 이번 달 힘들었다고.
B : 아~ 3일 뒤네.

2

A : It's been awhile since we've had a 3-day holiday, what are you going to do?
B : It's the first 3-day holiday since I joined the company, so I'm going to relax at home.
A : What!? When we finally have some time off?
B : But going to a crowded place makes me exhausted.

A：久违的三连休，干点什么?

B：因为是我进公司以来第一个连休，我打算在家里好好放松一下。
A：诶……难得休息诶。

B：反正去了人多的地方也是活受累。

A : 오랜만에 3일 연휴인데 뭐 할 거야?

B : 입사하고 첫 휴가니까 집에서 쉬려고.
A : 뭐? 소중한 연휴인데?

B : 그치만 북적거리는 데 가도 피곤하기만 한 걸.

3

A : Did you hear? Tanaka failed the promotion exam again the other day.
B : Really! He was doing his best for it. He must be disappointed.
A : What should I say to comfort him when I see him tomorrow.
B : What a shame, I wouldn't know what to say to him.

A：听说了吗? 前不久的升学考试，田中又没过。
B：真的假的! 他明明都那么努力了，他应该很沮丧吧……
A：明天见到他该说点什么安慰他啊。
B：太惨了，都不好跟他搭话啊。

A : 그거 들었어? 다나카 군, 이번 승진 시험 또 떨어졌대.
B : 진짜? 그렇게 열심히 했는데. 풀 죽어 있겠네.
A : 내일 만나면 뭐라고 위로해 주지.

B : 안타까워서 말도 못 건네겠어.

4

A : Please kick in 3,000 yen per person for the farewell party for Ms. Yamada.
B : Excuse me. I don't have the money with me today...
A : In that case, shall I pay for you for now?
B : Oh, do you mind? I'm sorry, I'll definitely pay you back tomorrow.

A：山田的送别会，费用是一个人3000日元。
B：对不起啊，我今天不巧手头没带钱。
A：那，我先替你垫着吧。

B：诶，可以吗? 不好意思，明天我一定还你。

A : 야마다 상 송별회 비용말인데요, 1인당 3000엔이에요.
B : 죄송해요. 오늘 준비를 못했는데….

A : 그럼 일단 제가 채워 놓을까요?

B : 어, 그래도 될까요? 죄송해요, 내일 꼭 드릴게요.

5

A : The other day, I visited the boss's house.
B : Oh yeah? What kind of a get-together was it?
A : Drink tasting party, with people who like Japanese sake from the company getting together. It was interesting to hear about other departments.
B : I'm sure that was the purpose of the boss.

A：前不久我们去了课长家里。

B：诶～是什么聚会啊?

A：就是公司里喜欢喝日本酒的人聚在一起，喝酒品酒的聚会。其他部门的事还挺有趣的呢!
B：肯定这才是课长的目的。

A : 요전에 과장님 댁에 갔거든.

B : 진짜? 무슨 모임이었는데?

A : 사내 일본술 좋아하는 사람끼리 모여서 이것저것 비교해서 마셔보는 모임. 다른 부서 이야기가 재미있었어.

B : 부장님은 분명히 그게 목적이었겠지.

6

A : Excuse me. A package is supposed to arrive for me cash on delivery in the morning tomorrow, but I'll come in for the late shift, so would you receive it for me?
B : OK. But please put the money together.
A : Sure. I'm going to put the money in this drawer. It's the exact amount, so no change.

A：不好意思啊，我明天上午有个货到付款的包裹会送到，但是我明天是晚班，能帮我收一下吗?
B：好的。你把钱准备好就行。

A：好的，我把钱放到这个抽屉里哦。是凑好的，不用找零。

A : 저기, 내일 오전중에 제 앞으로 택배가 올 건데 상품 인도 결제인데 제가 오후 출근이라서요. 대신 좀 받아주실 수 있어요?
B : 그럴게. 돈만 준비해 두고 가.

A : 네. 그럼 여기 서랍에 넣어 둘게요. 거스름돈 안 나오게 했어요.

123

section **1** 中級 40

7　A：あ～、何これ～！　データ全部消えちゃったよ～。
　　　　　　　　　　　　ぜんぶ き
　　B：え～？　どうして？

　　A：わかんないけど、急に画面が真っ暗になって…。
　　　　　　　　　　　きゅう がめん ま くら
　　B：バックアップとってなかったの？

8　A：先輩、ここには駐車できませんよ。
　　　せんぱい　　　　ちゅうしゃ
　　B：そうか…。最近、路上駐車の取り締まり厳しくなったからね。
　　　　　　　　さいきん ろじょうちゅうしゃ と し きび
　　A：しょうがないですね、パーキング探しましょうか。
　　　　　　　　　　　　　　　　　　　さが
　　B：いや、ほんの10分で済むから、ちょっと待っててくれない？
　　　　　　　　　　　　す

9　A：どうすれば敬語がうまく使えるようになるんでしょうか？
　　　　　　　けいご
　　B：習うより慣れろって言いますからね。敬語、よく使っていますか？
　　　　　なら な　　　　　　　　　　けいご
　　A：いえ、あまり…。ということは、習うより、仕事の現場で覚えるってことです
　　　　　　　　　　　　　　　　　　　　　　げんば おぼ
　　　か？

　　B：ええ。失敗を恐れず実践あるのみですね。頑張って！
　　　　　しっぱい おそ じっせん　　　　　　　　がんば

10　A：またいちからやり直しか…。
　　　　　　　　　　なお
　　B：あんだけエネルギー注いだのにね。
　　　　　　　　　　　　そそ
　　A：残業代も出ないのに…。本当に、割に合わないね。
　　　ざんぎょうだい で　　　　　ほんとう わり あ
　　B：合わないね～。
　　　あ

11　A：ねー、明日の飲み会どうする？
　　　　　あした の
　　B：行かないわけにはいかないでしょう。部長のお誘いだもん。
　　　　　　　　　　　　　　　　　　　ぶちょう さそ
　　A：そうだね…。新入社員はつらいよね。
　　　　　　　しんにゅうしゃいん
　　B：何とか一次会だけで帰るようにしようね。
　　　　　いちじかい

12　A：最近犬を飼い始めたんだけど、リモート会議の時にワンワンうるさくて。
　　　さいきんいぬ か　　　　　　　　　　かいぎ
　　B：そう？　気にならないよ。まだ3ヶ月の子犬じゃ、しかたないよ。
　　A：会議が始まると吠えるんだよ、まったく。
　　　　　　　　　ほ
　　B：かまって欲しいんだろうね。もう少し成長するのを待つしかないね。
　　　　　　ほ　　　　　　　　　　　せいちょう

7 A : Oh, what's this!? All the data is gone.

B : What? Why?

A : I don't know, but all of a sudden, the screen went black...

B : Didn't you back it up?

A : 天啊，搞什么啊！数据全都消失了！

B : 诶？为什么啊？

A : 我也不知道，突然屏幕就黑了……

B : 你没备份吗？

A : 아~ 뭐야 진짜! 데이터가 싹 다 날아 갔어!

B : 뭐? 어쩌다가?

A : 몰라, 갑자기 화면이 까매져서는….

B : 백업 안했어?

8 A : You can't park here.

B : Is that right? The street parking regulations have gotten tighter lately.

A : Nothing we can do about it, so shall we look for a parking lot?

B : No, it will only take 10 minutes or so, so would you please wait?

A : 前辈，这里可不能停车哦。

B : 这样啊……最近在马路上停车管的还挺严的。

A : 没办法了，我们找找停车场吧。

B : 不了，只要10分钟就能搞定，你在这里稍等我一下？

A : 선배, 여기 주차 못해요.

B : 맞다…. 요즘 주차 단속이 심해졌지.

A : 어쩔 수 없네요. 주차장 찾아 볼까요?

B : 아니, 10분이면 끝나니까 잠깐 기다리고 있어.

9 A : How can I use keigo skillfully?

B : People say practice makes perfect, you know. Do you often use keigo?

A : No, not much. So that means, I should remember how to use it at the workplace rather than studying it?

B : Yes. The only way is to just do it without worrying about failing. Good luck!

A : 要怎么才能熟练掌握敬语啊？

B : 都说学习它不如习惯它。你经常用敬语吗？

A : 没，不怎么用……这么说的话，比起去学，不如在工作的时候记住它？

B : 是的。只能别怕失败积极实践了。加油！

A : 어떻게 하면 존댓말을 잘 쓸 수 있을까요?

B : 배우는 것보다 익숙해지라고 하잖아요. 존댓말 자주 쓰세요?

A : 아뇨, 그다지…. 그럼 배우는 것보다 현장에서 익히라는 말씀이세요?

B : 네. 실패를 두려워 말고 실전에서 써 보세요. 화이팅!

10 A : I need to start all over...

B : You put so much energy into it.

A : They are not even going to pay for the overtime. Really, it doesn't pay at all.

B : Not at all.

A : 又要从头开始了……

B : 明明都已经投入这么多精力了。

A : 还没有加班费。真的是划不来啊。

B : 划不来啊～

A : 또 처음부터 다시 해야 하나…

B : 그렇게 에너지를 다 쏟아 부었는데.

A : 야근 수당도 안 나오는데…. 진짜, 수지타산 안 맞네.

B : 안 맞지….

11 A : What shall we do about the party tomorrow?

B : We can't help but going. The invitation is from the general manager.

A : That's right... It'll be tough on the new employee.

B : Let's find a way to head home after the first party.

A : 诶，明天的酒会怎么办？

B : 总不能不去吧。那可是部长邀请的啊！

A : 是啊。新员工太难了。

B : 总之想办法在续摊之前回家吧。

A : 있잖아, 내일 회식 어떻게 할 거야?

B : 안 갈 수가 없지. 부장님이 제안하신 거잖아.

A : 그렇겠지…. 신입사원은 괴롭다구.

B : 어떻게든 1차에서 빠져나오도록 하자.

12 A : I started to keep a dog recently, but she barks like crazy during online meetings.

B : Really? No one cares. It's just 3 months old puppy, so nothing you can do about it.

A : She starts barking right when the meeting starts, of all things.

B : She wants attention, I guess. You just have to wait until she grows up a bit.

A : 我最近开始养狗了，在远程会议的时候总是汪汪汪的，吵得不行。

B : 是吗？大家不会介意的。毕竟是才3个月大的小狗，没办法的事嘛。

A : 会议一开始就开始叫，真是的。

B : 大概是想让你理它吧。只能等它再长大一点了。

A : 얼마 전부터 강아지를 키우는데 택근무할 때 짖어서 시끄럽지?

B : 그래? 안 거슬리던데. 아직 3개월 된 아기잖아. 어쩔 수 없지.

A : 회의만 시작하면 짖는다니까. 나 참.

B : 같이 놀고 싶은가봐. 좀 더 클 때까지 기다려야지.

section **1** 中級 41

13 A：森さん、初めて彼女のうちに行ったとき向こうのご両親になんて言いました？

　 B：え？　なんて言ったかな。どうして？

　 A：実は、来週、彼女のうちに行くんで。

　 B：え、まだ結婚するんじゃないんでしょ？

　 A：ええ、そうなんですけどね。でも、何か言うべきかなって。

　 B：うーん。遊びで付き合ってるわけじゃないってことは、岡田さんを見れば、向こうのご両親もわかってくれるんじゃない？

14 A：バレンタインデーにチョコレートもらった？

　 B：へへへ、もらったよ。本命[6]から！　田中は？

　 A：もらったにはもらったけど、同じ部署の人から義理チョコ[7]。

　 B：いやー、義理でも全然もらえないよりいいんじゃない？

　 A：でも、お返しに1万円はかかるかも…。ちょっとありがた迷惑[8]だよな。

　 B：そうか～？　まー、感謝の印ってことで、もらっとけよ。

15 A：あー、調子わる～[9]。

　 B：どうしたの？

　 A：ちょっと、昨日、送別会で飲み過ぎて…。胸はムカムカするし、胃はもたれるし、頭はガンガンするし…。それに嫁さんには「毎日終電だよね」って嫌味言われるし…。踏んだり蹴ったり[10]だよ。

　 B：そんなになるまで飲むから、罰が当たったんだよ。

　 A：あー、腹も痛くなってきた。ちょっとトイレ。

　 B：まったく、もう～。

16 A：田中さん、歓送迎会の日程を決めたいんですけど、希望日ってありますか？

　 B：えーと、いつ頃の予定？

　 A：再来週のどこかでやりたいんですけどねー。

　 B：再来週ね～。今んとこ、全部空いてるけど…。

　 A：じゃー、いつでもオーケーってことでいいですか？

　 B：俺的には[11]、金曜日がベストだな。

13

A : Mr. Mori, when you visited your girlfriend's house for the first time, what did you say to her parents?

B : What? What did I say? Why?

A : Actually, I'm going to visit my girlfriend's house next week.

B : What, but you're not getting married yet, right?

A : No. That's true. But I'm wondering if I should say something.

B : Well. Her parents will understand when they see you, Mr. Okada, that you are not fooling around with her.

A : 森，你第一次去女朋友家里的时候和她父母说了什么？

B : 诶？说了什么来着……怎么了？

A : 其实，我下周要去我女朋友家。

B : 诶，应该还没到谈婚论嫁的地步吧？

A : 对，是的。但是，总觉得得说点什么。

B : 唔……你们在一起也不是闹着玩儿的，看到冈田你，想必她父母也会理解的吧？

A : 모리 상, 처음 여자친구 집에 갔을 때 여자친구 부모님들이 뭐라고 하시던가요?

B : 어, 뭐랬더라. 근데 왜?

A : 실은 다음 주에 여자친구 집에 가려 든요.

B : 음? 아직 결혼할 건 아니지?

A : 네. 아니긴 한데요. 그래도 무슨 이야기라도 꺼내야할까 싶어서요.

B : 음…. 가볍게 만나는 게 아니라는 것 쯤은 상대방 부모님도 오카다 상을 보고 알지 않을까?

14

A : Did you receive any chocolates on Valentine's day?

B : He, he, he, I did. From the love of my life! What about you, Tanaka?

A : I received some all right, but it was obligatory chocolate from people in my department.

B : Well, it's better than nothing, even if it's obligatory.

A : But it may cost me 10,000 yen in return. It's a little too much of a good thing, you know.

B : Do you think so? Well, just take them as a token of appreciation.

A : 情人节你收到巧克力了吗？

B : 嘿嘿嘿，收到了。喜欢的人送的！田中你呢？

A : 收到是收到了，但是是同一个部门的人送的人情巧克力。

B : 哎呀，就算是人情巧克力，也总比没有好吧？

A : 但是，送回礼可能要花1万多日元……我真是……谢谢她。

B : 这样吗？不过，也是人家对你表示感谢嘛，你就收着吧。

A : 발렌타인데이에 초콜릿 받았어?

B : 헤헤, 받았지. 좋아하는 사람한테서 다나카는?

A : 받긴 받았는데 같은 부서 사람이 준 의리 초콜릿이야.

B : 아냐, 의리라도 하나도 못 받는 것보다 낫지 않아?

A : 근데 답례할 게 만 엔어치는 되는 것 같아서 달갑진 않아.

B : 그렇구만. 어쩌겠어, 감사 표시라 생각하고 그냥 받아.

15

A : Ah, I don't feel well.

B : What's the matter?

A : I drank a little too much at the farewell party yesterday. I feel nauseous, my stomach is heavy, and my head is throbbing... Moreover, my wife made a snide remark, "you take the last train home every day"... That's just adding insult to injury, I tell you.

B : You were punished because you drank so much.

A : Oh, my belly has started to hurt. Excuse me, the bathroom.

B : Oh my.

A : 啊，状态好差啊～

B : 怎么了？

A : 昨天送别会有点喝多了……胸口烧得慌，胃也涨，头也疼……还被妻子嫌弃"每天都坐末班车呢"……真是各种连环打击。

B : 你自己非喝成那样，这是活该。

A : 啊，肚子开始痛了。我去趟厕所。

B : 你真的是，够了～

A : 아~ 오늘 컨디션 별로야.

B : 무슨 일 있어?

A : 어제 송별회에서 과음했는데…. 속도 메스껍고 쓰리고 머리도 욱신거려… 게다가 와이프가 "매일 막차네" 하면서 비꼬니까… 엎친 데 덮친 격이랄까.

B : 그 지경이 될 때까지 마시니까 별 받은 거야.

A : 아~ 갑자기 배 아파. 화장실 좀.

B : 가지가지한다.

16

A : We'd like to decide the date for Mr. Tanaka's welcome party, but do you have a preferred date?

B : Ah, around when?

A : Sometime the week after next.

B : The week after next. For now, any day will work.

A : So, any day is OK for you, is that right?

B : For me, Friday would be the best.

A : 田中，我们要定一下欢送欢迎会的时间，你想定什么时候？

B : 呃……预计大概什么时候？

A : 想在下下周找个时间开吧……

B : 下下周啊～目前我都有空……

A : 那就是说随时都行对吧？

B : 个人而言的话，最好是周五吧。

A : 다나카 씨, 환송별회 일정을 정하려고 하는데 괜찮은 날 있으세요?

B : 어디보자…. 언제쯤 할 건데?

A : 다다음주 중으로 하려고 하는데요.

B : 다다음주라…. 지금은 다 괜찮은데.

A : 그럼 아무 때나 괜찮다는 걸로 알고 있겠습니다.

B : 개인적으로는 금요일이 베스트야.

17 A ： 「一度マイクを握ったら離さない」とは、山田さんのことだね。

B ： さっきから、3曲ぶっ続けですよ。上手ならいいんですけどねー。

A ： 誰だよ、課長にマイク渡したのは…。

B ： 渡したんじゃなくて、奪い取られたんですよ。

A ： しっかりマイク持っとかないからだよ。あ〜あ、これじゃ俺の順番なんて
来やしないよ。

B ： こっそり抜け出して、ほかのカラオケに行っちゃいましょうかー。

18 A ： もしもし、遠藤ですが。

B ： あ、遠藤さん、山本です。おはようございます。

A ： おはようございます。えーと、今東京駅にいるんですけど、電車が人身事故で
止まっちゃってるんですよ。いつ動くかもわかんなくて。

B ： あ、そうなんですか。

A ： ええ。で、今日朝一¹²で打ち合わせが入ってるんですけど、少し遅れるって主
任に伝えてもらえますか？

B ： はい、わかりました。伝えておきます。

19 A ： 加藤さん、これ人間ドック¹³の案内書です。よくお読みになって、申込書を出
してくださいね。

B ： え、人間ドック？　いやー、ちょっと忙しくてそんなの行ってる暇ないんで…。

A ： でも、加藤さんの年齢だと、人間ドックは行かなきゃいけないことになってる
んですよ。

B ： え、そうなんですか？　やだなー。なんか、かえって病気になっちゃうような
気がして。

A ： まー、そう言わずに。

B ： まー、しょうがないですね。

17

A : When they say "that one never lets go of the microphone once he gets hold of it," that's about Mr. Tanaka, isn't it?

B : He's been singing 3 songs in a row since awhile ago. It's OK if he is good at it.

A : Who gave the microphone to the boss...

B : It's not that someone gave it to him, he hijacked it.

A : Because someone didn't hold the microphone tight enough. Oh man, I'll never get my turn.

B : Shall we sneak out and go to another karaoke shop?

A : "一拿到麦就不松手"，说的就是山田吧。

B : 从刚才开始，连唱3首了。要是唱得好听也就算了……

A : 把麦递给课长的是谁啊……

B : 不是递给他的，是被他抢过去的。

A : 都怪你没好好拿麦，啊～这么下去肯定轮不到我了。

B : 我们要不偷偷溜出去，去别的KTV吧……

A : '마이크를 잡았다 하면 놓지 않는다'는 야마다 상을 두고 하는 말이지.

B : 아까부터 세 곡 연달아 부르고 있잖아요. 잘 하면 또 모르겠는데….

A : 누구야? 과장님한테 마이크 준 게.

B : 준 게 아니라 뺏긴 거라고요.

A : 그러니까 꽉 쥐고 있었어야지. 아~ 이러다간 나는 부르지도 못하겠네.

B : 몰래 빠져 나가서 다른 노래방에 갈까요?

18

A : Hello, this is Endo speaking.

B : Oh, Mr. Endo, this is Yamamoto. Good morning.

A : Good morning. Well, I'm at Tokyo station right now, but the train has been stopped due to an accident that resulted in casualties. We don't know when it'll start moving.

B : Oh, is that right?

A : Yes. Anyway, I have a briefing first thing this morning, but would you please tell the section chief that I'm going to be a little late?

B : OK, I understand. I'll convey the message.

A : 你好，我是远藤。

B : 啊，远藤，我是山本。早上好。

A : 早上好。那个，我现在在东京站，电车因为人身事故停了，也不知道什么时候能开。

B : 啊，这样啊。

A : 是的，所以，今天一早我本来要参加一个讨论的，你能帮我跟主任说一声我晚一会儿到吗？

B : 好的，我知道了，我去说一声。

A : 여보세요, 엔도입니다.

B : 아, 엔도 상. 야마모토입니다. 안녕하세요.

A : 안녕하세요. 저기, 지금 도쿄역인데 투신 사고로 전차가 멈췄거든요. 언제 움직일지 몰라서요.

B : 아, 그러시군요.

A : 네. 그래서 출근후에 바로 회의가 잡혀 있는데 조금 늦을 것 같다고 주임 남한테 말 좀 전해주세요.

B : 네, 그럴게요.

19

A : Mr. Kato, this is the information for the medical checkup. Please read it carefully and submit your application form.

B : What? The medical checkup? Ah, I'm too busy to go to such thing.

A : But at your age, Mr. Kato, you must go to checkups.

B : Oh, Is that right? I don't want to. I feel like it makes me ill by going to them.

A : Well, don't be like that.

B : Well, what can I do anyway.

A : 加藤，这是体检的介绍书。你好好看看，然后把申请书交了。

B : 诶，体检？那个……我有点忙，没空去啊……

A : 但是，如果是加藤你这个年纪的话，按规定不能不去体检的。

B : 诶，是这样吗？不是吧……怎么感觉，反而会生病呢。

A : 好啦，别这么说。

B : 好吧，没办法。

A : 가토 상, 이거 건강검진 안내서예요. 잘 읽어보시고 신청서 제출해 주세요.

B : 음? 건강검진이요? 좀 바빠서 갈 시간이 없는데….

A : 그래도 가토 상 나이면 받아야 된다고 되어있거든요.

B : 헉, 그래요? 싫은데…. 검진 했다가 오히려 병에 걸릴 것 같거든요.

A : 그런 말 마시고요.

B : 하는 수 없네요.

1 A : あー、目がショボショボ[14]する。

B : どうしたの？

A : 老眼かな〜。38歳って、もう老眼年齢？

B : いや〜、パソコンの見過ぎだよ。時々目を休ませて。

2 A : まだ落ち込んでんの？

B : うん。あの一件以来、山田さんとの仲がギクシャク[15]しちゃって…。

A : 職場は明るく楽しくだよ。中村さんから飲みに誘えば？

B : うん。でも顔を見るとなんか気まずくって。

3 A : 吉田さん、とうとうプロジェクト外されたんだって。

B : うーん、あの仕事ぶりじゃ、当然だよね。

A : うん、身から出た錆[16]だね。

B : もっと動ける人があのポストには必要だからね。

4 A : 竹内君って、博士号持ってるんだってね。

B : うん、人は見かけによらないよね。

A : バカなことばっかり言ってるけどさ。

B : そうなんだよね。でもやるときはやるよね。

5 A : あー、どうしよう。締め切りに間に合わない！

B : どうしたの？　ちょっと手伝おうか？

A : え、いいの？　悪いね。恩に着るよ。

B : そんな水臭いこと言って。困ったときはお互い様だよ。

6 A : も〜、新しく赴任してきた課長ったらネチネチ[17]しつこいったらありゃしない。

B : また叱られたの？

A : 謝ってるのに、1時間も嫌味タラタラ[18]言われちゃった。

B : ま、右から左へ受け流し[19]とけばいいんじゃない？

1

A : Oh my eyes are bleary.

B : What's the matter?

A : Presbyopia, I suppose. 38 years old, that's when presbyopia starts.

B : No way, it's due to looking at the PC screen too much. Rest your eyes once in a while.

A : 啊，眼睛都张不开。

B : 怎么了？

A : 老花眼吧。38岁已经到了老花的年纪了。

B : 不是吧，是你电脑看多了。时不时的让眼睛休息下吧。

A : 아～ 눈이 침침하네.

B : 왜 그래?

A : 노안이 왔나. 38살이면 노안 올 나이야?

B : 아냐～ 컴퓨터를 오래 해서 그런 거야. 눈 좀 쉬어 줘.

2

A : Are you still depressed?

B : Yeah. Since that incident, my relationship with Mr. Yamada has been strained.

A : Just be lighthearted and fun at the workplace, you know. Why don't you invite him for a drink, Mr. Nakamura?

B : Yeah. But when I see his face, it's somewhat awkward.

A : 你怎么还在难过啊？

B : 嗯。自那件事以来我和山田的关系就闹得很僵……

A : 职场环境欢快一点开心一点嘛。中村你去他喝一杯呗？

B : 嗯。不过总感觉一见到他就很尴尬。

A : 아직 침울해 있는 거야?

B : 응. 그 사건 이후로 야마다 상하고 관계가 삐걱거려서….

A : 직장생활은 밝고 즐거워야지. 나카무라 상이 한 잔 하자고 해 봐.

B : . 그치만 얼굴 보면 왠지 서먹해서.

3

A : Mr.Yoshida was finally excluded from the project.

B : Yeah, naturally so, with the way he works.

A : Sure, he has only himself to blame. A more capable person is needed

B : for the post.

A : 听说吉田终于被踢出项目了。

B : 唔……就他干的那个活儿，理所当然的。

A : 嗯，是他自作自受。

B : 那个职务需要更能干的人来做。

A : 요시다 상, 결국에는 프로젝트에서 제외됐대.

B : 뭐, 그런 식으로 일하니까 당연하잖아.

A : 맞아. 자업자득이지.

B : 더 능력 있는 사람이 필요한 자리잖아.

4

A : I heard that Mr. Takeuchi has a doctorate degree.

B : Yes, you can't judge a book by its cover, can you?

A : He says silly things all the time.

B : That's true. But when it's time to do it, he does it.

A : 竹内有博士学位啊？

B : 嗯，真是人不可貌相啊。

A : 虽然总是说些傻话。

B : 是啊。但是关键时刻还是很靠谱的。

A : 다케우치 군은 박사학위 갖고 있다면서?

B : 맞아. 사람은 겉모습만 봐선 모를 일이라니까.

A : 맨날 실없는 소리만 하는데 말이야.

B : 그치. 그래도 할 땐 하잖아.

5

A : Oh what am I going to do!? I can't make the deadline!

B : What's the matter? Shall I help you a little?

A : Really? Sorry. I'll owe you one.

B : Don't be so formal. We should help each other in times of need.

A : 唉，怎么办。要来不及了。

B : 怎么了？我帮帮你？

A : 诶，可以吗？对不住啊，这份恩情铭记在心。

B : 说得这么见外。有困难的时候咱们彼此彼此。

A : 아～ 어쩌지. 마감 못 맞출 것 같아!

B : 왜 그래? 좀 도와 줄까?

A : 괜찮겠어? 미안해. 이 빚은 꼭 갚을게.

B : 그런 섭섭한 소리 말고. 서로 돕고 살아야지.

6

A : Ugh, the new manager is always nagging and obsessive.

B : Did you get scolded again?

A : I apologized, but he made snide remarks for one, long hour.

B : Well, just let it go in one ear and out the other.

A : 真是的，新上任的那个课长真的是唧唧歪歪的烦得不得了。

B : 又被训了？

A : 都在道歉了还在那里叽里呱啦地抱怨个不停。

B : 好啦，你就右耳朵进左耳朵出听听就算了不就行了？

A : 아, 진짜. 새로 부임한 과장, 빈정거리는 화법 너무 싫다.

B : 또 혼났어?

A : 죄송하다고 하는데도 1시간이나 쥐잡듯이 하더라고.

B : 어쩌겠어. 한 귀로 듣고 한 귀로 흘려버려.

section ❷ 上級 🔊44

7 A：昨日、人事課の鈴木さんと激しくやりあってたでしょ。見ちゃったよ〜。
　　　きのう じんじか すずき はげ
　　　大変そうだね〜。
　　　たいへん

　B：え、見てたの？

　A：あの人、一筋縄じゃいかない²⁰からね。
　　　　　　ひとすじなわ

　B：でも、今思えば言い過ぎたかな。そうか、見られてたか。穴があったら入りた
　　　　　　　　　　　　　　　す　　　　　　　　　　　　　　　　　　　　あな
　　　い²¹よ。

8 A：今日の中田さんの遅刻の理由、聞いた？　きっとまた寝坊したんだろうに、渋
　　　きょう なかた ちこく りゆう　　　　　　　　　　　　ねぼう　　　　　　　じゅう
　　　滞って言ったんだって。
　　　たい

　B：うん。バレバレ²²だったね。ネクタイしてなかったし、寝癖もついてたしね。
　　　　　　　　　　　　　　　　　　　　　　　　　　　ねぐせ

　A：そもそも、彼、渋滞する交通機関なんか使ってたっけ？
　　　　　　　　かれ　　　　こうつうきかん

　B：うちから駅までの自転車が渋滞してたって、言いたいんじゃないの？
　　　　　　　　　　　　　　じゅうたい

9 A：どうだった？　部長面談。
　　　　　　　　　　ぶちょうめんだん

　B：も〜、ガンガン²³どなられちゃって、意気消沈。
　　　　　　　　　　　　　　　　　　　いきしょうちん

　A：じゃー、今夜はおまえのやけ酒²⁴にでも付き合ってやるか。
　　　　　　　　　　　　　　　さけ

　B：おーありがたい！　飲んでパーっと憂さ晴らしでもするか。
　　　　　　　　　　　　　　　　　　　う　ば

10 A：部長の娘さん、結婚することになったらしいですよ。
　　　ぶちょう むすめ けっこん

　B：へー。娘を結婚させる父親の気持ちって、どんなものなんでしょうね？
　　　　　むすめ けっこん

　A：ホッとした気持ちと寂しい気持ちが入り交じって、感極まるって感じなんじゃ
　　　　　　　　　　　　さび　　　　　　　　ま　　　　　　かんきわ　　　　かん
　　　ないですかね。

　B：そうかー。花嫁の父親って、複雑な心境なんですねー。
　　　　　　　　はなよめ　　　　　ふくざつ しんきょう

11 （営業部と企画部の会議で）
　　えいぎょうぶ きかくぶ かいぎ

　A：先ほども申し上げましたように、営業部としては賛成いたしかねます。
　　　　　　　もう　　　　　　　　　　えいぎょうぶ　　　　さんせい

　B：でも、反対の理由が今一つはっきりこちらに伝わってこないんですよ。
　　　　　　はんたい りゆう

　A：利益の見込みがない商品の企画には賛成するわけにはいかないということです。
　　　りえき みこ　　　　　しょうひん

　B：いや、短期的には厳しいかもしれませんが、長期的にみれば必ず利益が見込め
　　　　　たんきてき きび　　　　　　　　　　　ちょうきてき　　　かなら りえき みこ
　　　ると思うんですよ。

7

A : You got in an argument with Mr. Suzuki of Human Resources yesterday, didn't you? I saw it. It must be difficult.
B : Oh, did you see that?

A : He is hard to handle.

B : But looking back on it, I wonder if I said too much. I didn't know you saw me. I'm so embarrassed, I wish I had a hole to hide in.

A : 昨天，你是不是和人事部的铃木大闹了一场？我看到了。很不好受吧？
B : 诶，你看到了啊？

A : 那个人是不太好对付的。

B : 不过我现在想想还是说得过了。这样啊，被你看到了啊。我都想找个洞钻进去了。

A : 어제 인사과 스즈키 상하고 한판 붙었지? 내가 다 봤지. 고생이 많아.
B : 어? 봤어?

A : 그 사람, 호락호락하지 않잖아.

B : 그래도 너무 심했나 싶어. 아, 보고 있었구나. 어디 숨어버리고 싶네.

8

A : Have you heard the reason for Mr. Tanaka's being late today? It was most likely he slept in, but he said it was because of a traffic jam.
B : Yeah. It was so obvious. He wasn't wearing a tie and he had bedhead.
A : In any event, does he use transportation that could be in a traffic jam?
B : Maybe he wanted to say that the bike ride from his home to the station was in a traffic jam, don't you think?

A : 今天中田迟到的原因了你听说了吗？肯定又是睡过了头了，还说什么堵车了。
B : 嗯，太明显了。领带也没系，头发也是刚睡醒的样子。
A : 说到底，他，坐过什么会堵车的交通工具吗？
B : 他估计是想说从他家到车站的路上自行车堵车了吧？

A : 오늘 다나카 상이 지각한 이유 들었어? 늦잠 잤을 거면서 차가 막혔다 했대.
B : 응. 뻔히 보이는데. 넥타이도 안 하고 머리도 눌려 있었잖아.
A : 애초에 차가 막힐 만한 걸 타고 다녔었나?
B : 집에서 역까지 가는 자전거가 막혔다라고 하는 거 아냐?

9

A : How did it go? One-on-one with the general manager.
B : Well, he raised hell and I'm bummed out.
A : In that case, I'll do you the favor of going drinking with you.
B : Oh, I'd like that! Let's party and drink to forget about the misery.

A : 和部长的谈话怎么样？
B : 唉～很狠狠地骂了一顿，太受伤了。
A : 那，我今天就好心陪你借酒消愁吧。
B : 哇，感谢！喝一个好好消一消愁吧。

A : 어땠어? 부장님 면담.
B : 아~ 엄청 깨져서 우울해.
A : 그럼 저녁에 너의 술 폭주에 동참할게.
B : 그래주면 고맙지. 달리고 스트레스나 풀자.

10

A : It sounds like a daughter of the general manager is getting married.
B : Is that right? I wonder how a father would feel when his daughter is getting married.
A : Wouldn't he be overcome with emotions, like the mixed feeling of relief and loneliness.
B : It might be. The father of the bride must have complex feelings.

A : 部长的女儿好像要结婚了诶。
B : 这样啊。嫁女儿的父亲的心情不知道是什么样的？
A : 就是放心和寂寞交织在一起，百感交集的感觉吧。
B : 这样啊……新娘的父亲，是复杂的心情啊……

A : 부장님 따님, 결혼하나 보더라고요.
B : 오…. 딸을 시집 보내는 아버지의 마음은 어떨까요?
A : 한시름 놓았다가 섭섭했다가 복잡한 기분이 아닐까요?
B : 그렇구나. 신부의 아버지는 복잡한 기분이겠네요.

11

(At a meeting between Sales and Planning Departments)
A : As we said before, the Sales Department cannot agree to it.
B : But the reason for your opposition hasn't been communicated to us clearly.
A : What we are saying is that we cannot agree to planning a product for which we can't expect a profit.
B : Well, it may be difficult over the short-term, but if we take a long-term view, we definitely think we can expect profits.

(营业部和企划部的会议上)
A : 正如我之前说的，我们营业部很难对此表示赞成。
B : 但是，你们到现在都没有明确告诉我们一个你们反对的理由啊。
A : 就是说我们不可能赞成没有利益前景的商品企划。
B : 不，短期内是比较难，但是从长远角度来看是肯定能带来利益的。

(영업부와 기획부의 회의에서)
A : 저번에 말씀 드렸다시피 영업부로서는 찬성 못하겠습니다.
B : 반대하시는 이유가 와 닿지 않는단 말이에요.
A : 수익 전망이 안 보이는 제품 기획에는 찬성할 수 없다는 말입니다.
B : 아니, 단기적으로는 힘들지 몰라도 장기적으로 보면 수익이 보인단 말이죠.

133

12 (新人の挨拶)

A : この度マーケティング部に配属されましたパク・ヨンジュンです。これからお世話になります。どうぞ、よろしくお願いいたします。

B : パク・ヨンジュンさんね。渡辺です。どうぞよろしく。ところで、お名前はなんとお呼びすればいいですか?

A : あ、前の部署では同姓の人がいたのでヨンジュンと呼ばれていましたが、ここではパクと呼んでください。

B : わかりました。パクさんですね。

13 A : 最終報告書ですが、ひとまずフォーマットを作ってみました。ちょっと目を通して、それで良ければ書き始めといてもらえますか?

B : はい。締め切りはいつですか?

A : 先方はまだ何も言ってこないけど、前倒し²⁵でできることをしといてください。

B : はい。わかりました。

14 A : 今日も木村さん、昼休みに難しそうな哲学の本読んでたよ。

B : そうそう、いつも読んでるよね。

A : なんか、勉強熱心そうだよねー。

B : え～、そうは思えないけどなー。現実逃避なんじゃないの?

A : また、すぐそうやって物事を斜めに見る²⁶んだからー。もっと素直になれば?

B : しょうがないよ、性分なんだから。

15 (新人教育に手を焼く)

A : いくら口を酸っぱくして言っても²⁷、聞くほうにその気がなくちゃね…。

B : 本当、本当! 言うだけ疲れるってもんだよ。

A : かと言って、何も言わないでいいっってわけにもいかないだろうし…。

B : 「人の振り見て我が振り直せ²⁸」で、自分で気づくのが一番なんだけどねー。

A : 無理、無理! だいたい先輩後輩の概念からしてないんだから。

B : 僕たちが新人の頃は、先輩の言葉は絶対だったけどな～。

同僚との会話 (注)➡p.143
どうりょう

12 (Greetings from a new employee)

A : My name is Park Yong Jung, and I've been assigned to the Marketing Department. Nice to meet you. I look forward to working with you.
B : Mr. Park Yong Jung, right? I am Watanabe. Pleased to meet you too. By the way, what shall I call you?
A : Oh, there was someone with the same family name when I was in my last department; I was called Yong Jung, but here, please call me Park.
B : OK. Mr. Park, it is.

（新员工打招呼）

A：我是这次将加入市场部的朴勇俊。要给大家添麻烦了，还请多多关照。
B：朴勇俊是吧。我是渡边，请多指教。话说，我们怎么称呼你比较好呢？
A：啊，之前的部门里因为有跟我同姓的人，所以大家都叫我勇俊，在这里的话，请叫我朴吧。
B：好的，朴对吧。

（신입 사원의 인사）

A : 이번에 마케팅부에서 근무하게 된 박용준이라고 합니다. 신세 많이 지겠습니다. 잘 부탁드립니다.
B : 박용준 상. 와나타베라고 해요. 잘 부탁해요. 그런데 이름은 뭐라고 부르면 되나요?
A : 아, 전에 있던 부서에서는 같은 성씨분이 있어서 용준이라고 불렸는데 여기에서는 박이라고 불러주십시오.
B : 알겠습니다. 박 상이네요.

13
A : For a start, I created the format for the final report. Would you please have a quick look and if this works, start writing in it?
B : Yes. When is the deadline?

A : The other side hasn't said anything yet, but please work and get a little ahead of schedule.
B : Yes. I understand.

A：最终报告书，我暂时先写了个框架。你先看看，如果可以的话就先写起来行吗？
B：好的。什么时候截止呀？

A：虽然那边还什么都没说，就当是要提前完成吧。
B：好的，明白了。

A : 최종 보고서 말인데요. 일단 서식을 만들어 봤습니다. 훑어 보시고 괜찮으시면 작성 시작해 주시겠어요?
B : 네. 언제가 마감이죠?

A : 거래처에서는 아직 아무 말도 없는데 미리 할 수 있는 건 해 놓으세요.
B : 네. 알겠습니다.

14
A : Ms. Kimura was reading a philosophy book that looked difficult during the lunch break.
B : That's right, he is always reading something.
A : Well, he appears to be an avid learner.
B : Really? I don't think so. Isn't he escaping reality?
A : Oh, here you go again, looking at someone sideways. Why don't you be more accepting?
B : It can't be helped, it's in my nature.

A：木村今天也在午休的时候看感觉很难的哲学书。
B：对对，感觉他一直在看。

A：总感觉他很好学呢。

B：诶～我不这么觉得。他是在逃避现实吧？
A：你又来了，老是把事情往坏了想。你就不能坦诚一点？
B：没办法，天生的。

A : 기무라 상은 오늘도 점심시간에 어려운 철학을 읽고 있더라.
B : 맞아. 늘 읽고 있지.

A : 학구열이 높을 것 같아.

B : 그래? 그렇지도 않아 보이던데. 현실도피하는 거 아닌가?
A : 또 그렇게 삐딱하게 본다. 있는 그대로 보면 안 돼?
B : 성격이 그런 걸.

15 (Having difficulty with new employee training)

A : Even if we tell them over and over again, if they hear but aren't willing...
B : That's so true, so true! The more we say, the more exhausted we become, you know.
A : But then, we wouldn't be able to get away with not saying anything...
B : Practicing "you can better yourself by observing others" is the best way...
A : No way! They don't get the concept of hierarchy to begin with.
B : When we were the new employees, what our higher-ups said was law.

（为教育新员工伤脑筋）

A：不管我说了多少次，听的人不上心的话……
B：就是就是！真的就是多说多累。
A：话虽如此，又不能什么都不说……
B："见贤思齐焉，见不贤而内自省也"，他们能自己意识到的话是最好的。
A：不可能不可能！说到底，他们都没什么前辈后辈的概念。
B：我们还是新人的时候，前辈说的话可都是必须遵守的啊～

（신입 사원 교육에 애를 먹다）

A : 귀에 못이 박히도록 말한들 들을 마음이 없으면 뭐….
B : 진짜 그래! 말하는 사람만 지친다니까.
A : 그렇다고 안 알려줄 수도 없고….

B : 다른 사람을 보고 타산지석으로 삼아야 하는데. 직접 깨닫는 게 제일인데.
A : 무리야! 일단 선후배 개념부터 없다니까.
B : 우리 때는 선배 말은 하늘이었는데 말야.

16 A ： 山田部長、今夜はやけに機嫌がいいですよね。

B ： うん、なんでも昇進が内定したらしいよ。

A ： へー、そうなんですか。あの笑顔、部長もあんな顔するんだな〜。

B ： よっぽど嬉しかったんだろうね。

17 A ： 例のプロジェクト、まだ決まらないの？

B ： そうなんだよ。当初の計画が保留になっちゃってるんだよねー。

A ： なんか話がややこしくなってない？

B ： そうなんだ。あちらを立てればこちらが立たずでさー。

A ： いっそ、振り出しに戻しちゃえば？

B ： そうしたいのはやまやま[29]なんだけどね〜。

18 A ： どうしたの？　さっきから時計ばっかり気にして、ちっとも落ち着きがないけど。

B ： うん。実は、さっき病院にいる妻から連絡があって、陣痛が始まったんだって。

A ： え、本当？　だったら仕事なんてしてないで、早く奥さんのところに行ってあげなさいよ。

B ： うん、そうしたいんだけど、この後にどうしても抜けられない会議があって…。

A ： そんなのどうにでもなるわ。一生に何度もあることじゃないのよ。

B ： うーん。そうだね。じゃ、課長に言ってくるよ。

19 A ： 山田さんって、飲み会に誘っても絶対に来たことないし、人づき合いよくないよね。

B ： うん。部長のゴルフの誘いも平気で断っちゃうんだって。

A ： へー、どんなに仕事ができてもそれじゃーね…。

B ： そうだよね。やっぱり人間関係って大切だよね。

A ： うん。特に組織の仕事って、そういうの影響するじゃない？　山田さんも上司の受けが悪いと、出世もままならない[30]んじゃないかなー。

B ： そうか。じゃ、俺も気をつけなきゃな。

16

A : GM Yamada's in an awfully good mood.
B : Yeah, it sounds like his promotion was approved informally.
A : Oh, I see. Look at that smile, even the general manager can show a face like that.
B : He must be really happy.

A : 山田部长今天好像心情特别好啊。
B : 嗯，好像是内定升职了呢。
A : 哦？是这样啊？那个笑容，真没想到原来部长也会有这种表情啊～
B : 应该是相当高兴吧。

A : 야마다 부장님, 오늘 유난히 기분이 좋으시네요.
B : 어. 승진이 정해졌나 보더라.
A : 아~ 그래요? 부장님도 저렇게 웃으실 수 있구나~.
B : 얼마나 기쁘면 그럴까.

17

A : The project, it hasn't been decided yet?
B : That's right. The initial plan has been put on hold.
A : Things have gotten complicated somehow, haven't they?
B : Yeah. If one is happy, the other isn't, and vice versa.
A : Well, you might as well start all over, how about that?
B : As much as I'd like to do it, it's just not possible.

A : 那个项目，还没定下来吗？
B : 是说啊！当初那个计划被搁置了呢。
A : 怎么好像事情被搞复杂了啊？
B : 是啊。顾得了这边就顾不了那边……
A : 干脆从头再来呢？
B : 我们倒是也想啊～

A : 그 프로젝트 아직 안 정해진 거야?
B : 어. 당초 계획이 보류되어버려 가지고….
A : 뭔가 이야기가 꼬인 것 같지 않아?
B : 맞아. 이쪽을 잡아 놓으면 저쪽이 안 잡히고.
A : 아예 처음부터 다시 하는 게 낫지 않아?
B : 그러고 싶은 마음은 굴뚝같은데~.

18

A : What's the matter? You've been watching the clock and seem very restless.
B : Yeah. To tell you the truth, my wife is in the hospital and she called me a little while ago to tell me her labor pains have started.
A : Oh really? In that case, forget about your work and go to your wife right away.
B : Yeah, I'd like to do that, but there is a meeting I can't skip in a little while.
A : We will manage somehow. There are only so many of these moments in our lives.
B : Well... You're right. Well, I'm going to tell the manager.

A : 你怎么了？从刚才开始就一直在看时间，静不下来的样子。
B : 嗯。其实，刚才我妻子从医院打了个电话过来，说开始阵痛了。
A : 诶，真的吗？那别工作了，赶紧地去你妻子那里吧。
B : 嗯，我也想啊，但是之后有个怎么都不能缺席的会议……
A : 这总有办法的啦。这样的事一辈子可没几次啊。
B : 唔……确实。那，我去跟课长说一声。

A : 왜 그래? 아까부터 시계만 쳐다보고 정신 없게.
B : 응. 실은 아까 병원에 있는 와이프한테서 연락이 왔는데 진통이 시작됐대.
A : 어? 진짜? 그럼 일은 놔 두고 얼른 와이프한테 빨리 가.
B : 어. 그러고 싶은데 조금 있다가 꼭 참석해야 하는 회의가 있어서….
A : 그런 거 따지지 말고. 평생에 몇 번 없는 일이잖아.
B : 음… 맞아. 그럼 과장님한테 말씀드리고 올게.

19

A : You know Mr.Yamada, he's not very sociable, even if you invite him, he's never shown up to a drinking party.
B : I know. He thinks nothing of turning down the boss's invitations for golf, too.
A : Oh, however good at work he is, that's just...
B : That's right. After all, human relationships are important, right?
A : Yeah. Especially as that impacts work in the organization, right? Mr. Yamada won't get promoted if his supervisor doesn't like him.
B : I see. Well, I'd better be careful, too.

A : 山田这个人，邀请他去酒会他也绝对不会来，真的是不会跟人相处啊。
B : 嗯。连部长邀请他去打高尔夫都能若无其事地拒绝掉。
A : 哦？就算他干活儿再能干这样也……对吧？
B : 是啊，果然人际关系还是很重要的。
A : 嗯。尤其是这种组织内的工作，这种也会有影响的吧？山田在上司那里也不讨喜，想出人头地，怕也是难了吧……
B : 原来如此。那，我也得留意着点才行。

A : 야마다 상은 술자리에 초대해도 온적도 없고 사교성이 없는 것 같아.
B : 응. 부장님이 골프 치러 가자 해도 예사로 거절한대.
A : 어휴, 아무리 일을 잘해도 그래 가지고는….
B : 그러게. 역시 인간관계가 중요하잖아.
A : 응. 특히 조직에서는 그런 게 영향을 끼치잖아. 야마다 상도 상사한테 밉보이면 출세길도 끊길텐데.
B : 맞다. 그럼 나도 조심해야지.

20 A ： 山川さん、転職って考えてる？
  B ： うん。最近、転職活動始めたところ。
  A ： そうなんだ。どういう業界に転職しようと思ってるの？
  B ： 思い切って別の業界に転職してみようと思ってるんだ。
  A ： へ〜勇気あるね。私もまじめに考えてみようかな。
  B ： 今いいタイミングかもね。

21 A ： 次回の報告会だけど、10月頃にやろうと思うんだけど…。どう思う？
  B ： 10月ね…。
  A ： 新入社員のモチベーションを上げる機会になると思うんだよね。ちょうど今回
      と2カ月離れてるし。
  B ： そうだね。9月は中間決算が控えているから、10月頃が確かにいいかもね。
  A ： じゃ、そういうことで。具体的な日時は、またいくつか候補日を挙げるから、
      そこから考えよう。
  B ： そうだな。とりあえず、10月予定とだけ知らせておこう。メールしとくよ。

22 A ： 次回の全体でのオンライン会議、来週の火曜日か水曜日あたりでどうですか？
  B ： どちらかというと14日の方が都合がいいですね。
  A ： 14日の火曜日ですね。わかりました。
  B ： じゃ、14日の2時〜3時ということで。
  A ： はい、じゃ、メール流しときます。
  B ： お願いします。それから、今年度の経費、概算でいいので出しといてください。
  A ： わかりました。今日中にやっときます。

20

A : Are you thinking of changing jobs, Mr. Yamakawa?
B : Yes. Lately I've started to look for another job.
A : I see. In what industry are you looking for a job?
B : I'm thinking of trying a completely different industry to find a job.
A : Wow, you are courageous. Perhaps I should think about it seriously, though.
B : Now may be the right timing.

A : 山川，你在考虑换工作吗?
B : 嗯，最近刚开始找工作。
A : 这样啊。你打算换到哪个行业啊?
B : 我想干脆换个别的行业。
A : 哇～真有勇气。我要不也认真考虑看看。
B : 现在或许是个好时机。

A : 야마카와 상, 이직 고려중이야?
B : 응. 얼마 전부터 준비 시작했어.
A : 그렇구나. 어떤 업계로 가려고?
B : 완전히 다른 업계로 가려고.
A : 용감하네. 나도 진지하게 생각해 볼까.
B : 지금 좋은 타이밍인 것 같아.

21

A : We are thinking of holding the next report meeting around October... What do you think?
B : October...
A : I think it will be a good opportunity to increase the motivation of new employees. That makes it exactly 2 months from this time.
B : You're right. We have the midterm earnings in September, so it's really a good idea to have it around October.
A : Well, then it's decided. Let's think about the specific date and time based on some possible dates I come up with.
B : Sounds good. For now, let's inform everyone it will be scheduled in October. I'll send an e-mail.

A : 下次报告会，我们打算在10月份左右开，你怎么看?
B : 10月啊……
A : 想着也是个强化新员工工作机的机会，也刚好和这次隔了两个月。
B : 是啊，9月中旬有中期结算，10月确实挺合适的。
A : 那，就这么办吧。具体时间的话，到时候挑几个候选日期出来从里面挑吧。
B : 是啊。总之，先通知一下大家是10月吧。我会发邮件的。

A : 다음 보고회는 10월경에 하려고 하는데…. 어때?
B : 10월이라….
A : 시입사원들 동기부여할 기회도 될 것 같아서. 2개월 뒤니까 말야.
B : 그래. 9월은 중간결산이 있으니까 10월쯤이 좋을 것 같아.
A : 그럼 그렇게 하자. 구체적인 날짜는 몇 개 후보를 말해줄테니까 그 때 정하자.
B : 알았어. 그래도 10월이라는 것만 먼저 알려주자. 내가 메일 보낼게.

22

A : For the date of the next general online meeting, how is Tuesday or Wednesday next week?
B : The 14th is more convenient for me if I have a choice.
A : Tuesday, the 14th. I got it.
B : Then, 2 to 3 o'clock on the 14th.
A : Yes. I'll send out an email.
B : Please do that. Also, please prepare the expenses of the current year, a ballpark figure should do.
A : Certainly. I'll do that by the end of the day today.

A : 下次线上集体会议放在下周二或者周三那几天怎么样?
B : 硬要说的话，14日会合适一点。
A : 14日星期二对吧? 我知道了。
B : 那，就定14日的2点到3点。
A : 好的，那我发邮件了。
B : 麻烦了。然后，今年的经费，是个大概的数字也没关系，先理出来。
A : 明白了。我今天就做出来。

A : 다음 번 전체 온라인 회의는 다음 주 화요일이나 수요일쯤이 어떠세요?
B : 둘 중에서는 14일이 시간 괜찮은 것 같아요.
A : 14일 화요일이요. 알겠습니다.
B : 그럼 , 14일 2시~3시로 하죠.
A : 네. 그럼 메일 돌리겠습니다.
B : 부탁해요. 그리고 이번년도 경비 말인데, 대략이라도 괜찮으니까 제출해 주세요.
A : 알겠습니다. 오늘 중에 해 놓겠습니다.

① 凹む
へこ

落ち込むことです。	To get depressed.	即失落沮丧。	기분이 다운되다, 우울하다는 말입니다.

② 代引き
だい び

「代金引き換え」の略語です。通信販売などで、荷物が家に届いたときに代金を払うことです。代引きにすると、手数料がかかることもあります。	An abbreviation of "代金引き換え (COD, cash on delivery)." When a package bought via mail-order, etc., is delivered at home, the recipient pays the price. Paying with cash on delivery may incur handling fees.	是"代金引き換え"的略称。指线上购物等，货送到家之后再付钱。选择货到付款的话，有时会花费一些手续费。	"代金引き換え"의 줄임말입니다. 인터넷 쇼핑에서 배송을 받고 택배기사에게 결제하는 방식입니다. 수수료가 발생합니다.

③ 遅番
おそばん

ビジネス用語で、シフト制の勤務の際に、遅い時間から仕事をすることです。「早番」「中番」「遅番」があります。	This business term refers to starting working late under a shift work system. There are "早番 (early)," "中番 (middle)" and "遅番 (late)" shifts.	是商务用语，即在排班制的工作中，从较晚的时间开始上班。分别有"早番（早班）"、"中番（中班）"、"遅番（晚班）"。	비즈니스 용어로 출근 시간이 일정하지 않을 때 늦은 시간부터 일을 시작하는 것입니다. "早番", "中番", "遅番" 이 있습니다.

④ 割に合わない
わり

労力の割には結果が伴わないことです。	This means the results are not commensurate with the amount of work put into it.	所得的结果与付出的劳力不匹配。	들인 노력에 비해 결과가 따라주지 않는 것을 가리킵니다.

⑤ リモート会議
かい ぎ

遠隔地同士で、オンライン上での会議をすることです。	This refers to having a meeting online of people in separate areas.	指相隔甚远的人们在线上开会。	온라인으로 하는 회의를 말합니다.

⑥ 本命
ほんめい

2月14日のバレンタインデーに女性から男性にチョコレートを贈る習慣があります。女性が好きな男性に贈るチョコレートは「本命チョコ」と言います。	It is a custom in Japan for a women to give chocolates to men on February 14th. The chocolate a woman gives to a man she really likes is called "本命チョコ (chocolate for love of her life)."	2月14日的情人节有女性给男性送巧克力的习俗。女生给喜欢的男生送的巧克力就叫"本命チョコ (本命巧克力)"。	발렌타인 데이 때 좋아하는 남자에게 주는 초컬릿을 "本命チョコ" 라고 합니다.

⑦ 義理チョコ
ぎ り

バレンタインデーに会社の上司など日頃の付き合いのために儀礼的に男性に贈るものを「義理チョコ」と呼びます。	The chocolate given to men, such as supervisors or work colleagues as a courtesy and to maintain smooth interactions on Valentine's Day is called "義理チョコ (obligatory obligatory chocolate)."	在情人节，为了平时能跟公司的上司等打好关系而礼节性地赠送给男性的巧克力就叫"義理チョコ (人情巧克力)"。	발렌타인 데이 때 회사 상사 등 평소 알고 지내는 남자들에게 예의상 주는 초콜릿을 말합니다.

⑧ありがた迷惑
めいわく

誰かに何かをしてもらっても、受ける側が嬉しく感じない状況のことです。

This is when someone does something nice, but the recipient isn't happy about it.

指某人为自己做了某事，作为受惠方却高兴不起来。

친절을 베풀었는데 받는 사람은 달가워하지 않는 상황을 말합니다.

⑨調子わる〜
ちょうし

「調子が悪い」という意味のカジュアルな言い方です。

It's a casual way of saying "調子が悪い (I don't feel well)."

"调子が悪い（状态不好）"的更通俗随意的说法。

"調子が悪い"의 격식 없는 말투입니다.

⑩踏んだり蹴ったり
ふ　　け

続けてひどい目にあうという意味です。

This means going through one bad thing after another.

意思是连续遭受各种伤害。

연속으로 안 좋은 일을 당한다는 뜻입니다.

⑪俺的には
おれてき

俺個人的にはという意味です。「私的には」「〇〇さん的には」などとも言います。

This means how one oneself feels or thinks. Sometimes it's used as "私的には" or "〇〇さん的には."

意思是我个人的话怎么怎么。也会说"私的には（我个人的话）""〇〇さん的には（〇〇的话）"。

'나 개인적으로는' 이라는 뜻입니다. "私的には", "〇〇さん的には" 라고도 합니다.

⑫朝一
あさいち

朝、出勤して最初にすることです。

Refers to the first thing in the morning after arriving at the workplace.

即早上上班后首先要做的事。

아침에 출근해서 처음으로 하는 일입니다.

⑬人間ドック
にんげん

健康をチェックするために行う、全身の検査のことです。毎年受ける人もいます。

This is a comprehensive checkup to screen one's health. Some people do this every year.

为了确认是否健康而进行的全身检查。也有人每年都体检。

건강상태를 체크하기 위해 전신을 검사하는 것입니다. 매년 받는 사람도 있습니다.

⑭ショボショボ

目が疲れたり、年老いたりして、目をしっかりと開けていられなくて、何度もまばたきをしてしまう様子を表します。

This is a condition in which a person blinks frequently as they have difficulty keeping their eyes open wide, due to fatigue or aging.

指因眼睛疲劳，年龄增长等，眼睛不能完全张开，忍不住频繁眨眼的样子。

눈이 피로하거나 나이를 먹어서 눈을 제대로 뜰 수 없어 몇 번이나 깜빡이는 모습을 나타냅니다.

⑮ギクシャクする

コミュニケーションがぎこちない様子を表します。

This refers to when communication is out of sync.

形容交流不顺畅互相不对付的样子。

소통이 잘 되지 않는 모습을 나타냅니다.

⑯ 身から出た錆

自分の悪い行動の結果として自分自身が苦しむ、ということわざです。

This saying means one suffers the result of one's own bad acts.

俗语，指有自己的所作所为导致的恶果，使自己受苦。

나쁜 행동을 한 결과로 자기가 괴로워한다는 뜻의 속담입니다.

⑰ ネチネチ

話し方や性格があっさりとしていなくて、しつこく何度も言ったりする様子を表します。

This describes when a person repeats things constantly, as his/her way of speaking or his/her personality is not easy-going.

指说话或者性格不爽快，缠着人来来回回重复说的样子。

화법이나 성격이 깔끔하지 않고 질질 끌면서 몇 번이나 같은 말을 하는 모습을 나타냅니다.

⑱ タラタラ

嫌味、文句、愚痴などをいつまでも言う様子を表します。

This refers to always going on and on grumbling, complaining or being sarcastic.

形容不满，抱怨，意见等一直说个不停的样子。

비꼼, 욕, 불평 같은 걸 계속 말하는 모습을 나타냅니다.

⑲ 右から左へ受け流す

言われたことを受け止めずに、聞き流すということです。

This refers to letting things go in one ear and out the other.

别人说的话不要往心里去，听过就算了的意思。

들은 것을 마음에 담아 두지 않고 흘려 보낸다는 말입니다.

⑳ 一筋縄じゃいかない

一筋縄は一本の縄のことで、普通の手段や方法のことを意味します。つまり、相手や目標が普通のやり方ではうまくいかないほど手強いという意味です。

一筋縄 (hitosujinawa) is a piece of rope, and it means the normal means or way to do things. In other words, it means the other person is so tough that the normal way of handling or achieving things doesn't work.

一股绳就是一根绳子，指平常的手段或者方法。即，对手很强或者目标难度很大，按普通的做法是无法击败或达成的意思。

평범한 수단이나 방법으로는 상대할 수 없을 정도로 만만하지 않다는 뜻입니다.

㉑ 穴があったら入りたい

恥ずかしくてどこかに隠れてしまいたい気持ちを表すことわざです。

This saying describes embarrassment which makes a person want to hide away.

表示太羞耻了以至于想找个地方躲起来的心情。

창피해서 어딘가에 숨어버리고 싶다는 감정을 나타내는 속담입니다.

㉒ バレバレ

本人は隠しているつもりですが、誰が見てもすぐわかってしまうという様子を表します。

The person in question thinks that s/he is hiding things well, but the fact is that anyone can see what's going on.

形容当事人自以为能掩盖起来，其实所有人一看就都知道是怎么回事。

본인은 숨기려고 하는데 누가 봐도 알 수 있는 모습을 나타냅니다.

㉓ ガンガン

大きい声でやかましくしゃべる様子を表します。

This describes talking noisily in a loud voice.

形容大声地聒噪地说话的样子。

큰소리로 시끄럽게 이야기하는 모습을 나타냅니다.

㉔ やけ酒 (さけ)

嫌なことがあって、何もかもがどうでもいい、忘れたいという気持ちで飲むお酒のことです。

When something bad happens and a person feels like whatever, they drink sake to forget about it all.

指有不开心的事，想什么都不管，忘掉一切时候喝的酒。

기분 나쁜 일이 있어서 잊어버리고 싶다는 마음으로 마시는 술을 가리킵니다.

㉕ 前倒し (まえだお)

時期を早めて取り組むことです。

This refers to grappling with it when a schedule is moved forward.

指提前着手。

시기를 앞당겨서 하는 것입니다.

㉖ 物事を斜めに見る (ものごと) (なな)

物事について考えるとき、素直な気持ちではなく、皮肉な視点で考えることです。例えば、ほかの人が真面目に頑張っているのを見ても、何か悪い目的があるのではないかなどと疑ったりする見方をすることです。

This refers to when thinking about something, a person does not do so honestly, but with a sarcastic point of view. For example, even though seeing other people working diligently, s/he takes the point of view that questions if these people have a some kind of a bad agenda.

指在考虑事物的时候，态度不坦诚，从讽刺的观点思考。比如，尽管在别人看来某人是在认真地努力，但这个人就会怀疑这个某人是不是有什么不好的目的。

사물에 볼 때, 있는 그대로가 아닌 비꼬아서 생각하는 것입니다. 예를 들면 다른 사람이 진지한 태도로 열심히 하는 모습을 보고도 뭔가 다른 목적이 있지 않을까 의심하는 시선입니다.

㉗ 口を酸っぱくして言う (くち) (す)

アドバイスや注意などを相手に聞いてもらうために、何度も言うことです。「こんなに言ってるのに、聞いてくれない」という話し手の不満の気持ちが含まれています。

This refers to repeatedly giving advice or pointers to get other people to listen. This includes the unsatisfactory feeling for the speaker of "I said this many times, but they do not listen."

指为了让对方能听进去意见和提醒，说好几次。也包含了说话人不满的情绪，意思是"都已经说了那么多次了还是听不进去"。

조언이나 충고를 몇 번이나 말하는 것입니다. '이렇게 말하는데 안 듣는다' 라는 말하는 사람의 불만이 담겨 있습니다.

㉘ 人の振り見て我が振り直せ (ひと) (ふ) (み) (わ) (なお)

他人の行動を見て、良いところは見習い、悪いところは改めなさいという意味のことわざです。

This saying means you can better yourself by observing others or learn wisdom from the follies of others.

一句俗语，指看到他人的所作所为，学习他人的长处，改正自己不好的地方的意思。

타인의 행동을 보고 좋은 점은 배우고 나쁜 점은 고친다는 뜻의 속담입니다.

㉙ やまやま

ぜひそうしたいと思っていますが、実際はできないという意味です。	This means when one would really like to do something, but it's not actually possible.	意思是非常想这样，但实际上却不能这样。	마음은 그렇게 하고 싶은데 실제로는 할 수 없다는 뜻입니다.

㉚ ままならない

思い通りにならないということです。	It means things do not go as one wishes.	是事情不能像想象的那样。	생각대로 안된다는 말입니다.

Unit
6

■上司や部下との会話
じょうし　ぶか

Conversations with supervisors or subordinates
与上司和下属的对话
상사,부하와의 회화

上司や部下との会話を練習します。上司には敬語、部下には丁寧体
じょうし　ぶか　　　　　　　　　　　れんしゅう　　　　じょうし　　けいご　ぶか　　　ていねいたい
（です ます 体）で、それぞれ相手の立場を考えて話しましょう。
たい　　　　　　　　　　あいて

This unit lets you practice conversations with supervisors or
subordinates. Use keigo (honorific expressions) for your super-
visor and polite expressions (です/ます style) to your subordi-
nate, bearing in mind the status of each person.

本单元将练习与上司和下属的对话。对上司用敬语,对部下用丁宁体（で
すます体）。说话时需考虑到对方的立场。

상사,부하와의 대화를 연습합니다.상사에게는 경어,부하에게는 정중체(です/ま
す）를 쓰면서 상대방의 입장을 생각하면서 말해 봅시다.

◎副詞的な表現 Adverbial expressions 副词形式的用法 / 부사적 표현	微 力 ながら、折り入って、てっきり、 びりょく　　　　　お　い 早 急 に そうきゅう
◎ビジネス用語 Vocabulary for business 商务用语 / 비즈니스 용어	午後一、販 促 用、相見積もり、昇 進、 ごごいち　はんそくよう　あいみつ　　しょうしん 社外秘 しゃがいひ
◎敬語 Keigo (honorific expressions) 敬语 / 경어	お越しになる、ご一緒する こ　　　　　　　　　いっしょ
◎慣用句 Idioms / 惯用句 / 관용구	外面がいい、全 力 を尽くす、 そとづら　　　　ぜんりょく　つ 一刻を 争 う いっこく　あらそ
◎カタカナ語 Katakana words 片假名词 / 가타카나 단어	ズーム、リモート、テレワーク

145

1 A ： 3時までに会議の資料を提出してください。
かいぎ　　しりょう　ていしゅつ

B ： はい、了解しました。
りょうかい

A ： 簡潔にまとめてくださいね。
かんけつ

B ： はい、わかりました。

2 A ： あれ、今日、中本さんも福田さんもお休み？
なかもと　　ふくだ

B ： 中本さんは発熱、福田さんは遅番¹です。
なかもと　　はつねつ　ふくだ　　おそばん

A ： 発熱？　そうなんだ。
はつねつ

B ： 昨日、咳してたから悪化したのかもしれませんね。
きのう　せき　　　　　　あっか

3 A ： 人身事故で電車が止まってるみたいですよ。
じんしんじこ

B ： え～、あと30分で着かなくちゃいけないのに、それじゃ2時に着かないよ。

A ： 地下鉄で振替輸送²をしているようですよ。時間かかっちゃいますが、それで
ちかてつ　ふりかえゆそう

行きましょうか。

B ： うーん、それしかないね。先方にその旨すぐに連絡して。
むね　　れんらく

4 A ： 今日から8月だね。奥さんの出産も近いんじゃない？
おく　　しゅっさん

B ： はい。今月の14日、出産予定日なんです。
しゅっさんよていび

A ： あ、そう。奥さん暑いのに大変だね。木村さん立ち会うの？
あつ　　たいへん　　きむら

B ： ええ、できれば。予定日の前後はお休みをいただいてるんです。

5 A ： あ～、出張旅費の申請書、書くの忘れてた。
しゅっちょうりょひ　しんせいしょ　　わす

B ： 良かったら、私が書いときましょうか？
よ

A ： 悪いね、頼むよ。ついでに経理課にまわしといてくれないか。
たの　　　　　けいりか

B ： 承知しました。他にも何かありますか？
しょうち　　ほか

6 A ： 部長、この度はご愁傷様³でした。
ぶちょう　　たび　　しゅうしょうさま

B ： あー、グエンさん、ありがとう。いろいろ対応してもらって助かったよ。
たいおう　　たす

A ： いえ、とんでもないです。どうぞ、お力落としのないように。
ちからお

B ： うん。まあ、享年95歳だからね。大往生⁴だよ。
きょうねん　さい　　だいおうじょう

146

上司や部下との会話 (注)➡p.164
じょうし ぶか

1

A : Please submit the documents for the meeting by 3 PM.
B : Yes, I understand.

A : Please make it concise.

B : Yes, I understand.

A : 请在3点前把会议资料交上来。
B : 好的，我知道了。

A : 麻烦总结得简洁一点哦。

B : 好的，明白了。

A : 3시까지 회의자료를 제출해 주세요.
B : 네, 알겠습니다.

A : 간결하게 정리 부탁해요.

B : 네, 알겠습니다.

2

A : Hey, are both Mr. Nakamoto and Ms. Fukuda out today?
B : Mr. Nakamoto has a fever and Ms. Fukuda is on the late shift.
A : A fever? Is that right?

B : He was coughing yesterday and maybe it got worse.

A : 咦？今天中本和福田都休息吗？
B : 中本发烧了，福田今天是晚班。
A : 发烧？这样啊。

B : 昨天中本就在咳嗽，说不定是恶化了。

A : 어? 오늘 나카모토 상하고 후쿠다 상도 쉬어?
B : 나카모토 상은 열이 난다고 후쿠다 상은 오후 출근이에요.
A : 열? 그렇군.

B : 어제 기침 하더니 그것 때문일지도 몰라.

3

A : It seems like the train has stopped due to an accident.
B : Oh, no, I'm supposed to be there in 30 minutes, but I won't make it by 2.
A : It seems they're offering substitute transport on the subway. It will take longer, but shall we take it?
B : Okay--that's the only way. Let the other company know that right away.

A : 好像电车因为人身事故停下了。
B : 诶～，可我们必须在30分钟内赶到啊，这样的话2点到不了啊！
A : 好像可以换地铁。虽然会多花点时间，但还是走吧？
B : 嗯……只能这样了。先把情况告诉一下对方吧。

A : 투신 사고로 전차가 멈춘 것 같아요.
B : 이런, 30분 안에 도착해야 하는데 이래 가지고는 2시에 도착 못하는데.
A : 지하철에서 대체수송을 해주는 것 같아요. 시간이 걸려도 그렇게 갈까요?
B : 음…. 그거 밖에 없겠네. 거래처에는 좀 늦는다고 연락해 줘요.

4

A : It's August from today. Isn't your wife due soon?
B : Yes. Her delivery date is the 14th this month.
A : Oh, I see. The heat is going to be brutal for your wife, huh. Are you going to be there Mr. Kimura?
B : Yes, if I can. I'm taking the day off the day before and after her due date.

A : 从今天开始就是8月了呢。快到你家夫人的预产期了吧？
B : 是的，预产期是这个月的14日。
A : 啊，这样啊。大热天的，夫人真不容易啊。木村你会去陪着吗？
B : 是的，可能的话。我已经在预产期前后请好假了。

A : 오늘부터 8월이네. 와이프 출산이 곧 아니야?
B : 네. 이번 달 14일이 예정일이에요.
A : 그렇군. 날도 더운데 와이프가 고생이 많겠어. 기무라 상도 분만실에 들어가?
B : 네. 가능하면요. 예정일 전후로 휴가 받으려고요.

5

A : Oh, I forgot to fill out the application for my travel expenses.
B : If you like, I can fill it in for you.

A : Really, that'd be great. While you're at it, can you pass it on to accounting?
B : Sure. Is there anything else?

A : 啊～出差费用的申请书，我忘记写了。
B : 需要的话，我帮你写吧？

A : 对不住，拜托了。能不能在顺遍帮我去趟财务？
B : 好的。其他还有什么事吗？

A : 참, 출장비 신청서 쓰는 걸 잊어버렸어.
B : 제가 써 둘까요?

A : 미안, 부탁 좀 할게. 하는 김에 경리과에 내 주겠나.
B : 알겠습니다. 다른 것도 있으세요?

6

A : Say, boss, I'm sorry about your loss.

B : Oh, thank you, Mr. Nguyen. You've been a great help to me.
A : No problem. Please take care.

B : Yeah. Well, she was 95 years old, you know. It was a peaceful death.

A : 部长，真的是太令人难过了。

B : 啊，阮，谢谢。幸好有你帮忙处理了那么多事。
A : 没有没有。还请您，节哀啊。

B : 嗯，不过，享年95岁，也算是寿终正寝了。

A : 부장님, 상심이 크시겠어요.

B : 아～ 구엔 상, 고마워. 대처를 잘 해줘서 덕분에 고마웠어.
A : 무슨 말씀이세요. 너무 낙담하지 마시고요.

B : 응. 아흔 다섯 살이셨거든. 편안하게 가셨을 거야.

section ❶ 中級 49

7 A : 山田さん、今週の定例ミーティングで改善案を出す番だったね？
　　　　　やまだ　　　　　　　てい れい　　　　　　　　かいぜんあん　　　　ばん
　 B : はい。Zoom会議 [5] の効率化について提案する予定です。
　　　　　　　　　かい ぎ　　　　こうりつ か　　　　　　　　　　　よ てい
　 A : あ、そう、いいね。今、ちょっと効率悪いもんね。
　　　　　　　　　　　　　　　　　　　　　こうりつ
　 B : はい、時間管理をもう少し徹底させる方法を考えてみたんです。
　　　　　　　じ かんかん り　　　　　　　てっ てい　　　　ほうほう

8 A : あれ？　鈴木さん、今日は休み？
　　　　　　　　　すず き
　 B : はい。ワクチンの副反応がひどいそうで、今日は休むそうです。
　　　　　　　　　　　　　ふくはんのう
　 A : へー、若いと副反応がひどいって、やっぱり本当なんだ。
　　　　　わか　　　　ふくはんのう　　　　　　　　　　　ほんとう
　 B : あ、個人差があるみたいですよ。私なんて何ともなかったし…。
　　　　　こ じん さ

9 A : 部長、今日は午後一 [6] で避難訓練ですので、よろしくお願いします。
　　　　　ぶ ちょう　　　　ご ご いち　　　ひ なんくんれん　　　　　　　　　　　ねが
　 B : 了解。午後1時、アナウンスがあったら避難だね。
　　　　　りょうかい　　　　　　　　　　　　　　　　ひ なん
　 A : はい。雨ですが、予定通り実施します。
　　　　　　　　　　　　よ てい　　じっ し
　 B : うん、全員出社ということで今日に設定したんだからね。
　　　　　　　　ぜんいん　　　　　　　　　　　せっ てい

10 A : では、新規プロジェクトに関するミーティングを始めます。
　　　　　しん き　　　　　　　　かん
　　 B : あのー、川村さん、今日は在宅 [7] なんですが、Wi-Fiが不安定だそうで…。
　　　　　　　かわむら　　　　　　ざいたく　　　　　　ワイファイ　　ふ あんてい
　　 A : 了解です。では、先に始めてましょう。
　　　　　りょうかい
　　 B : 今、PCの再起動中だそうです。
　　　　　　　　　　さい き どうちゅう

11 （レストランで）
　　 A : 店長、5名様で予約が入ってるんですが…、ご一緒の席をご希望です。
　　　　　　　　　さま　よやく　　　　　　　　　　　いっしょ　せき　き ぼう
　　 B : 2テーブルに分かれる旨、お伝えしてください。
　　　　　ふた　　　　　　わ　　　むね　　つた
　　 A : はい、お伝えしたんですが、どうしてもとおっしゃってます。
　　　　　　　　つた
　　 B : 感染対策上無理であることを伝えて、決めていただいてください。
　　　　　かんせんたいさくじょう む り　　　　　　　　　　　　き

12 A : すみません。送り状を書いたんですが、チェックしていただけますか？
　　　　　　　　　　おく　じょう
　　 B : いいですよ。うん、これでいいと思います。良くできてますよ。
　　　　　　　　　　　　　　　　　　　　　　　　よ
　　 A : ありがとうございます。テンプレートがあるので助かります。
　　　　　　　　　　　　　　　　　　　　　　　　　　たす
　　 B : そうですね。でも、数字とか細かいところは必ず確認してくださいね。
　　　　　　　　　　　　　すう じ　　こま　　　　　　かなら　かくにん

上司や部下との会話 注➡p.164
じょうし　ぶか

7

A : Ms. Yamada, wasn't it your turn to make a proposal for improvements at our weekly meeting?

B : Yes. I plan to make a proposal on making Zoom meetings more efficient.

A : Oh, I see, that's great. It's a bit inefficient now isn't it.

B : Yes, I've been thinking of a way to make time management a bit more consistent.

A : 山田，这个星期的例会轮到你给改善方案了啊？

B : 是的。我准备提点关于提高Zoom会议的效率的方案。

A : 啊，这样，不错啊。现在效率是有点低。

B : 是的，我也想了把时间管理做得更彻底一点的方法。

A : 야마다 상, 이번주 미팅에서 개선안 제시할 차례지?

B : 네. Zoom회의의 효율화에 대해 제안 예정입니다.

A : 아, 그래, 괜찮네. 지금 효율이 별로 좋아.

B : 네. 시간관리를 좀 더 철저하게 할 수 있는 방안을 생각해 봤습니다.

8

A : What the…? Is Ms. Suzuki out today?

B : Yes. It seems like she had a bad reaction to the vaccine, so she's taking today off.

A : So, it really is true that younger people have a harsher reaction.

B : Ah, but there seem to be individual differences. It didn't affect me at all...

A : 咦？铃木今天休息?

B : 是的。好像是打了疫苗副作用挺严重的，今天就休息了。

A : 这样啊，都说越年轻副作用越明显，果然是真的啊。

B : 啊，不过好像还是有个体差异的，我就什么反应都没有……

A : 어? 스즈키 상은 오늘 쉬어?

B : 네. 백신 부작용이 심하다고 쉰다고 합니다.

A : 음~ 젊으면 부작용이 심하다고 하더니 진짜구나.

B : 아, 개인차가 있는 것 같아요. 저는 없었거든요.

9

A : Boss, we have an evacuation drill first thing after lunch.

B : OK. When the announcement comes at 1 PM, we'll evacuate.

A : Yes. It's raining, but they'll hold it as scheduled.

B : Yeah, we set it for today because everyone's at work.

A : 部长，今天下午一开始有个应急演练，麻烦您了。

B : 明白了。下午1点，有广播了就出去避难对吧。

A : 是的，虽然在下雨，但还是按计划实行。

B : 嗯，本来就是因为今天所有人都来公司上班才定的今天嘛。

A : 부장님, 오늘은 점심 후에 바로 피난훈련이 있으니가 잘 부탁 드립니다.

B : 알았어. 오후 1시에 방송이 나오면 피난 하는 거 맞지?

A : 네. 비가 오긴 하지만 예정대로 실시할 겁니다.

B : 응. 전 직원이 출근한다고 해서 오늘로 잡은 거니까.

10

A : OK, so let's start the meeting about the new project.

B : Umm, Mr. Kawamura is working from home today, but he said that the Wi-Fi isn't stable...

A : I understand. Then, we'll get started without him.

B : It seems like he's rebooting his computer.

A : 那么，关于新项目的会议，开始。

B : 那个，川村今天在家上班，但是好像Wi-Fi不太稳定……

A : 知道了，那么我们就先开着。

B : 现在他的电脑好像正在重启。

A : 그럼 새 프로젝트에 관한 미팅을 시작하겠습니다.

B : 저기, 가와무라 상이 오늘 재택근무인데 와이파이가 불안정하다고….

A : 알겠습니다. 그럼 먼저 시작합시다.

B : 지금 재부팅중이라고 합니다.

11 (At a restaurant)

A : Boss, we have a reservation for five, but they want to sit together.

B : Please let them know they'll be separated on 2 tables.

A : Yes, I told them, but they are insisting.

B : Let them know it's not possible due to infection prevention and let them decide what they want to do.

(在餐厅)

A : 店长，刚收到一个5个人的预约，希望能坐在一起。

B : 你转告他们，会分成两桌。

A : 是的，我告诉他们了，但是他们说什么都要坐在一张桌子上。

B : 你告诉他们这是防疫政策规定的没办法，还请他们做个决定。

(레스토랑에서)

A : 매니저님, 5명 예약이 들어와 있는데 같은 자리로 해달라시는데요.

B : 테이블이 두 개로 나눠진다고 말해주세요.

A : 네, 말씀 드렸는데 꼭 같이 앉고 싶다고 하셔서요.

B : 감염관상 불가하다고 하고 그 점을 고려해서 예약해 달라고 하세요.

12

A : Excuse me. I wrote out the invoice, but I wonder if you could check it.

B : Yes, sure. Hmm, I think it looks fine. You did a good job.

A : Thank you. The template really helps.

B : That's true. But be sure to check the numbers and other details.

A : 打扰一下，我送货单已经写好了，您能帮忙看一下吗？

B : 可以啊。嗯，这样就行了。做得不错哦。

A : 谢谢。幸好有模板。

B : 是啊，不过数字这些细微的地方必须好好确认哦。

A : 저기, 송장을 썼는데 확인 좀 부탁드려도 될까요?

B : 네. 이렇게 쓰면 될 것 같아요. 잘 쓰셨네요.

A : 고맙습니다. 템플릿이 있어서 다행이었어요.

B : 템플릿이 있어도 숫자나 세세한 부분은 꼭 확인 해주세요.

⒀ A : 何書いてるんだ？

B : スピーチの原稿なんです。結婚式の二次会でスピーチ頼まれちゃって。

A : あ、吉岡君の？　今週末だったね、確か。

B : はい。余興[8]で歌、歌うぐらいにしたかったんですけどねー。

A : そういえば、最近はあんまり歌うってことないね。

B : そうですよね。ひと昔前[9]はカラオケ大会みたいなところがありましたけどね。

⒁ A : 高木君、沖縄出張どうだった？

B : はい、先方の部長ともお会いできて、いろいろお話を伺ってきました。

A : あ、そう。明日までに報告書出しといて。

B : はい、承知しました。

A : それと、来週の打ち合わせで検討しなきゃいけないことをいくつかピックアッ
プしといて。箇条書きで。

B : はい、わかりました。

⒂ A : 田中君、「ほうれんそう[10]」って知ってる？

B : ええ、あの野菜のほうれん草のことですよね。

A : 違う違う、会社で使う「ほうれんそう」だよ。

B : あ、「ほう」は「報告」、「れん」は「連絡」、「そう」は「相談」のことですね。

A : わかってるんだったら、いつもそのようにしてほしいもんだね。

B : あっ、すみません。気をつけます。

⒃ A : この作業ペースじゃ、２日の納品は無理じゃないですか？

B : う～ん。でも、先方には大丈夫だって言っちゃったんだろ？

A : ええ、そうなんですけど…。

B : できるって言ったからにはやらないと。この先の信用に関わるからな。

A : ええ、それはわかるんですが、時間的にかなり厳しいかと…。

B : とにかく、作業日程見直してみようよ。

13

A : What are you writing?

B : It's a draft of a speech. I was asked to give a speech at the after party of a wedding.

A : Oh, Ms. Yoshioka's? That's this weekend, isn't it?

B : Yes. I was wanting to sing a song for entertainment.

A : Come to think of it, we don't sing much these days, do we.

B : I know. A long time ago there were events like karaoke contests, but nowadays...

14

A : Ms. Takagi, how was your business trip to Okinawa?

B : Well, I got to meet the manager of the company I was visiting and hear about a variety of things.

A : Oh, I see. Please submit your report by tomorrow.

B : Yes, I'll do that.

A : In addition, I'd like you to pick up a few things we need to discuss at the meeting next week. Write them in bullet points.

B : Yes, I understand.

15

A : Mr. Tanaka, do you know what "horenso" means?

B : Of course, you mean the vegetable spinach, right?

A : No, no, the "horenso" as it's used in a business context.

B : Oh, you mean "ho" being "hokoku" (report), "ren" being "renraku" (contact), and "so" being "sodan" (consult).

A : If you understand that, then I'd like you to do just that on a consistent basis.

B : Oh, I'm sorry. I'll be more careful.

16

A : At this work pace, delivering it in two days is out of the question, isn't it?

B : Yeah. But we told the client it would be fine, didn't we?

A : Uh, yes, we did, but...

B : We said we could do it, so we have to. It's a matter of trust for the future.

A : Yes, I understand that, but I'm afraid it'll be difficult in terms of time.

B : In any event, let's review the work schedule.

A：你在写什么?

B：在写演讲稿。说是让我在婚礼的二次酒会上演讲。

A：啊,吉冈的那个? 我记得是这个周末对吧。

B：是的,希望助兴环节有个唱歌什么的。

A：说起来,最近都没怎么唱歌了呢。

B：是说啊。放在以前,还有卡拉OK大会什么的呢。

A：高木,去冲绳出差怎么样?

B：噢,和那边的部长见了个面,聊了不少。

A：这样啊。明天之前把报告书交了啊。

B：好的,知道了。

A：还有,把那些在下周的会议上需要商讨一下的内容拎出来,分点列好。

B：好的,明白了。

A：田中,你知道"ほうれんそう"吗?

B：知道啊,就是那个蔬菜,菠菜吧。

A：不是不是,这是在公司里用的"ほうれんそう"啦。

B：啊,"ほう"是"報告(报告)","れん"是"連絡(联络)""そう"是"相談(商量)"对吧。

A：既然你知道,真希望你平时也能做到这样啊。

B：啊,对不起。我会注意的。

A：照这个干活儿的效率,2号交不了货吧?

B：唔……但是对方已经跟客户说了能交货了吧……

A：对,是的……但是……

B：既然说了能做到那就必须做到啊。这关系到我们将来的信用。

A：是啊,这个我知道,但是时间上实在是很紧张……

B：总之,再重新看一下工作日程安排吧。

A : 뭘 쓰고 있는 거야?

B : 축하인사 원고예요. 결혼식 2차 파티에서 축하인사를 부탁 받았거든요.

A : 아, 요시오카 군 거? 이번 주였지?

B : 네. 축하 퍼포먼스 때 노래나 부르고 싶었는데 말이죠….

A : 그러고 보니 요즘에는 그런 데서 노래도 잘 안 부르는 것 같아.

B : 맞아요. 옛날에는 노래방 대결 같은 것도 있었잖아요.

A : 다카기 군, 오키나와 출장은 어땠어?

B : 네, 그쪽 부장님하고도 만나서 이야기도 듣고 왔습니다.

A : 아, 그래. 내일까지 보고서 제출해 줘.

B : 네, 그렇게 하겠습니다.

A : 그리고 다음 주 미팅 때 검토해야 할 거 몇 개 뽑아 놓고. 요점만 개조식으로.

B : 네, 알겠습니다.

A : 다나카 군, '호렌소'라고 알아?

B : 네, 시금치(호렌소) 말씀이죠?

A : 그거 말고, 회사에서 쓰는 '호렌소' 말야.

B : 아, '호'는 '호코쿠(보고), '렌'은 '렌라쿠(연락), '소'는 '소단(상담) 말씀이시죠.

A : 알고 있으면 항상 그렇게 해 줬으면 좋겠어.

B : 아, 죄송합니다. 조심하겠습니다.

A : 이 작업 페이스로는 2일 납품은 무리 아니에요?

B : 음…. 그래도 납품처에는 할 수 있다고 했단 거잖아?

A : 네, 그건 그런데….

B : 할 수 있다고 했으면 해야지. 앞으로의 신용이 걸려 있으니까.

A : 네, 그건 저도 아는데 시간적으로 너무 빡빡하지 않나 해서요….

B : 아무튼 작업 일정 재조정 해보자고.

17 A ： 販促用[11]のパンフの印刷、何社からか相見積もり[12]取りましょうか。

B ： そうだね、頼むよ。

A ： 業者にも伝えて、意識し合ってもらったほうがいいですよね。

B ： うん。せっかく作るんだから、納得できるものにしないとな。

A ： はい、それはもちろんです。

B ： とりあえず、A印刷とB印刷は入れて、あと一社は新規にしてみるか。

18 A ： 課長、先ほど日本商事の佐々木部長からお電話がありました。

B ： 佐々木部長？　ついさっきまで電話で話してたんだけどなー。なんか用件言ってなかった？

A ： いいえ、特に何もおっしゃっていませんでした。

B ： じゃ、電話してみるか。

A ： あ、こちらから折り返しましょうかと言ったんですが、これから会議に入るのでとおっしゃっていました。

B ： あ、そう。じゃー、しかたないね。

19 A ： こんな状況じゃ、売り上げは落ち込む一方だな。

B ： 早急に打開策を考えないといけませんね。

A ： うちも通販[13]にもっと力を入れるか。

B ： そうですね。一度買ってもらえれば、その後、ずっと商品情報が送られますからね。

A ： だけど、靴はサイズが合えばいいってもんじゃないし、結構難しいよ。

B ： どんな足型にも合うデザインを考えればいいんですよ。発想の転換です。

20 A ： リモート飲み会[14]、楽しくやってるか？

B ： うーん、テレワーク[15]になった頃は面白がってやってましたけどね。

A ： なんだ、もうやってないのか。

B ： はい、一緒に飲んだり食べたりできないと、何となく…。

A ： まー、確かにリアル感に欠けるしな。

B ： ええ。いつになったら課のメンバーみんなで集まって飲めるんですかね。

17
A : Shall I get quotes from several companies for printing the promotional pamphlets?
B : Yes, please do.

A : Let the vendors know so they're aware of each other.
B : Yeah. Since we're going to the trouble of making them, we should get something we'll be happy with.
A : Yes, of course that's true.
B : For now, let's ask printers A and B, and let's try one more new company.

A：促销用的介绍册的印刷，多找几家看看报价吧？
B：是啊，拜托了。

A：这也告诉这些厂家一声，让他们互相有点意识比较好。
B：嗯，难得要做，必须得做个能满意的。
A：是的，那是当然。

B：总之，先算上A印刷厂和B印刷厂，其他再找一家新的看看吧。

A : 판촉용 팜플렛 인쇄는 몇 군데 연락해서 견적서 받아볼까요?
B : 그러자. 부탁해.

A : 업체들한테도 그렇게 전달해서 서로 경쟁시키는 것도 좋겠죠.
B : 그래. 이왕 만드는 거 성에 차게 해야지.
A : 그야 물론이죠.

B : 일단 A인쇄하고 B인쇄에 넣고, 나머지 하나는 새로운 곳으로 해볼까.

18
A : Boss, I just got a call from Ms. Sasaki, department manager at Nihon Shoji.
B : Ms. Sasaki? I was just talking with her on the phone. Did she say what she wanted?
A : No, she didn't mention anything particular.
B : Ok, shall I give her a call then?

A : Oh, I asked her if we should call her back, but she said she was about to go into a meeting.
B : Oh, I see. Well, there's nothing for it then.

A：课长，刚才日本商事的佐佐木部长打了电话过来。
B：佐佐木部长？刚刚还在电话里说呢。他说什么事了吗？
A：没，也没说什么特别的。

B：那，我打个电话过去吧。

A：啊，我跟他说了要不要我们一会儿回去，他说一会儿他要开会。
B：啊，这样。那，没办法了。

A : 과장님, 아까 니혼상사 사사키 부장님한테서 전화가 왔습니다.
B : 사사키 부장? 바로 방금 전까지 통화 했는데? 무슨 용건인지 말 안해?
A : 아뇨. 이렇게 말씀은 없으시던데요.

B : 그럼 전화해 볼까.

A : 아, 저희가 다시 갈까요 했더니 회의 들어가신다고 하셨어요.
B : 그래? 그럼 어쩔 수 없네.

19
A : The way things are, sales will only go down.
B : We'll have to come up with a solution quickly then.
A : Should we put more effort into our mail orders?
B : I think so. Once someone buys a product, we can keep sending them information about it.
A : But, it's not just having shoes that fit; it's quite difficult.
B : You have to think of a design that fits any type of foot. It's a change in the way of thinking.

A：照这种情况，销售额怎么都上不去。
B：得赶紧想个办法打破这个状态。
A：我们也在线上购物上下点功夫吧。
B：说的是啊。只要他们买一次，之后就能一直给他们发送商品的新消息。
A：但是鞋子也不是只要尺码合适就行了，还挺难的哦。
B：换个角度想想，只要设计出适合所有脚型的鞋子就行了。

A : 이런 상황으로는 매출이 떨어지기만 할 뿐이잖아.
B : 얼른 타개책을 생각해야겠어요.
A : 우리도 통신판매에 힘을 쏟아볼까.
B : 좋은 것 같아요. 한 번 구매하면 그 후에는 쭉 상품정보를 보낼 수 있으니까요.
A : 그래도 신발은 사이즈만 맞다고 되는 것도 아니고 까다롭다고.
B : 어떤 발모양이라도 맞는 디자인을 생각하면 되죠. 발상의 전환 아닙니까.

20
A : Are you enjoying the remote parties?

B : Well, when we started teleworking, it was fun, but now...
A : What, you're not doing it anymore?

B : Yes, if we can't eat or drink together, I don't know...
A : Well, I agree it lacks a feeling of reality.
B : Yes. I wonder how long it will be until everyone from the department can get together for drinks.

A：你们有在享受远程酒会吗？
B：唔……开始远程上班的时候大家图新鲜开过。
A：什么嘛，已经不开了啊。

B：是的，不能一起吃一起喝，慢慢地就……
A：也是，总归是缺少了一点真实感啊。
B：是的，不知道要等到什么时候才能和课里的同伴们聚在一起喝酒啊。

A : 온라인 회식 잘 되고 있어요?
B : 음…. 재택 근무를 막 시작했을 때는 재미있어 하면서 했는데요.
A : 뭐야, 이제는 안 하는 거야?
B : 네, 같이 먹고 마시는 걸 못하면 그냥….
A : 하긴. 현실감이 없긴해.
B : 맞아요. 언제쯤 부서 사람들 다 같이 모여서 한 잔 할 수 있을까요.

153

1 A : 友達の結婚祝い、何がいいと思う?

B : コーヒーカップなんて、どうですか?

A : うーん、ちょっと平凡じゃないか?

B : コーヒー豆とセットになっているのとか、素敵なものもありますよ。

2 A : 最近、うちのパソコン、調子が悪くって。ウイルスにでも感染したのかな…。

B : どんな状況なんですか?

A : 立ち上げると同時に意味不明なメッセージが次から次へと出てくるんだよ。

B : 変なサイトを開けたりしませんでしたか? 無料の怪しいサイトは危険ですよ。

3 A : さー、大変だぞ。今度のプロジェクトは失敗するわけにはいかないからな。

B : はい。私たちも成功に向けて全力を尽くして頑張ります。

A : 頼むよ。チームは一心同体って言うからね。

B : はい。微力ながら、精一杯やらせていただきます。

4 A : 奥様は、とても優しい方だそうですね。

B : 外面がいい[16]んだよ。うちじゃ鬼よりこわいよ。

A : へ〜、いいんですか? そんなことおっしゃって。

B : ここだけの話にしといてくれよ。とにかく地獄耳[17]なんだから。

5 A : 部長、家庭円満の秘訣は何ですか?

B : そりゃー、一に我慢、二に我慢、三四がなくて五に我慢[18]だよ。

A : え、そうなんですかー。理解のある奥様に見えますけど。

B : 内と外では大違いってね。

6 A : さー、君たち! 今夜は僕のおごりだ。おおいに飲んでくれ。

B : 部長! ご昇進、おめでとうございます。

A : ありがとう。君たちにも、また一緒に頑張ってもらうからね。

B : もちろんです。では、部長のますますのご活躍を願って、乾杯!

1
A : What do you think would be good for a friend's wedding reception?
B : How about some coffee cups?

A : Hmmm, that's a little ordinary, don't you think?
B : But there are some cool ones, like sets that come with coffee beans.

A：朋友的新婚礼物，你觉得送什么比较好？
B：咖啡杯什么的怎么样？

A：唔……是不是普通了点？
B：有的和咖啡豆一套的还挺不错的。

A : 친구 결혼선물로 뭐가 좋을까?
B : 커피잔은 어떨까요?

A : 음…. 좀 평범하지 않아?
B : 원두랑 세트로 되어있는 거나 예쁜 것도 있어요.

2
A : My computer has been acting up lately. I wonder if it got infected with a virus.
B : What kind of thing is happening?

A : When I start it up, I get one unintelligble message after another.
B : Did you open some dodgy site? Those suspiciously free sites are dangerous.

A：最近，我家的电脑状态不太好。是不是感染病毒了啊……
B：是什么状况啊？

A：开机的同时总是会接连跳出很多看不懂的消息。
B：你是不是开了什么奇怪的网站啊？那种免费的奇怪的网站可是很危险的哦。

A : 요즘 들어 컴퓨터가 잘 안 돌아가. 바이러스라도 걸렸나….
B : 어떤 상태인데요?

A : 부팅하면 바로 이상한 메시지가 계속 뜨는 거야.
B : 이상한 사이트에 들어간 거 아니에요? 무료로 갈 수 있는 수상한 사이트는 위험하다고요.

3
A : Well, It's a big challenge. We can't afford to fail with this upcoming project.
B : Yes. We'll give it our all as well to make it a success.
A : I'm counting on you. They say a team has to be all on the same page.
B : Yes. I'll give it my all, even if it's not much help.

A：好啦，不好办哦。这次的项目绝对不能失败。
B：是。我们会为了成功全力以赴好好努力的！
A：拜托了！我们小组可以说是一条心了。
B：是的，虽然我力量微薄，但我会全力以赴的！

A : 자! 큰일이야. 이번 프로젝트는 실패해서는 안된다.
B : 네. 저희들도 성공할 수 있도록 전력을 다하겠습니다.
A : 부탁해. 팀은 일심동체라고 하니까.
B : 네. 큰 힘은 못 되더라도 열심히 하겠습니다.

4
A : I hear your wife is super nice.
B : That's how she looks from the outside. At home, She's a terror, scarier than a demon.
A : Whoa...is that OK? Should you say such a thing?
B : Let's keep that all between us. She hears everything, I tell you.

A：你夫人感觉是个很温柔的人呢。
B：那是做给外人看的。在家里就是魔鬼，可怕了。
A：哦！你这么说没关系吗？
B：你可要帮我保密啊。她那真的就是顺风耳。

A : 사모님이 아주 다정하시다면서요?
B : 밖에서는 그래도 집에서는 귀신보다 무서워.
A : 그런 말씀 하셔도 돼요?
B : 우리끼리니까 하는 말이지. 아무튼 '지옥귀'라니까.

5
A : Hey, chief, what's the secret to a happy home life?
B : That would be patience first, second, third, fourth and fifth.
A : Oh, is that right? She looks like she is very understanding.
B : There's a big difference between inside and outside.

A：部长，家庭和睦的秘诀是什么呀？
B：那必须是，第一，忍耐，第二，忍耐，没有第三第四，第五还是忍耐。
A：诶，是这样的吗？您夫人看上去还挺善解人意的呀。
B：那对内和对外可太不一样了。

A : 부장님, 화목한 가정의 비결은 뭔가요?
B : 그거야~ 첫째도 참고, 둘째도 참고, 셋째 넷째 넘어가고 다섯 째가 참는 거지.
A : 와, 그렇다고요? 사모님이 이해심이 많으시게 보이던데요.
B : 안에서하고 밖에서하고 너무 달라서 말야.

6
A : Hey, you guys! Tonight it's on me. So, drink up.
B : Boss! Congratulations on your promotion.
A : Thank you. I look forward to working with you all again, too.
B : Of course. So, here's wishing to your continued success, bottom's up!

A：好了，各位！今天晚上我请客。尽情地喝吧！
B：部长！恭喜您晋升！
A：谢谢。还需要你们继续一起加油啊。
B：必须的。那么，为了部长能有更好的成绩，干杯！

A : 자, 자네들! 오늘은 내가 살테니까 말야. 많이 마시라구.
B : 부장님! 승진 축하드립니다!
A : 고맙네. 자네들도 앞으로도 같이 열심히 하자고.
B : 물론이죠. 그럼 부장님의 건승을 기원하며 건배!

7　A ：いやー、とっさの判断で早めに切り上げてよかったよ。
　　　　　　　はんだん

　　B ：本当ですね。迅速かつ適切な判断力がなければ、いいビジネスはできませんか
　　　　ほんとう　　じんそく　　てきせつ　はんだんりょく
　　　　らね。

　　A ：それなんだよ。君もたまにはいいことを言うじゃないか。
　　　　　　　　　　　　きみ

　　B ：恐縮です。僕も早く課長のようになりたいって、いつも思ってるんです。
　　　　きょうしゅく　ぼく　　か ちょう

　　A ：そりゃ、嬉しいね。君も最近なかなかいい仕事してるって、評判いいよ。
　　　　　　　うれ　　　　　　さいきん　　　　　　　　　　　　　ひょうばん

　　B ：ありがとうございます。課長のご指導の賜物[19]です。
　　　　　　　　　　　　　　か ちょう　　し どう　たまもの

8　A ：あの、折り入ってご相談したいことがあるんですが。
　　　　　　お　い　　そうだん

　　B ：あー、木村さん。今、手が離せないんだけど、ちょっと待ってくれる？
　　　　　　き むら　　　　　はな

　　A ：はい。じゃ、自分の席に戻って待ってます。
　　　　　　　　　せき　もど

　　B ：あ、悪いね。電話一本入れたらすぐ行くから。

　　　　（電話の後で）話って何？

　　A ：すみません、お忙しいのに…。実は、退職を考えてまして。
　　　　　　　いそが　　　　　じつ　たいしょく

　　B ：えー、そんな大事な話か。じゃ、会議室に移動だ。Ａ会議室に行こう。
　　　　　　　　　　　　　　　　かい ぎ しつ　い どう

9　A ：先方から見積もりが来ました。
　　　　せんぽう　み つ

　　B ：あ、どうだった？

　　A ：高すぎて話になりません。こちらの予算も言っておいたんですけど。
　　　　　　　　　　　　　　　　　よ さん

　　B ：長年の付き合いなんだから、何とかしてもらってくれよ。

　　A ：材料費が上がったとかで、先方も厳しいらしいんです。
　　　　ざいりょう ひ　　　　　　　　　　　きび

　　B ：そんなこと、お互い様だよ。今回は、相みつ[20]もやむを得ないって伝えたほう
　　　　　　　　たが　さま　　こんかい　あい　　　　　　　　え　　　つた
　　　　がいいな。

10　A ：この書類、シュレッダーにかけてもらえるかな。
　　　　　　しょるい

　　B ：はい。全部かけていいですか？
　　　　　　ぜん ぶ

　　A ：うん、個人名や具体的な数字があちこちに載っているからね。
　　　　　　こ じんめい　ぐ たいてき　すう じ　　　　　　の

　　B ：はい。わかりました。

　　A ：社外秘[21]の書類だから、念には念を入れ[22]ないと。
　　　　しゃがい ひ　　　　　　　ねん　　ねん　い

　　B ：わかりました。今すぐやります。

7

A : Well, I'm glad I made a quick decision and wrapped it up at an early stage.
B : That's so true. If you can't make the right decisions quickly, you can't make a good business.
A : That's just it. You really come out with good things sometimes, don't you?
B : Thank you. I'm always thinking I want to become just like you, boss.
A : Well, I'm glad to hear it. I hear you've been doing really good work lately, too, and getting a good reputation, too.
B : Thank you. It's because of your guidance, sir.

A : 天呐，当机立断赶紧停下真的是太好了。
B : 真的是。没有又迅速又准确的判断力，真是做不了生意啊。
A : 就是说啊。你偶尔也是会说点好话的嘛。
B : 不敢当。我一直都盼着能够早日成为课长您这样的人。
A : 你这么说我自然高兴。你最近工作也干得不错，大家的评价也不错哦。
B : 谢谢您。都是课长您指导得好。

A : 어휴, 순간적인 판단으로 빨리 매듭 지어서 다행이야.
B : 그러게요. 신속하고 적절한 판단력이 없으면 좋은 비즈니스는 못하니까요.
A : 그렇다니까. 자네도 가끔은 말 잘하는구만.
B : 부끄럽습니다. 저도 얼른 부장님처럼 되고 싶다고 항상 생각하고 있습니다.
A : 그거 기쁜데. 자네도 요즘에는 일 잘해서 평판이 좋아.
B : 고맙습니다. 과장님의 지도편달 덕분입니다.

8

A : Well, I have something I'd like to consult with you about.
B : Oh, Ms. Kimura. I'm busy at the moment; can you give me a minute?
A : Sure. OK, I'll wait for you back at my desk.
B : Sure, sorry about that. I'll come right after making a call.
(after the call) What did you want to talk about?
A : I'm sorry you are so busy... Actually, I'm thinking of resigning.
B : Oh, that's a serious conversation. Well, let's go to the conference room. Let's go to conference room A.

A : 那个，有件事我实在是想跟您商量一下。
B : 啊，木村啊。我现在脱不开身，你能等我一下吗？
A : 好的。那，我回自己的位子等着。
B : 啊，对不住啊。我打个电话马上就过去。
(打完电话以后) 是什么事?
A : 对不起，在您忙着的时候打扰您……其实，我想辞职。
B : 诶，是这么重要的事啊。那，去会议室。我们去A会议室吧。

A : 저기, 긴히 드릴 말씀이 있는데요.
B : 아, 기무라 상. 지금 자리를 못 비우는데 좀 기다려 주겠나?
A : 네. 그럼 자리에서 기다리고 있겠습니다.
B : 미안해. 전화 한 통 하고 바로 갈게.
(전화 후에) 무슨 이야기인데?
A : 바쁘신데 죄송해요. 실은 회사를 그만둘 생각입니다.
B : 그런 중요한 이야기였어? 그럼 회의실로 옮겨야겠군. A회의실로 가지.

9

A : The quote from the vendor arrived.
B : Oh, how is it?
A : It's so high it's not worth talking about. And we even told them what our budget was.
B : We've been working with them for so long, see what they can do for us.
A : I've heard materials costs are up and the vendor is having a hard time too.
B : It goes both ways. We'd better tell them we can't help but go with competitive bidding.

A : 那边把报价单送过来了。
B : 啊，怎么样?
A : 太贵了，贵得离谱。明明都告诉他们我们的预算了。
B : 都合作了这么多年了，让他们想想办法吧。
A : 说是材料费上去了，他们那边也不好过。
B : 这种事情，彼此彼此吧。还是告诉他们一声，这次我们货比三家也是出于无奈比较好吧。

A : 거래처에서 견적서가 왔어요.
B : 아, 어떤데?
A : 말도 안되게 비싼데요. 저희 쪽 예산도 말했었는데.
B : 오래 거래해 왔으니까 잘 말해봐.
A : 재료비가 올랐다고 힘든가 보더라고요.
B : 누군 안 힘드나. 이번에는 다른 곳에서도 견적 받을 수밖에 없다고 미리 말해 두는 게 좋겠어.

10

A : Could you shred these documents?
B : Sure. Should I do them all?
A : Yes, because there is personal information like names and specific numbers all over them.
B : Yes. I understand.

A : They're confidential documents so take care with them.
B : I understand. I'll do it right away.

A : 这个文件，能帮忙拿去碎纸机碎了吗？
B : 好的。全部都要吗?
A : 嗯。这上面写的都是个人的名字和具体的数字。
B : 好的，我知道了。

A : 都是要对外保密的文件，必须小心小心再小心。
B : 我知道了，现在马上就去。

A : 이 서류, 파쇄기에 넣어줘.
B : 네. 전부 넣어도 되나요?
A : 응. 이름이랑 구체적인 숫자들이 적혀 있어서.
B : 네, 알겠습니다.

A : 기업 비밀 서류니까 조심 또 조심해야지.
B : 네. 지금 바로 할게요.

11 A ： 佐藤、税関から呼び出しのメールが来てるぞ。

B ： え？　呼び出しの理由は何ですか？

A ： 何でも、通関書類が不足していたようだ。

B ： おかしいな…。何回もチェックしたはずなんですけど…。

A ： ぐずぐず言って²³ないで、早く確認しろ。

B ： すみません。至急、提出書類のコピーをチェックします。

12 A ： いやー、明日から出張になっちゃったよ。

B ： え、それは急ですね。何かあったんですか？

A ： うん、京都工場の電気系統にトラブルが発生したみたいなんだ。

B ： え〜、それでわざわざ部長がいらっしゃらなきゃいけないんですか。

A ： うん。誰かに行ってもらってもいいんだけど、今回は俺が行くよ。工場長と直接話したいこともあるし…。

B ： そうですか。何か準備することがあればおっしゃってください。

13 A ： あれ？　ミーティングは午後3時からじゃなかったっけ？

B ： 1時に変更になったこと、お伝えしてあったと思いますが…。

A ： うっかりしてた。てっきり3時だと思ってたよ。

B ： そうですか。資料を用意しておきましたので、ご覧になっておいてください。

A ： わかった。資料はどこに置いてくれたの？

B ： 部長の机の上です。メモをつけておきましたので、すぐわかると思います。

14 A ： あの、部長、明日の出張のことなんですけど…。

B ： うん。あ、ちょっと一服して²⁴からでいいかな。

A ： あ、じゃ、僕もご一緒させてください。

B ： あれ？　タバコ吸うんだっけ。吸ってるとこ見たことなかったなー。

A ： 実は、最近まで禁煙してたんですよ。子どもが生まれたもんで…。

B ： なんだ、じゃー、禁煙続けたほうがいいよ。悪いこと言わないから²⁵さ。

⓫

A : Sato, an email for you from customs has arrived.
B : What? What's the reason for their email?
A : Whatever it was, something was missing from the customs clearance forms.
B : That's strange. I thought I checked it several times, but...
A : Don't just dawdle around, go check it!
B : I am sorry. I'll check the copies of the documents we submitted right away.

A：佐藤，海关那边来了一封邮件叫你过去。
B：诶？叫我过去的理由是什么啊？
A：好像是什么，通关的文件不齐。
B：奇怪了……我明明都确认了好几次了啊……
A：别废话了，赶紧去确认一下。
B：对不起，我马上就去检查一下提交上去的文件的复印件。

A : 사토, 세관에서 오라는 메일이 와 있어.
B : 네? 왜 오래요?
A : 뭔진 몰라도 통관 서류가 불충분한 것 같아.
B : 이상하네…. 몇 번이나 확인했는데….
A : 투덜거리지 말고 얼른 확인해 봐.
B : 죄송합니다. 지금 바로 사본을 확인해보겠습니다.

⓬

A : Oh no, I have to go on a business trip tomorrow.
B : Oh, that's all of a sudden. What happened?
A : Yeah, there seems to be a problem with the electrical system in the Kyoto plant.
B : What? So you have to go all the way over there?
A : Yeah. I'm sure it would be fine if someone else went, but I'm going this time. I have something I want to talk directly about with the plant manager, so...
B : Is that right? If there's any prep you need, just say the word.

A：唉，我明天得去出差了。
B：诶，这么急的吗。出什么事了？
A：嗯，好像是京都工厂的电力系统出故障了。
B：诶～这需要让部长您特意去跑一趟吗？
A：嗯，虽然也可以找个人去，但是这次还是我去吧。刚好也有些话要直接跟工场长说……
B：这样啊。有什么需要准备的您尽管说。

A : 와~ 내일부터 출장 가게 생겼어.
B : 갑자기요? 무슨 일이라도 생겼나요?
A : 어. 교토공장 전기계통에 문제가 발생한 것 같아.
B : 네에? 그래서 부장님이 가야 하시는 건가요?
A : 어. 다른 사람 보내도 되긴한데 이번에는 내가 갈 거야. 공장장이랑 직접 할 이야기도 있고….
B : 그렇군요. 뭐 준비할 게 있으면 저한테 말씀해 주세요.

⓭

A : Oh? Wasn't the meeting starting from 3 o'clock?
B : I thought I told you it had been changed to 1 o'clock.
A : How careless of me. I was sure it was 3 o'clock.
B : Oh well. I put some materials together, so please have a look at them.
A : I see. Where did you put them?
B : It's on your desk, boss. I put a memo on it, so you should see it right away.

A：咦？会议不是3点开始吗？
B：我记得应该告诉过您时间改到1点了个。
A：是我疏忽了。我还想着肯定是3点呢。
B：这样啊。资料我都准备好了，请过目。
A：知道了。你把资料放在哪里了？
B：放在您的桌子上了。笔记我标注在上面了，您看了就会明白了。

A : 어라? 미팅은 오후 3시부터 아니었어?
B : 1시로 변경되었다고 말씀드린 것 같은데요….
A : 깜빡했어. 3시라고만 생각했거든.
B : 그러세요. 자료는 준비해 놓았으니까 읽어보세요.
A : 알았어. 자료는 어디 있는데?
B : 부장님 책상 위에요. 메모를 붙여 놨으니까 바로 찾으실 수 있을 거예요.

⓮

A : Umm, boss, it's about the business trip tomorrow...
B : Yeah. Uh, let me have a quick puff first.
A : Oh, in that case, let me join you.
B : Oh? I didn't know you smoked. I've never seen you with a cigarette.
A : Actually, I stopped smoking until recently. I had my baby, so...
B : I see, but, wouldn't it be best to stay away from tobacco. It's for your own good.

A：那个，部长，关于明天出差的事……
B：嗯，我先去抽根烟再说可以吗？
A：啊，那，就让我也一起去吧。
B：咦？你也抽烟吗？都没见过你抽啊。
A：其实，到最近为止我都在禁烟。现在孩子已经出生了就……
B：什么呀，那。你还是继续禁烟比较好。这是为了你好。

A : 저기, 부장님, 내일 출장 말인데요….
B : 어. 아, 잠깐 한 대 피우고 와도 될까?
A : 아, 그럼 저도 따라 가겠습니다.
B : 어? 담배 피웠나? 본 적 없는데.
A : 실은 얼마 전까지 금연했었거든요. 아이가 태어나서….
B : 그랬던 거였어? 그럼 계속 금연해. 금연해서 나쁠 건 없으니까.

159

15 A ： 山田さん、先週頼んでおいた企画案、持ってきて。

B ： それが、なかなか案がまとまらなくて、まだできてないんです。

A ： え、今できてないと困るな。現況報告しといてくれないと。締め切りまでに間
に合うの？

B ： はい、何とか頑張ってみますけど…。今、資料をお持ちします。

A ： （資料を見て）なんだ、手付かず状態じゃないか。誰かに手伝わせようか？

B ： え、本当ですか？　そうしていただけると助かります！

16 A ： 部長、長い間大変お世話になり、ありがとうございました。

B ： いやいや、こちらこそ。君にはいろいろ頑張ってもらって感謝してるよ。

A ： ソウル支社に行っても頑張ります。部長がソウルにお越しになる際は、ぜひご
連絡ください。いろいろご案内させていただきます。

B ： うん、ありがとう。そちらに行くことがあったら、必ず連絡するよ。

A ： はい、ぜひ。韓国ならではのおいしい海鮮料理、食べていただきたいです。

B ： そりゃ、楽しみだなー。ま、とりあえず、元気で！

17 A ： 先輩の就活のときに、ライフラインチャート²⁶って書きましたか？

B ： ライフラインチャート？　何だ、それ。

A ： 提出書類の一つなんですけど、生まれてから今までの人生の満足度を曲線で表
すもんなんです。Ｘ軸が年齢でＹ軸が満足度。

B ： へー、僕らのときはなかったね。企業はそれで何を見るんだ？

A ： 自己分析が客観的にできているかどうかを見るらしいです。

B ： ふーん、じゃ、ちょっと調べてみよう。ライフライン…、何だっけ？

18 A ： 課長、今回も予算がオーバーしそうですが…。

B ： じゃー、その旨、稟議書²⁷書いてまわしといてくれないか。

A ： はい。文面は前回同様でよろしいですか？

B ： うん、金額のところだけ書き直せばいいだろう。

A ： 金額はどのくらいにしておきますか？

B ： 前回の２割増し²⁸ってとこだろう。ちょっと金額出してみて。

15

A : Ms. Yamada, bring me the proposal I asked you to make last week.

B : Uh, we couldn't agree on a plan somehow, so it's not done.

A : What, it's a big problem if it's not ready now. You need to give me a progress report. Will it be ready by the deadline?

B : Yes, I'll give it my best, but... I'll bring you the documents now.

A : (Looking at the documents) What the heck, you haven't even touched them. Shall I have someone help you?

B : What, really? That would really help me!

16

A : Thanks so much for your help all these years.

B : No, no, likewise I'm sure. Thanks for all your hard work.

A : I'll do my best when I get to the Soul branch. By all means contact me when you come to Soul. I'll be happy to show you around.

B : Oh, thank you. I'll definitely contact you before I go there.

A : Yes, please do. I'd like you to try some delicious seafood dishes you can only get in Korea.

B : I'll look forward to it. Well, take care for now.

17

A : Did you draw a lifeline chart when you were job hunting?

B : A lifeline chart? What is that?

A : It's one of the documents you submit with a curve that shows your level of satisfaction with your life from birth to date. The X axis is your age and the Y axis is your level of satisfaction.

B : Wow, we didn't have that back then. What do companies look at with that?

A : They see if you can analyze yourself objectively or not.

B : Huh, well, let's have a look. Lifeline...what's that again?

18

A : Boss, it looks like we're going over budget again this time...

B : Well, put that in a request form and send it around.

A : Sure. Is it OK if the text is the same as last time.

B : Um, it should be fine just to rewrite the parts with the amounts.

A : How much should we put in for the amount?

B : Just increase it 20% over the last time. Show me the amount, will you?

A : 山田，你把上周拜托你的那个企划案拿过来。

B : 其实，怎么都整理不出个方案来，还没写出来。

A : 诶，这会儿没写好的话可伤脑筋了啊。你得跟我汇报完成情况啊。在截止日期之前交来得及吗？

B : 来得及，我会想办法努力的……我现在就去把资料拿过来。

A : （看了资料）什么啊，这完全就是没动过的状态啊。要不找人帮帮你？

B : 诶，真的吗？如果能这样的话就太好了！

A : 部长，这么长时间承蒙您的关照，谢谢您了。

B : 哪里哪里，我才是。你帮了我很多，我才该感谢你。

A : 我去了首尔的分公司也会加油的。部长您到首尔来的时候请务必联系我。让我好好招待您。

B : 嗯，谢谢。如果我要去那里的话肯定会联系你的。

A : 好的，必须的，那些只有韩国才能吃到的好吃的海鲜料理想让您也尝一尝。

B : 那我可太期待了。总之，保重！

A : 前辈我工作的时候有画人生幸福曲线吗？

B : 人生幸福曲线？那是什么啊。

A : 是需要提交的文件之一，要用曲线表示对自己至今为止的人生的满意程度。X轴是年龄，Y轴是满足程度。

B : 这样啊，我们那会儿没有这个。所以企业想通过这个看什么啊？

A : 好像是想看我们能不能客观地进行自我分析。

B : 这样啊，那，我查一下看好了。人生幸福……什么来着。

A : 课长，这次好像也要超出预算了……

B : 那，把这个情况写成会签文件拿去核签一下可以吗？

A : 好的。内容和上次一样可以吗？

B : 嗯，把金额的地方重新写一下就行了。

A : 金额写多少呀？

B : 比之前多2成差不多了。把金额算出来看下。

A : 야마다 상, 지난 주에 부탁했던 기획안 좀 가져와 줘.

B : 그게, 정리가 안 돼서 아직 완성을 못 시켰어요.

A : 뭐? 지금 안 되어있으면 곤란한데. 중간보고를 해줘야지. 기한 맞출 수 있겠어?

B : 네, 최대한 해보고 있는데….지금 자료를 가져 오겠습니다.

A : (자료를 보고) 뭐야, 손도 안 댄 상태잖아. 누구 도와달라 할까?

B : 정말이세요? 그렇게 해주시면 감사하겠습니다.

A : 부장님, 오랫동안 신세 많이 졌습니다. 감사합니다.

B : 아냐, 나야말로 자네가 열심히 해 줘서 고마웠어.

A : 서울 지사에 가서도 열심히 하겠습니다. 서울에 오시면 꼭 연락 주세요. 가이드 해드릴게요.

B : 응, 고마워. 갈 일이 있으면 꼭 연락할게.

A : 네. 꼭입니다. 한국에서만 먹을 수 있는 해산물 요리를 대접하겠습니다.

B : 그거 기대되네. 아무튼 잘 지내!

A : 선배가 취업준비할 때는 라이프 라인 차트라는 거 작성 했어요?

B : 라이프 라인 차트? 뭐야 그게?

A : 제출 서류중에 하나인데요. 태어났을 때부터 현재까지 인생의 만족도를 곡선으로 나타낸 거에요. 가로축이 나이, 세로축이 만족도예요.

B : 아~ 우리 때는 그런 거 없었어. 기업은 그걸로 뭘 보는 거야?

A : 자기분석이 객관적인지 어떤지를 보나 보더라구요.

B : 흠…. 검색 좀 해 보자. 라이프 라인…뭐였지?

A : 과장님, 이번에도 예산오버할 것 같은데요.

B : 그럼 오버하게 됐다고 품의서 작성해서 올려줄래?

A : 네. 지난 번이랑 같은 양식이면 될까요?

B : 응. 금액만 고치면 될 거야.

A : 금액은 어느정도로 해 놓을까요?

B : 지난 번보다 20% 올리면 되지 않을까. 금액 좀 산출해 봐.

⑲ A ： え、原料がまだ届いてないって？　鈴木君、相手先に至急電話して、商品の
　　　納入が遅れるかもしれないって謝っといてくれ。

　　B ： はい、わかりました。

　　　　（電話後）課長、これ以上の遅れは困るということですが…。

　　A ： そうか。弱ったな。じゃー、鈴木君、今すぐ確認しにタイに飛んでくれ。

　　B ： ですが、課長、出張となりますと、いろいろ準備が必要でして…。

　　A ： そんな悠長なこと言ってられないぞ。一刻を争うんだ。

　　B ： はあ、そうはおっしゃいましても…。

⑳ A ： 2030年に建設を予定していたホテル付き複合テーマパークですが、昨今の事
　　　情からして大幅な見直しが必要ですね。

　　B ： 今回は計画変更、もしくは見送り㉙はやむを得ないな。海外はもとより国内の
　　　集客も全く期待できない状況だからね。

　　A ： 観光事業部門はしばらく様子を見ることにして、それに代わる新たな事業開発
　　　が早急に望まれますね。

　　B ： 富裕層をターゲットにした介護付き高齢者住宅㉚なんてどうだろう。

　　A ： 確かに、生活に根付いたものは収益が安定している利点がありますね。

　　B ： 既存のものとの差別化を図れば、我が社の生き残りも期待できるんじゃないか。

上司や部下との会話 ➡p.168 — Unit 6 ❷上級

19

A : Hey, haven't the raw materials arrived yet? Mr. Suzuki, call the client right away and apologize for the potential delay in delivering our products.
B : Yes, I understand.
(After calling) Boss, they say that any further delay would be a big problem...
A : I see. We have a problem. Well, Mr. Suzuki get on a plane to Thailand right away and confirm what's going on.
B : But, boss, I'd have to get all kinds of stuff ready to go on a trip.
A : We can't just take our time with this. It's a battle with the clock.
B : Well, even if that is true...

A : 诶，原料还没送到？铃木，你赶紧打个电话给那边，跟他们道个歉，说交货时间可能会晚一点。
B : 好的，知道了。
（打完电话后）课长，他们说如果还要再迟的话他们就很难办了……
A : 这样啊。伤脑筋。那，铃木你现在马上飞去泰国确认一下。
B : 但是，课长，要出差的话，有很多东西需要准备的……
A : 没时间扯这些磨磨叽叽的了，分秒必争。
B : 唉，就算您这么说……

A : 뭐? 원료가 아직 도착을 안했다고? 스즈키 군, 거래처에 당장 전화해서 상품 납입이 늦어질 지도 모른다고 죄송하다고 해 줘.
B : 네, 알겠습니다.
(전화 후) 과장님, 이 이상 늦어지는 건 곤란하다고 하는데요….
A : 이거 큰일이네. 스즈키 군, 당장 태국에 가서 확인하고 와.
B : 그치만 과장님, 출장 가려면 준비가 필요한데….
A : 지금 그런 태평한 소리 할 때야? 한시가 바쁜데.
B : 하아…. 그렇게 말씀하셔도….

20

A : The theme park complex and hotel we were planning to build in 2030 needs a major revision, given recent developments.
B : It's inevitable for the plan to be changed or to give up on it this time. We can't expect any visitors from overseas, or even from within Japan.
A : Our tourism business section will have to keep an eye on the situation for a while and we should develop new business to replace it as soon as possible.
B : How about an elderly care facility targeting the wealthy?
A : For sure, something rooted in people's daily lives has the advantage of stable profits.
B : If we can differentiate our products from existing ones, we can expect the company to survive, can't we?

A : 那个预计在2030年建设的带酒店的复合型主题公园，因为最近的那件事，有必要重新考虑一下了啊。
B : 这次可能会迫不得已改变或者放弃计划啊。不要说海外的客人了，就连国内的客人都拉不过来。
A : 观光事业部门打算暂时看看情况，也迫切需要开发一个新的业务来取代它。
B : 以富人阶级为目标的带护工的高龄住宅区怎么样？
A : 确实，这种和生活息息相关的业务的优点就是收益也会比较稳定。
B : 如果要和现有的那些做出区别的话，我们公司的存活也可以期待一下。

A : 2030년에 건설 예정이었던 호텔이 들어간 복합 테마파크 말인데요. 작금의 사정으로 인해 큰 폭의 재검토가 필요하겠는데요.
B : 이번 계획 변경, 혹은 보류는 어쩔수 없어. 해외는 커녕 국내조차도 고객 유치에 기대가 안되는 상황이니까.
A : 관광사업부문은 당분간 상황을 보기로 하고, 그걸 대신할 새로운 사업개발이 신속하게 필요합니다.
B : 부유층을 겨냥한 돌봄 시설이 딸린 실버주택은 어떨까요?
A : 생활과 밀접한 게 수익이 안정적인 이점이 되겠네요.
B : 기존의 것들과 차별화를 두면 우리 회사가 살아남을 수 있지 않을까?

163

① 遅番
おそばん

ビジネス用語で、シフト制の勤務の際に、遅い時間から仕事をすることです。「早番」「中番」「遅番」があります。

This business term refers to starting working late under a shift work system. There are "早番 (early)," "中番 (middle)" and "遅番(late)" shifts.

是商务用语，即在排班制的工作中，从较晚的时间开始上班。分别有"早番(早班)"、"中番(中班)"、"遅番(晚班)"。

비즈니스 용어로 출근 시간이 일정하지 않을 때 늦은 시간부터 일을 시작하는 것입니다. "早番 (오전출근)", "中番 (낮 출근)", "遅番(오후 출근)"이 있습니다.

② 振替輸送
ふりかえ ゆ そう

電車などが不通になった場合に、乗客が目的の駅まで他の鉄道会社の路線を利用できる制度のことです。

A system that allows passengers to use another company's lines up to their destination, when a train service or the like is disrupted.

指在电车无法通行的情况下，乘客能通过乘坐其他铁路公司的线路到达目的地的制度。

전차등이 운행중지 했을 때, 승객이 목적지 역까지 다른 철도회사의 노선을 이용할 수 있는 제도입니다.

③ ご愁傷様
しゅうしょうさま

家族や親戚の人が亡くなった人に対して言う表現です。相手への同情やなぐさめの気持ちが込められています。

An expression communicated when a family member or relative passes away. It includes a feeling of sympathy or condolences to the other person.

对有家人或亲戚去世的人说的话。包含了对对方的同情和安慰。

가족이나 친척이 죽은 사람에게 건네는 말입니다. 상대의 마음을 위로하는 마음이 담겨 있습니다.

④ 大往生
だいおうじょう

高齢者が病気やケガではなく、老衰や自然死のような死を迎えることです。

The death of an elderly person from old age or natural causes, not sickness or injury.

指高龄的人没有伤病，因衰老而自然死亡。

고령자가 건강한 상태로 돌아가신 것을 말합니다.

⑤ Zoom会議
かい ぎ

Zoom というアプリケーションを使って行うオンラインミーティングのことです。ビジネスや教育のシーンで使われています。

Refers to an online meeting held using the application called Zoom. It is used in business or educational contexts.

指通过一个叫Zoom的软件进行的线上会议。在商务和教育中广泛使用。

Zoom이라는 프로그램을 이용해서 하는 온라인 회의를 말합니다. 비즈니스나 교육현장에서 쓰입니다.

⑥ 午後一
ご ごいち

ビジネスでよく使われる用語で、午後の業務の最初に行うという意味です。

This term is often used in business and means the 1st thing in the afternoon.

在商务场景中使用的词，即下午最先开始着手的事务。

비즈니스에 자주 쓰이는 말로 오후에 처음으로 시작한다는 뜻입니다.

⑦ 在宅
ざいたく

自分の家にいるということで。ここでは、出勤せず家で業務をすることを表します。

This means being at your home. In this case it means working from home instead of going to work.

即在自己家。在这里指不出门上班，在家工作。

집에 있는 것을 가리킵니다. 본문에서는 출근하지 않고 집에서 근무하는 것을 나타냅니다.

⑧ 余興
よきょう

結婚式やパーティなどの行事で、参加者が歌や踊りやマジックなどのパフォーマンスをすることです。

Refers to performances, such as singing, dancing, magic, etc., by members at events like a wedding or other party.

指在婚礼或派对等活动上，来宾们表演唱歌跳舞或者魔术等。

결혼식이나 파티같은 이벤트에서 참가자가 노래, 춤, 마술 등의 퍼포먼스를 하는 것입니다.

⑨ ひと昔前
むかしまえ

昔として感じられる過去のこと（だいたい10年以上前）を言います。「十年ひと昔」という表現もあります。

Refers to the past (10 years or more) and feels like a long time ago. There is also the expression "十年ひと昔 (a decade ago)."

指过去已成往日（一般指超过10年以前）。也有"十年ひと昔（十年如隔世）"的说法。

옛날이라고 생각되는 과거(대부분 10년보다 이전)를 말합니다. "十年ひと昔（십년이면 강산이 변한다）"라는 표현도 있습니다.

⑩ ほうれんそう

もともとは野菜の名前ですが、ビジネスシーンでは「ほう」は「報告」、「れん」は「連絡」、「そう」は「相談」、を組み合わせて作られた表現です。仕事を効率的に進めるために必要だと言われています。

Based on the name of the vegetable, the business expression is a combination of "ほう" for "報告 (report)," "れん" for "連絡(contact)," and "そう" for "相談 (consult)." It is said to be necessary for working efficiently.

原本是蔬菜的名字，在商务场景中"ほう"是"報告(报告)"，"れん"是"連絡(联络)"，"そう"是"相談(商量)"，是一个将三者组合起来的词。被认为是提高工作效率所必须的。

원래 채소 이름이나 비즈니스에서는 "ほう"는 "報告 (보고)", "れん"은 "連絡 (연락)", "そう"는 "相談 (상담)"을 합쳐서 만든 말입니다. 일을 효율적으로 하기 위해 필요하다고 합니다.

⑪ 販促用
はんそくよう

「販売促進用」の略語です。例えば、消費者の購買意欲を促すために企業が行うイベントや試供品プレゼントなどです。

This is an abbreviation meaning for "販売促進用 (sales promotions)." This could be presents or samples for a company event, for example, that encourage consumers to buy products.

是"販売促進用(促销用)"的略称。例如，为了激起消费者的购买欲望由企业开展的活动或赠送的试用品等。

"販売促進用(판매 촉진용)"의 줄임말입니다. 가령, 소비자의 구매의욕을 촉진시키기 위해 기업이 주최하는 이벤트나 샘플 배부같은 것입니다.

⑫ 相見積もり
あいみつ

複数の取引先から同じ条件で取る見積もりのことです。見積もりを比較し、より良い選択ができるのが利点です。

Refers to estimates obtained from multiple suppliers under the same conditions. This has the advantage of being able to compare estimates and make the best choice.

从多家对接企业以同样的条件让他们报价。好处是能比较各家的报价，选择更为合适的企业合作。

복수의 거래처에서 같은 조건으로 받아 보는 견적서를 말합니다. 견적을 비교해 보고 더 나은 선택을 할 수 있는 것이 장점입니다.

⑬ 通販
つうはん

「通信販売」の略語です。消費者はカタログや広告を見て注文し、配送で商品を受け取ります。

This is an abbreviation for "通信販売 (mail order sales)." Consumers order by catalog or after seeing a commercial and receive their products via mail.

是"通信販売(线上购物)"的略称。消费者看着商品目录和广告下单，通过配送接收商品。

"通信販売(통신판매)"의 줄임말입니다. 소비자는 카날로그나 광고를 보고 주문해서 상품을 배송 받습니다.

⑭ リモート飲み会

オンライン上で開催する飲み会のことです。自宅でビデオ通話をしながら食事やお酒を飲みます。一対一でも複数でも、画面で顔を見ながら飲み会の雰囲気が楽しめます。

Refers to parties held online. Everyone eats and drinks at their own homes while chatting via Internet video. It lets everyone enjoy the atmosphere of a party, either with lots of people or one-on-one break-out sessions.

指在线上开的酒会。大家在自己家一边视频电话一边吃饭喝酒。有一对一的也有几个人一起的, 大家通过屏幕看着对方的脸享受酒会的氛围。

온라인으로 갖는 술자리입니다. 집에서 영상통화를 하면서 먹고 마십니다. 둘이서라도 여러 명이서라도 화면으로 얼굴을 보면서 술자리의 분위기를 즐길 수 있습니다.

⑮ テレワーク

インターネットなどの ICT を利用して、会社ではなく自宅などで仕事をすることです。「在宅勤務」「リモートワーク」などの総称です。

Refers to working from home instead of the office, by using ICT, such as the Internet. It is a generic term encompassing "在宅勤務 (telecommuting)" and "リモートワーク (remote work)."

通过网络等信息通信技术, 不是在公司, 而是在自己家里或者别的地方工作。是 "在宅勤务（居家办公）" "リモートワーク（远程办公）" 的总称。

인터넷등을 이용해 회사가 아닌 곳에서 일을 하는 것을 가리킵니다.재택근무의 총칭입니다.

⑯ 外面がいい
そとづら

「外面」は家族以外の人に見せる顔のことで、家族以外に対して良い態度をとることを言います。

"外面 (outside appearance)" refers to a person who puts on a good face and has a good attitude toward people outside his/her family.

"外面（对外的一面）" 是给家人之外的人看的一面, 也就是说对外人态度很好的意思。

"外面"는 가족 이외 사람에게 보여주는 얼굴인데 밖에서는 사람 좋게 행동한다는 말입니다.

⑰ 地獄耳
じごくみみ

人の秘密や噂話を聞いたり知ったりするのが早いという意味です。

This means someone who is quick to know other's secrets and listen to gossip.

是别人的秘密或者八卦听到的知道得很快的意思。

다른 사람의 비밀이나 소문을 듣거나 아는 게 빠르다는 뜻입니다.

⑱ 一に○○、二に○○、三四がなくて五に○○
いち   に   さんし   ご

「（何かをするのに）大切なのは○○だ！」ということを強調して表す言い方です。少々ユーモアを漂わせて、テンポよくリズミカルに言いましょう。

This is a way of reinforcing the idea that "OO is the most important thing (to achieve something)." Try saying it with a touch of humor and a nice, rhythmic tempo.

是一种强调 "（为了做某事）○○很重要！" 的说法。说的时候可以带一些幽默感, 有节奏有律动地说。

'(뭔가를 할 때) 중요한 건 ○○다!' 라는 걸 강조하는 화법입니다. 쓸 때는 조금 유머러스하게 리드미컬하게 합시다.

⑲ ご指導の賜物
しどう   たまもの

「賜物」は良い結果を意味します。目上の人の指導で良い結果が得られたことを感謝する表現です。

"賜物 (Gift)" suggests a good result. This is a way to express gratitude for the good results that come from your mentor's guidance.

"賜物（馈赠）" 的意思是好的结果。用于对自己的上位者的指导表示感谢。

"賜物(선물)"는 좋은 결과를 뜻합니다. 윗사람이 잘 지도해 줘서 좋은 결과를 얻었다라는 감사의 표현입니다.

166

⑳ 相みつ
あい

「相見積もり」の略語です。（解説⑫を参照）	This is an abbreviation for "相見積もり (competitive bidding)." (See explanation ⑫)	是"相見積もり（报价对比）"的略称。（详解参见解说⑫）	"相見積もり"의 줄임말입니다.（해설⑫ 참조）

㉑ 社外秘
しゃがい ひ

社外の人に知られてはいけない、会社の重要な情報や技術のことです。「秘」は秘密を表します。	This refers to critical company information or technology that must not be disclosed to anyone outside the company. "秘" is short for "秘密 (secret)."	指不能让公司外部的人知道的，公司的重要情报和技术。"秘"表示秘密。	회사 밖 사람들이 알면 안 되는 중요한 정보나 기술을 가리킵니다.

㉒ 念には念を入れる
ねん ねん

「念を入れる」は間違いがないように気を配るという意味で、「念には念を入れる」はその意味を強調した表現です。	"念を入れる" means to take special precautions to avoid making a mistake and "念には念を入れる" is a emphasized way of saying it.	"念を入れる"是小心不要出错的意思。"念には念を入れる"则是强调这种意思的说法。	"念を入れる"는 틀리지 않도록 조심한다라는 뜻으로 "念には念を入れる"는 그것을 강조하는 표현입니다.

㉓ ぐずぐず言う

言ってもしかたないようなことをいつまでも言い続けることです。	Refers to going on and on about something that can't be helped.	指一直不停地说一些说了也没用的废话。	말해도 소용 없는 것에 대해 계속 말하는 것입니다.

㉔ 一服する
いっぷく

ここではタバコを吸うという意味です。他に、お茶を飲んだり休憩したりするという意味でも使います。	Here it means smoking a cigarette. It can also be used to mean drinking tea or otherwise taking a break.	在这里是抽烟的意思。其他，还有喝茶或者休息的意思。	본문에서는 담배를 피운다는 뜻입니다. 차를 마시거나 쉰다는 뜻으로도 씁니다.

㉕ 悪いこと言わないから

「相手のために良いことを言っているのだ」という気持ちが込めて、アドバイスや注意をするときに使う表現です。	This expression is used when giving advice or warnings and includes the feeling of "saying something good for the other person."	包含了"是为了对方好才说的"的意思，常用于提出意见或者建议的时候。	'상대방을 위해서 좋은 말을 하는 것이다'라는 마음을 담아 조언이나 충고를 하라 때 쓰는 표현입니다.

㉖ ライフラインチャート

自分のこれまでの人生の幸福度を一本の曲線で表したグラフのことです。入社試験の際に企業から提出を求められることがあります。	Refers to a graph with a curve that indicates the level of happiness up to that point in one's life. Candidates may be asked to submit one by the company when taking a job application exam.	即用一条曲线描绘自己至今为止的人生的幸福程度。有时在面试公司的时候会有企业要求应聘者画出这一曲线。	자신의 지금까지의 인생의 행복도를 하나의 곡선으로 나타낸 그래프를 말합니다. 입사 시험 때 기업에 제출하는 경우도 있습니다.

㉗ 稟議書
りん ぎ しょ

会社で、企画案などに対する上司の承認を求めるための書類のことです。	Refers to documents used in companies to request approval from superiors for proposals, etc.	在公司里，为了征求上司们对企划案的认可而写的文件。	회사에서 기획안에 대해 상사의 승인을 받기 위한 서류를 말합니다.

㉘ 2割増し
わり ま

「割」は割合を表す単位で、1割＝10％です。2割増しは20％増やすという意味です。	"割" is a unit that expresses proportion, with 1割=10%. So a "2割増" means a 20% increase.	"割（成）"是表示占比的单位。1割（1成）=10%，"2割增し（增加2成）"就是增加20%的意思。	1 割＝10%입니다. 2 割增し는 20%늘린다는 뜻입니다.

㉙ 見送り
み おく

計画や実行の見直しや延期をして状況を見ることです。	Refers to reviewing or postponing the execution of a plan to see how it goes.	指看情况，计划或者重新考虑实行或者延期。	계획, 실행을 재검토하고 연기해서 상황을 보는 것입니다.

㉚ 介護付き高齢者住宅
かい ご つ こうれいしゃじゅうたく

必要な介護サービスが受けられる高齢者用の住宅のことです。常駐の介護スタッフにより24時間サポートが受けられます。	Refers to housing for seniors where they can receive necessary care services. They can receive 24-hour support from resident care staff.	即能够受到必要的陪护服务的高龄人士专用的住宅。常驻的护工会提供24小时的服务。	필요한 개호 서비스를 받을 수 있는 고령자용 주택을 말합니다. 상주 스탭이 있어서 24시간 케어해줍니다.

■社外の人や面接での会話
しゃがい　　　　　めんせつ

Conversations with someone outside the company or at an interview
与公司外的人会面或面试时的对话
회사 외부 사람이나 면접에서의 회화

社外の人との会話、面接での会話を練習します。文体は丁寧ですが、
しゃがい　　　　　　　めんせつ　　　　　れんしゅう　　　　　　ぶんたい　　ていねい

厳しい意見や強引な誘い、そしてその対応を練習しましょう。
きび　　　いけん　　ごういん　　さそ　　　　　　　　　　たいおう　　れんしゅう

You will practice conversations with someone outside the com-
pany as well as conversations at interviews. The sentences are
in a polite style, and practice how to express strong opinions
or strong invitations, as well as how to deal with them.

本单元将练习与公司外的人的对话和面试时的对话。一起来学习如何用礼
貌的文体进行和应对严格的意见或强势的邀请。

회사 외부 사람과의 회화나 면접 회화를 연습합니다. 기본은 정중하게 쓰지만 따
끔한 의견이나 반강제적인 권유, 그에 대한 대응을 연습합시다.

◎ 副詞的な表現 Adverbial expressions 副词形式的用法 / 부사적 표현	たびたび、おそらく、再度、恐れ入ります 　　　　　　　　　さいど　おそ　い
◎ ビジネス用語 Vocabulary for business 商务用语 / 비즈니스 용어	納期、品質管理、契約、リモートワーク、 のうき　ひんしつかんり　けいやく 立ち上げ た　あ
◎ 敬語 Keigo (honorific expressions) 敬语 / 경어	参ります、なさる、拝見する まい　　　　　　　　　　はいけん
◎ 慣用句 Idioms / 慣用句 / 관용구·속담	実りの多い年、手ごたえがある、 みの　おお　とし　て バカにならない
◎ カタカナ語 Katakana words 片假名词 / 가타카나 단어	サブスク、ホール、シフト、コストダウン

1 （訪問先の会社で）
ほうもん

　A：あのー、営業部の山田さんにお目にかかりたいんですが。
　　　　えいぎょうぶ　やまだ

　B：失礼ですが、お名前をいただけますでしょうか。
　　　しつれい

　A：チャンです。

　B：チャン様ですね。伺っております。山田はすぐに参りますので、そちらで少々
　　　　　さま　　　　　うかが　　　　　やまだ　　　　　　　　まい

　　　お待ちくださいませ。

2　A：あまり召し上がらないんですね。
　　　　　め

　B：うん、最近飲み会が続いてて、胃の調子が悪いんですよ。
　　　　　さいきん　　　つづ　　　　い　ちょうし

　A：ほどほどになさったほうが…。

　B：そうしたいんですけど、なにか次につながるかなと思いまして。
　　　　　　　　　　　　　　　　　　　　　　つぎ

3　A：納期が遅れてますね。状況を説明してください。
　　　　のうき　おく　　　　　　じょうきょう　せつめい

　B：申し訳ありません。現地での船積みが遅れているんです。
　　　　もう　わけ　　　　　　げんち　　　ふなづ　　　おく

　A：そうですか。でも、納期を守っていただかないと、こちらも困ります。
　　　　　　　　　　　　　　　　　　　まも　　　　　　　　　　　　こま

　B：はい。今、最優先でやらせてますので、もう少々お待ちいただけませんでしょ
　　　　　　　　さいゆうせん

　　　うか。

4　A：こちらが提示した条件をクリアしていませんよ。
　　　　　ていじ　　じょうけん

　B：申し訳ございません。現在、品質管理の見直しをさせていただいております。
　　　　もう　わけ　　　　　　げんざい　ひんしつかんり　みなお

　A：そもそも、不良品が多すぎますよね。これでは契約を改めざるを得ませんね。
　　　　　　　　ふりょうひん　おお　　　　　　　　　　　けいやく　あらた　　　　え

　B：大変申し訳ございません。最終検査の工程を改善したところですので、今後は
　　　たいへん　　　　　　　　さいしゅうけんさ　こうてい　かいぜん

　　　大丈夫かと…。
　　　だいじょうぶ

5　A：たびたびお電話をいただいたそうで、申し訳ありませんでした。
　　　　　　　　　　　　　　　　　　　　　もう　わけ

　B：いえいえ、長いご出張だったそうで。
　　　　　　　　　　しゅっちょう

　A：はい、海外に出ておりましたもので。ご迷惑をおかけしました。
　　　　　　　　　　　　　　　　　　めいわく

　B：とんでもないです。お忙しそうで大変ですね。
　　　　　　　　　　　　いそが　　　　たいへん

社外の人や面接での会話
しゃがい　　　めんせつ

1 (At company being visited) 　（在前往拜访的公司）　（방문한 회사에서）

A : Um, I'd like to see Ms. Yamada from sales.
B : I'm sorry, but could I have your name?
A : My name is Chang.

B : Mr. Chang. We were expecting you. Ms. Yamada will be with you shortly, so please wait there for a moment.

A : 打扰一下，我找营业部的山田。
B : 恕我冒昧，能问一下您的名字吗？
A : 我姓张。

B : 张先生是吗。听说了。山田马上就过来，还请您在此稍作等候。

A : 저기, 영업부 야마다 상을 만나려고 왔습니다.
B : 실례지만 성함이 어떻게 되시나요?
A : 장입니다.

B : 장 님. 말씀 들었습니다. 야마다 상이 곧 올테니까 저쪽에서 잠시만 기다려 주십시오.

2 A : You don't eat very much, do you?

B : Yeah, there've been a lot of drinking parties lately and my stomach's upset.
A : You'd better take it easy then...

B : I'd like to do so, but I want to network for the future.

A : 您似乎没怎么吃啊。

B : 嗯，最近一直都是各种酒会，胃不太舒服。
A : 您还是节制一些……

B : 我也想啊，但一想到这些或许会关系到将来就……

A : 별로 안 드시네요.

B : 네, 요즘 계속 술자리가 있다 보니까 속이 안 좋아서요.
A : 적당히 드셔야겠어요.

B : 저도 그러고 싶은데 다음 일로 이어지지 않을까 싶어서요.

3 A : You're behind schedule. Please explain the situation.
B : I'm very sorry. Shipping locally has been delayed.
A : I see. But if you don't keep to the delivery schedule, we'll be in trouble too.
B : Yes. We're giving it top priority now, so would you please wait a little bit?

A : 交货超时了啊。还请说明一下情况。
B : 真的非常抱歉。在当地装船的那一步耽搁了。
A : 这样啊。但是，如果你们不好好遵守交货期限的话，我们可是很难办的呀。
B : 是，我们现在优先在处理，还请您再稍等一下。

A : 납기가 늦어지고 있는데 상황 설명 좀 부탁합니다.
B : 죄송합니다. 현지에서 배 선적이 지연되고 있습니다.
A : 그렇군요. 그렇다 하더라도 납기일을 안 지켜주시면 저희도 곤란합니다.
B : 네. 지금 최우선으로 시키고 있으니까 조금만 더 기다려 주실 수 없을까요?

4 A : You haven't met the conditions we set.
B : I'm sorry. We are currently reviewing our quality control.
A : In the first place, there are too many defective products. There's no choice but to revisit the contract now, is there?
B : I've very sorry to hear that. We've just improved the final inspection process, so we think it should be OK in the future...

A : 我们这边提出的条件你们有漏掉的哦。
B : 太抱歉了，我们现在正在重新评估品控问题。
A : 说到底，残次品也太多了。这样的话我们必须得更改契约了。
B : 真的非常抱歉。我们正在改善终检，今后应该没问题了……

A : 저희가 제시한 조건을 만족하지 않는데요.
B : 죄송합니다. 현재 품질 관리를 재검토하는 중입니다.
A : 원래부터 불량품이 너무 많았어요. 이래 가지고는 계약을 재고할 수 밖에 없습니다.
B : 정말 죄송합니다. 최종 검사 공정을 개선하고 있으니 앞으로는 문제 없을 것 같습니다….

5 A : I'm sorry that you've had to call us so often.
B : No, no, I heard you had a long business trip.
A : Yes, I've been overseas. Sorry for the trouble.
B : No problem. You seem terribly busy.

A : 您好像给我打了很多次电话，真是抱歉。
B : 没事没事，你是去出了一趟远差嘛。
A : 是的，一直在国外。给您添麻烦了。
B : 没有的事。你那么忙，太辛苦了。

A : 전화 계속 주셨다고 들었습니다. 정말 죄송합니다.
B : 아뇨. 장기 출장이셨다면서요.
A : 네. 외국에 나가 있어서요. 불편을 끼쳐드려 죄송합니다.
B : 그런 말씀 마세요. 바쁘셔서 힘드시겠어요.

171

6 A : 明けましておめでとうございます。

B : 明けましておめでとうございます。

A : 本年もどうぞよろしくお願いいたします。

B : こちらこそ、本年もどうぞよろしくお願いいたします。

A : 今年は御社との協同プロジェクトも始まりますので。

B : ええ、実りの多い年にしたいですね。

7 A : まあ、一杯いかがですか。

B : すみません。今、アルコール控えてるんですよ、体を壊してから。家族から酒
を止められてまして。

A : まあまあ、かたいことは抜きにして[1]…。

B : そうはおっしゃいましても…。

A : 一杯ぐらい飲んでも罰は当たりませんよ[2]。それに「酒は百薬の長[3]」って言う
じゃないですか。

B : ま～、そうですけど～、今夜はやめときます。

8 A : 秋田さん、まだ一曲も歌ってませんよね?

B : いやいや、皆さんの歌を聞いてるほうが楽しいですから。

A : まー、そう言わずに、歌ってくださいよ。

B : ええ、まー、あとで。

A : はい、この中から選んでくださいね。

B : はい、じゃー、見せてもらいます。

9 A : Zoomミーティング[4]は、日本時間の午後3時ということでいいですか?

B : あ、すみません。ベトナム時間午後3時、日本時間午後5時でお願いしたいです。

A : 了解しました。では、資料用意しておきます。

B : あ、すみません。今、リモートワーク[5]中ですので、ファイルが大きいなら事
前に送っていただけると助かります。

A : あ、わかりました。簡単な資料だけですが、事前にメールで送ります。

B : よろしくお願いします。

社外の人や面接での会話 注➡p.186
しゃがい　めんせつ

6

A : Happy new year.

B : Happy new year.

A : I look forward to working with you this year, too.
B : Same here, I look forward to working with you this year, too.
A : This year we'll start our collaborative project with your company.
B : Yes, I hope it will be a fruitful year.

A : 新年快乐。

B : 新年快乐。

A : 今年也请多指教。

B : 彼此彼此，今年也请多指教。

A : 今年我们和贵公司的合作项目就要启动了。
B : 是啊，希望今年是个丰收年。

A : 새해 복 많이 받으세요.

B : 새해 복 많이 받으세요.

A : 올해도 잘 부탁드립니다.

B : 저도 올해도 잘 부탁드립니다.

A : 올해는 귀사와 협동 프로젝트도 시작하네요.
B : 네. 많은 결실을 맺는 한 해가 되었으면 좋겠습니다.

7

A : Well, how about a drink?

B : I am sorry. I'm trying to cut down on drinking right now as I've been sick. My family made me stop drinking.
A : Well, don't be so uptight about it...

B : Well, that's easy to say...

A : You won't get in trouble over one drink. Besides, they say "酒は百薬の長 (alcohol is the best medicine)."
B : Well, that may be, but I'll have to beg off tonight.

A : 好啦，来一杯怎么样?

B : 对不起，自从我把身体搞坏了之后，我现在在控酒呢。家人也不让我喝酒。
A : 行啦行啦，别那么认真嘛……

B : 就算你这么说……

A : 就喝一杯，不会遭报应的啦。而且，俗话说"酒是百药之长"嘛。
B : 唔……这是没错啦～但我今晚还是不喝了。

A : 자, 한 잔 받으세요.

B : 죄송해요. 요즘 술을 자제하는 중이에요. 몸이 안 좋아진 후로 가족들이 말려서요.
A : 아니 그러지 말고 한 잔…

B : 그렇게 말씀하셔도….

A : 한 잔 정도는 별 안 받아요. 그리고 '술은 건강에도 좋다' 라고 하잖아요.
B : 그건 그렇지만~. 오늘은 사양하겠습니다.

8

A : Mr. Akita, you haven't sung even one song yet, have you?
B : No, well, it's more fun listening to you all sing.
A : Well, give it up and give us a song.

B : Yes, well, maybe later.

A : Yes, choose from among these.

B : Yes, well, let me have a look.

A : 秋田，你还一首歌都没唱吧?

B : 不用不用，我还是听大家唱歌比较开心。
A : 好啦，别这么说，来唱吧。

B : 诶，好吧，我等下再唱。

A : 好的，你从这个里面选噢。

B : 好的，那，我看看。

A : 아키타 상, 아직 한 곡도 안 부르셨죠?
B : 괜찮아요. 다른 분들 노래 듣는 게 더 재미있어요.
A : 그런 말 마시고 부르세요.

B : 아, 음…. 나중에요.

A : 자, 이 중에서 골라 보세요.

B : 네, 그럼 보여 주세요.

9

A : The Zoom meeting is at 3 pm Japan time, is that OK?
B : Oh, I'm sorry. I'd like to have it at 3 pm Vietnam time, which is 5 pm Japan time.
A : I understand. I'll get the materials ready for it.
B : Oh, I'm sorry. I'm working remotely now, so if the file is very large, it would help if you sent it ahead of time.
A : Oh, I understand. It's only a simple document, but I'll email it in advance.
B : I appreciate it.

A : Zoom会议放到日本时间下午三点可以吗?
B : 啊，不好意思，是想放在越南时间下午3点，日本时间下午5点的。
A : 明白了。我会准备好资料的。

B : 对了，不好意思。我现在在远程办公，我现在是文件很大的话，您如果能提前发给我就好了。
A : 啊，我知道了。虽然只是一些简单的资料，但我会提前发给您的。
B : 有劳了。

A : Zoom미팅은 일본시간으로 오후 3시로 잡을까요?
B : 아, 죄송합니다. 베트남 시간으로 오후 3시, 일본시간으로 오후 5시로 부탁드리겠습니다.
A : 알겠습니다. 그럼 자료를 준비해 두겠습니다.
B : 아, 죄송한데 지금 재택근무중이라 파일 용량이 크면 미리 보내주시면 감사하겠습니다.
A : 네, 그렇게 할게요. 간단한 자료인데 미리 보내드릴게요.
B : 잘 부탁합니다.

⑩　A　：　あ、社用車、変えたんですか?
　　　　　　　　しゃようしゃ　か
　　　B　：　ええ、会社の方針でサブスク⁶なんですが、安く借りられるそうで。
　　　　　　　　　　　　ほうしん
　　　A　：　へー、レンタカーみたいなものですか?
　　　B　：　日ごとではなく月ごとに借りているようで、保険料もコミコミ⁷なんです。
　　　　　　　　　　　　　　　　　　　　　　　　　　ほ けんりょう
　　　A　：　なるほど、うちもそうしようかな。税金や車検がバカにならなく⁸って。
　　　　　　　　　　　　　　　　　　　　ぜいきん　しゃけん
　　　B　：　よければ、うちで使っている業者さんの資料、お送りしましょうか。
　　　　　　　　　　　　　　　　　　　　　　　　　　しりょう

⑪　A　：　検査結果、いつわかりそうですか?
　　　　　　けん さ けっか
　　　B　：　すみません。センターが立て込んでいるみたいで、早くて10日、遅くて20日
　　　　　　　　　　　　　　　　　　こ　　　　　　　　　　　　　　　　　　　　　　　おそ
　　　　　　　頃だそうです。
　　　　　　　ごろ
　　　A　：　そうですか。では、20日として、こちらの工程を見直しておきましょうか?
　　　　　　　　　　　　　　　　　　　　　　　　　こうてい　みなお
　　　B　：　そうですね。きつきつ⁹ですからね。今できることは事前に進めておいてもら
　　す
　　　　　　　えますか。
　　　A　：　わかりました。では、今できることをリスト化しておきましょう。
　　　　　　　　　　　　　　　　　　　　　　　　　　　　か
　　　B　：　じゃ、行程表、持ってきますね。
　　　　　　　こうていひょう

⑫　（電話で）
　　　A　：　はい。エコ東京商事、田中でございます。
　　　　　　　　　　とうきょうしょうじ　た なか
　　　B　：　お世話になっております。森下電機の森下です。
　　　　　　　　　　　　　　　　　もりしたでん き　もりした
　　　A　：　いつもお世話になっております。
　　　B　：　あの、上田社長、いらっしゃいますか?
　　　　　　　　　　うえ だ
　　　A　：　あ、申し訳ございません。本日、上田は休みを取っておりまして。
　　　　　　　　もう わけ　　　　　　　　　　うえ だ　　　　　　と
　　　B　：　あ、そうですか。では、明日またご連絡します。
　　　　　　　　　　　　　　　　　　　　　　　れんらく

⑬　A　：　あの、メールでお送りした御見積書、ご確認いただけましたでしょうか?
　　　　　　　　　　　　　　　　　お みつもりしょ　　かくにん
　　　B　：　あ、ご連絡が遅くなり、申し訳ございません。現在、部長が確認中でして。
　　　　　　　　　れんらく おそ　　　もう わけ　　　　　　　　　　　ぶちょう　かくにん
　　　A　：　そうですか。ご発注¹⁰いただけるようでしたら、納期が迫っていますので、お
　　　　　　　　　　　　　はっちゅう　　　　　　　　　　　　　　　　のう き せま
　　　　　　　早めにご連絡いただけると助かります。
　　　　　　　　　　　れんらく　　　　　たす
　　　B　：　かしこまりました。確認取れ次第、ご連絡いたします。
　　　　　　　　　　　　　　　　　と　し だい
　　　A　：　すみません。催促するようで。どうぞよろしくお願いします。
　　　　　　　　　　　　さいそく　　　　　　　　　　　　　　ねが
　　　B　：　こちらこそ、よろしくお願いいたします。
　　　　　　　　　　　　　　　　　　　ねが

社外の人や面接での会話 注 →p.186,187
しゃがい　　　　めんせつ

---

⑩
A : Oh, did you change your company car?
B : Yes, company policy is by subscription, but I heard I can rent this cheaply.
A : Oh, so it's like a rental car?

B : The subscription is by the month, not by the day and its all-inclusive, including insurance.
A : I see, maybe I'll try that for my company, too. Taxes and vehicle inspection are not cheap.
B : If you like, I can send you information on the companies we use.

A : 啊，公司的车子换了?

B : 是的，根据公司的方针，这个虽然是按期租的，但是似乎可以便宜点。
A : 这样啊，像租赁车那样的吗?

B : 是按月借的，不是按天借的。保险费也全包括在里面了。
A : 原来如此，我们公司要不也这么干吧。要交的税和车检费用太高了。
B : 需要的话，我们公司在用的那家公司的资料，我发给你吧。

A : 아, 업무차량 바꾸셨어요?

B : 네. 회사 방침으로요. 구독제인데 싸게 빌릴 수 있다고 해서.
A : 렌트카 같은 건가요?

B : 날짜별로 빌리는 게 아니고 달별로 빌려서 보험료도 포함이랍니다.
A : 그렇군요. 우리도 그렇게 할까. 세금이랑 차량 검사가 너무 비싸서요.
B : 괜찮으시면 저희가 이용하는 업체 자료를 보내드릴까요?

---

⑪
A : When will we hear about the test results?
B : I am sorry. It seems the center is so busy the earliest would be the 10th and the latest around the 20th.
A : I see. Then, assuming it will be the 20th, let's go over our process.
B : Right. It's very tight. For now, please do whatever you can ahead of time.
A : Sure. So let's list up what we can do now.
B : OK, I'll bring the itinerary then.

A : 大概什么时候能知道检查结果呀?
B : 抱歉，检查中心现在好像特别忙，说是最快10日，最晚20日。
A : 这样啊，那，就当它是20日，我们要不重新看一下我们这边的安排吧。
B : 说的也是，时间很紧张。把那些现在能做的事情先提前做了行吗?
A : 我知道了。那我先把现在能做的事情列出来。
B : 那，我去把行程表拿过来。

A : 검사 결과 언제쯤 알 수 있을까요?
B : 죄송합니다. 센터가 붐빈다고 빨라도 10일 늦으면 20일쯤이라고 하네요.
A : 아, 그래요? 그럼 20일이라 치고 이쪽 공정을 재검토 해 놓을까요?
B : 그럴까요. 일정이 빡빡하니까요. 지금 할 수 있는 건 미리 해 주실 수 있으세요?
A : 알겠습니다. 그럼 지금 가능한 일을 리스트로 뽑아 놓겠습니다.
B : 그럼 공정표를 가져 올게요.

---

⑫ (By phone)

A : Hello. My name is Tanaka and I'm from Eco Tokyo Shoji.
B : How are you? I'm Morishita of Morishita Electric.
A : Hi, how are you?

B : Um, is President Ueda here?

A : Oh, I'm sorry. President Ueda is on holiday today.
B : Is that right? OK, I'll contact him tomorrow.

⑫ (通话中)

A : 你好，环保东京商事，我是田中。
B : 承蒙关照，我是森下电机的森下。
A : 一直以来承蒙关照。

B : 那个，上田社长在吗?

A : 啊，抱歉。今天上田他休息了。
B : 啊，这样啊。那我明天再打过来。

⑫ (전화에서)

A : 에코 도쿄 상사 다나카입니다.
B : 안녕하세요. 모리시타 전기 모리시타 입니다.
A : 안녕하세요.

B : 그, 우에다 사장님 계세요?

A : 아, 죄송합니다. 오늘 사장님은 쉬는 날이세요.
B : 아, 그렇습니까. 그럼 내일 다시 연락 드리겠습니다.

---

⑬
A : Um, did you have a chance to check the quote I emailed you?
B : Oh, sorry about taking so long to contact you. My manager is checking now.
A : I see. If you would like to make an order, it would help if you did so promptly as the deadline is approaching.
B : Sure, thank you. I'll contact you as soon as I can confirm it.
A : Sorry to trouble you. We look forward to hearing from you.
B : I look forward to talking with you soon.

A : 那个，我邮件发给您的报价单，您过目了吗?
B : 啊，联系晚了，实在抱歉。现在部长正在看。
A : 这样啊。如果在我们这里下单的话，交货时间已经比较紧了，如果能早些联系我们就最好了。
B : 明白了。这边确认了就联系您。
A : 不好意思啊，好像在催你们似的。拜托了。
B : 彼此彼此，麻烦您了。

A : 메일로 보내드린 견적서 확인 부탁드립니다.
B : 아, 회신이 늦어서 죄송합니다. 지금 부장님이 확인중이시거든요.
A : 그러세요. 이제 곧 납기일이라서 발주하실 거면 되도록 빨리 연락 주시면 감사합니다.
B : 알겠습니다. 확인 되는대로 연락 드리겠습니다.
A : 재촉해서 죄송해요. 잘 부탁드립니다.
B : 저희야말로 죄송해요. 잘 부탁드립니다.

■ 就職面接
しゅうしょくめんせつ

14　A : 履歴書、拝見しました。日本語能力試験は結果待ちということですが。
　　　　りれきしょ　はいけん　　　　　　　　　　　のうりょく　　　　けっか

　　B : はい。おそらく2月 中 旬には結果が出ます。
　　　　　　　　　　　ちゅうじゅん　　けっか

　　A : そうですか、手ごたえとしてはどうでしたか?

　　B : 前回は3点足りず不合格でしたが、今回は大丈夫だと思っています。
　　　　ぜんかい　てん　　　ふごうかく　　　　　こんかい　だいじょうぶ

　　A : なるほど。やり取りは問題なさそうですし、大丈夫そうですね。
　　　　　　　　　　　と　　　　　　　　　　　　　　だいじょうぶ

　　B : ありがとうございます。

15　A : 宿泊業での経験は、ないんですよね。
　　　　しゅくはくぎょう　けいけん

　　B : はい。初めてです。
　　　　　　はじ

　　A : そうですか。アルバイトで接客 業などはしたことがありますか?
　　　　　　　　　　　　　　　せっきゃくぎょう

　　B : はい。今、レストランのホール³¹のバイトをしています。1年ぐらいになります。

　　A : なるほど。そこで難しいと感じることがありますか?
　　　　　　　　　　　　むずか　　　かん

　　B : 初めは日本語が聞き取りにくかったですが、今は大丈夫です。
　　　　　　　　　　　　　き　と　　　　　　　　　　　　だいじょうぶ

■ アルバイト面接
めんせつ

16　A : バヤラさん、ホールを希望ということですが、英語もできるんですか?
　　　　　　　　　　　きぼう

　　B : はい。オーダーを取るぐらいでしたら大丈夫です。
　　　　　　　　　　　と　　　　　　　　　だいじょうぶ

　　A : わかりました。えー、最初はみんな厨房スタートなんですが、そこは大丈夫で
　　　　　　　　　　　　さいしょ　　　ちゅうぼう　　　　　　　　　　　　　だいじょうぶ
　　　すか?

　　B : 大丈夫です。まず、私もメニューなどを覚えたいと思っています。
　　　　だいじょうぶ　　　　　　　　　　　おぼ

　　A : そうですか。メニューはすぐ覚えられると思いますよ。
　　　　　　　　　　　　　　　　おぼ

　　B : ありがとうございます。頑張ります。
　　　　　　　　　　　　　　　がんば

17　A : ペアさんは留学生なんですね。
　　　　　　　　りゅうがくせい

　　B : はい。日本語学校で平日は毎日12時半まで勉強しています。
　　　　　　　　　　　へいじつ

　　A : そうですか。じゃ、シフトは午後ですね。土日はどうですか?

　　B : 土日も大丈夫です。ただ留学ビザなので週28時間までとなっています。
　　　　　　だいじょうぶ　　　　　りゅうがく

　　A : あ、留学ビザはそういう条件があるんですね。
　　　　　　　　　　　　　　じょうけん

　　B : はい。ただ夏休みなどは、週40時間までアルバイトが可能です。
　　　　　　　　　　　　　　　　　　　　　　　　　かのう

社外の人や面接での会話 ⓘ ➡p.187
しゃがい　　　　　めんせつ

---

14 Job interview

A : I have read your resume. I understand you are waiting on the results of the JLPT.
B : Yes. I expect the results to come out around the middle of February.
A : Is that right? How do you feel you did?
B : The last time I was 3 points short of passing, but this time I think I should be fine.
A : I see. You don't seem to have any problem communicating, so I think you'll be fine.
B : Thank you very much.

15
A : You don't have any experience in the hotel industry, do you?
B : No. This would be my first time.

A : OK. Have you ever had a part-time job on the service industry?
B : Yes. I'm currently working part-time in the hall of a restaurant. I've been there about a year.
A : I see. Is there anything you find difficult there?
B : At first it was difficult catching people's Japanese, but now it's no problem.

16 Part-time job interview

A : Miss Bayala, I see you want to work on the hall, but can you speak English as well?
B : Yes. I should be fine so far as taking orders.
A : Good. Hmm, everyone starts off in the kitchen, is that fine with you?
B : That's fine. I'd like to learn the menu first.
A : Is that so? I'm sure you can remember the menu right away.
B : Thank you very much. I'll do my best.

17
A : So, Pea, you're an international student, right?
B : Yes. I study at a Japanese language school until 12:30 weekdays.
A : OK. Well, then your shift would be in the afternoon. How about weekends?
B : I'm available on Saturday and Sunday as well. However, given my student visa, I'm limited to 28 hours per week.
A : Oh, so student visas have that kind of condition.
B : Yes. But during the summer vacation, I can work part time up to 40 hours per week.

工作面试

A：我们看了您的履历书，看到还在等日语能力考试的结果。
B：是的，应该2月中旬就会出结果了。
A：这样啊。考下来感觉怎么样？
B：上次差了3分没过，这次应该没问题。
A：原来如此，感觉交流也没什么问题，应该可以的。
B：谢谢。

A：您没有从事过住宿行业的经验对吧？
B：是的，这是第一次。

A：这样啊。您打工有干过接待顾客的行业吗？
B：干过的，现在在餐厅的大堂打工。有1年左右了。
A：原来如此。有什么觉得难的地方吗？
B：一开始的时候我不太能听得懂日语，但是现在没问题了。

打工面试

A：巴亚拉小姐，您是希望在大堂工作，英语也会吗？
B：是的，点单这些还是没问题的。
A：知道了。呃，一开始大家都是从厨房干起的，这没问题吗？
B：没问题。一开始我也想先好好把菜单记住。
A：这样啊。菜单的话应该马上就能记住的。
B：谢谢，我加油。

A：佩亚小姐是留学生啊。
B：是的，工作日每天都在日语学校学习到12点半。
A：这样啊，那，排班的话就是在下午咯，双休日怎么样？
B：双休日可以的，只是，留学签证每周只能打工28小时。
A：啊，留学签证还有这种条件啊。
B：是的，不过暑假的话一周最多可以打40个小时的工。

취업 면접

A : 이력서 봤습니다. 일본어 능력시험은 결과를 기다리는 중이라고요.
B : 네. 아마 2월 중순에는 결과가 나올 것 같습니다.
A : 그렇습니까. 느낌은 어땠나요?
B : 지난 번에는 3점 부족해서 불합격이었는데 이번에는 괜찮을 것 같습니다.
A : 그렇군요. 의사소통도 문제 없을 것 같으니까 잘 나올 것 같네요.
B : 감사합니다.

A : 숙박업 업무경험은 없으시네요.
B : 네, 처음입니다.

A : 그러세요. 아르바이트로 서비스업 같은 건 해 본 적이 있나요?
B : 네. 지금 레스토랑에서 홀 아르바이트를 하고 있습니다. 1년정도 됐습니다.
A : 음. 거기에서 어려운 점은 있습니까?
B : 처음에는 일본어를 잘 못 알아들었는데 지금은 괜찮습니다.

아르바이트 면접

A : 바야라 상은 홀 업무를 희망한다고 했는데 영어도 할 수 있나요?
B : 네. 주문 받는 정도라면 괜찮습니다.
A : 알겠습니다. 어, 처음은 주방 일부터 시작하는데 괜찮겠어요?
B : 괜찮습니다. 저도 우선 메뉴부터 외우겠습니다.
A : 네. 메뉴는 금방 외울 수 있을 겁니다.
B : 감사합니다. 열심히 하겠습니다.

A : 페아 상은 유학생이에요?
B : 네. 일본어 학교에서 평일 12시 반까지 수업을 들어요.
A : 그럼요. 그럼 오후 출근이 되겠네요. 주말은 어때요?
B : 주말도 괜찮아요. 근데 유학생 비자라서 주 28시간까지만 일할 수 있어요.
A : 아, 유학 비자는 그런 조건이 있군요.
B : 네. 방학 때는 주 40시간까지 일 할 수 있어요.

1　A ： もう少しコストダウン[12]できませんか？

　　B ： そうですね…、世界的にどこも原料が値上がりしていますし。

　　A ： わかりますが…。再度ご検討願えませんか？

　　B ： 正直、今の状況だとまったく利益が出ない状況でして。

2　A ： では、こちらの契約書にサインと印鑑をお願いできますでしょうか。

　　B ： 申し訳ありませんが、やっぱりもう一度上司に相談してから、ということにさ
せてもらえませんでしょうか。

　　A ： あー、どのあたりに問題があるんでしょうか。

　　B ： いえ、問題があるわけではないのですが、金額が大きいので念のためです。

3　A ： ご意見、ご提案があれば、お願いいたします。

　　B ： そうですね、企画書をよく検討させていただいてからでもよろしいですか？

　　A ： はい、どうぞよろしくお願いいたします。

　　B ： 2、3日中には、またご連絡いたしますので。

4　A ： 見積書、見せていただけますか？

　　B ： はい、こちらです。いかがでしょうか。

　　A ： う～ん、もう少しコストダウンできませんか？

　　B ： 注文数が少ないので、これで目いっぱいなんです。

5　A ： それで、お仕事はうまくいきましたか？

　　B ： おかげさまで、どうにか契約成立にまでこぎつけました。

　　A ： それはよかったですね。おめでとうございます。

　　B ： いやー、まだまだ細部を詰めないといけないんですけどね。

6　A ： ぜひ今度、お話し伺いたいと思います。

　　B ： こちらこそ、ぜひ。では例えば来月の第2週などでご都合、いかがでしょう？

　　A ： 12日の週ですね。そうですね、14日水曜の午後3時ごろであれば、空いてる
んですけど。

　　B ： あ、ちょうど私も空いております。大丈夫です。

社外の人や面接での会話 注➡p.187

1
A : Can't you reduce the cost a bit?

B : Let me see...the price of raw materials are rising all over the world.
A : I understand that, but... Can I ask you to look at it again?
B : To be honest, we can't make any profit at all under the current conditions.

A : 费用还能再低一点吗?

B : 这个嘛……全世界所有地方的原料都涨价了。
A : 这我知道……能再合计合计吗?
B : 说实话,现在这个情况已经是没有钱赚了的。

A : 좀 더 생산가격을 절감할 수 없을까요?

B : 글쎄요….세계적으로도 원료값이 상승하고 있거든요.
A : 저희도 그건 알지만…. 다시 한번 검토 부탁드립니다.
B : 솔직히 말해서 지금 상황이면 수익이 전혀 안 나는 상황이라서요.

2
A : In that case, please sign and affix your seal to this contract.
B : I'm sorry, but I hope you don't mind if I talk with my boss again.
A : Oh, is there a problem somewhere?

B : No, it's not that there's a problem, but just in case, because it is a large amount.

A : 那么, 这边这份契约书能麻烦您签个名盖个章吗?
B : 抱歉, 果然我还是再去找上司商量一下, 可以吗?
A : 啊, 是哪部分有问题呢?

B : 不是, 不是有什么问题, 而是金额比较大, 以防万一。

A : 그럼 이 계약서에 사인과 도장을 찍어 주십시오.
B : 죄송한데, 역시 저희 상사님이랑 다시 이야기를 해보고 진행하고 싶은데요.
A : 아, 어느 부분에서 문제가 있나요? 아뇨, 문제가 있는 건 아닌데 금액이
B : 커서 조심스럽네요.

3
A : If you have any comments or suggestions, please let me know.
B : In any event, I hope you don't mind if I review the proposal carefully first.
A : Of course, we look forward to hearing from you.
B : I'll contact you in 2 or 3 days.

A : 如果有什么意见或者提案的话, 拜托了。
B : 这个嘛, 请让我们先好好看看企划书再说可以吗?
A : 好的, 请多指教。
B : 2、3天之内, 我们会再联系你的。

A : 의견이나 제안이 있으시면 말씀해 주세요.
B : 네. 기획서를 자세히 보고나서 이야기 해도 될까요?
A : 네, 잘 부탁드립니다.

B : 2,3일 중으로 연락 드리겠습니다.

4
A : Could you show me the quote please?

B : Yes, this is it. What do you think?

A : Hmm, can't you reduce the cost a bit?
B : Given the level of orders, this is the best I can do.

A : 能让我看一下报价单吗?

B : 好的, 在这里。怎么样?

A : 唔……费用能再降一点吗?
B : 下单的数量太少了, 这已经是极限了。

A : 견적서 보여 주시겠어요?

B : 네, 여기 있습니다. 어떠세요?

A : 음…. 좀 더 생산가격을 절감할 수 없을까요?
B : 주문수가 적어서 이게 최대치예요.

5
A : So, did the job go well?

B : Thanks to your help, we managed to close the deal somehow.
A : Oh, that's great news. Congratulations.
B : Well, I still have to work on the details.

A : 所以, 工作还顺利吗?

B : 托你的福, 总算是把契约定下来了。
A : 那真是太好了。恭喜你。

B : 啊呀, 还有很多细节需要补充呢。

A : 그래서 일은 잘 됐어요?

B : 덕분에 그럭저럭 계약 성립 됐습니다.
A : 그거 잘됐네요. 축하합니다.

B : 아니에요. 아직 세부사항 조정이 남아있거든요.

6
A : I'd like to hear about it sometime.

B : Sure, by all means. Well, how about the 2nd week next month, for example, if you have time. How about it?
A : The week of the 12th, right? Let me see..., I'm free the 14th, that's Wednesday afternoon around 3 pm.
B : Uh, that's perfect, I'm free too. That'll be fine.

A : 下次, 必须好好听你说说。

B : 我才是, 必须的。那如果是下个月的第二个星期什么的, 你可以吗?
A : 12日那周是吧。我看看。14日下午3点左右的话我有空。
B : 啊, 刚好, 我也有空, 可以的。

A : 언제 한 번 찾아뵙겠습니다.

B : 좋죠. 다음 달 둘째 주는 어떠신가요?
A : 12일이 들어있는 주죠? 14일 수요일 오후 3시쯤이 비어 있습니다.
B : 아, 그럼 저도 시간 괜찮습니다.

179

⑦ A：片桐さんは、もともと企画部にいらっしゃったんですね。
　　　　　かたぎり　　　　　　　　　きかくぶ

　　B：ええ、営業に配属が決まった当初は、嫌々外まわりやってたんですよ。
　　　　　　えいぎょう　はいぞく　き　　　とうしょ　　　いやいやそと

　　A：え、本当ですか？　凄腕の営業マンの片桐さんが？
　　　　　ほんとう　　　　　すごうで　えいぎょう　　かたぎり

　　B：ええ。でも、ほら営業って、結果が数字っていう目に見える形で出てくるでしょ
　　　　　　　　　　　　えいぎょう　けっか

　　　　う。だから、「何くそ負けるものか」ってやってたら、いつからかその
　　　　　　　　　　　　　　　ま

　　　　魅力にすっかりハマっちゃって。
　　　　みりょく

⑧ A：そうですか。確かに、その点はやりがいがありますよね。でも、ノルマもあっ
　　　　　　　　　たし

　　　　て、毎日大変でしょう？

　　B：ええ、大変は大変なのですが。営業の魅力に取りつかれちゃったんでしょうね。
　　　　　　　　　　　　　　　　えいぎょう　みりょく　と

　　A：あ、見積もり見せてもらいました。
　　　　　　みつ

　　B：あ、そうですか。どうでしょうか、この線で。
　　　　　　　　　　　　　　　　　　　　せん

　　A：う〜ん、この部品の単価、もう少し何とかなりませんかね。
　　　　　　　　　ぶひん　たんか

　　B：そうですね…。でも、うちもこれで目いっぱいなんですよ…。

　　A：まー、それはわかってるんですがね〜。そこを何とか…。

　　B：う〜ん、まいったなー。

⑨ A：恐れ入りますが、折り返しお電話をいただけますか？
　　　　　おそ　い　　　　お　かえ

　　B：承知いたしました。申し訳ございませんが、もう一度、お名前とお電話番号を
　　　　　しょうち　　　　　もう　わけ　　　　　　　　　　　　　　　　　　　　ばんごう

　　　　いただけますか？

　　A：日本商事営業部の竹中です。
　　　　にほんしょうじえいぎょうぶ　たけなか

　　B：はい。日本商事営業部の竹中様ですね。
　　　　　　にほんしょうじえいぎょうぶ　たけなかさま

　　A：電話番号は03−……

⑩ A：本日はお忙しいなか、突然お邪魔いたしまして、恐縮に存じます。
　　　　ほんじつ　いそ　　　　とつぜん　じゃま　　　　　　きょうしゅく　ぞん

　　B：まー、どうぞ、そちらにおかけください。

　　A：本日は、先日の契約の件に関して、お伺いさせていただきました。
　　　　　　せんじつ　けいやく　けん　かん　　　うかが

　　B：あ、そうですか。それなら営業部長の高橋も同席させたほうが良いかもしれま
　　　　　　　　　　　　　　　　えいぎょうぶちょう　たかはし　どうせき　　　　　よ

　　　　せんね。

　　A：あ、高橋部長がいらっしゃるのでしたら、ぜひそうお願いしたいのですが。
　　　　　たかはしぶちょう　　　　　　　　　　　　　　　　　ねが

　　B：わかりました、それでは高橋を呼びますので、少々お待ちください。
　　　　　　　　　　　　　　　たかはし　よ　　　　　　しょうしょう　ま

7
A : Ms. Katagiri, you started off in the planning department, didn't you?
B : Yes, at first when I was posted to sales, I didn't like going out on calls.
A : What, really? Ms. Katagiri, our ace salesperson?
B : Yes. But, you know with sales, you can see your results in the form of numbers. So I was working like "I am not going to give up," Then one day, you know, I got hooked on it.

A : 您原来是在企划部的啊。
B : 是的，一开始被分配到销售部的时候，我都是极其不乐意地出去跑外勤的。
A : 诶，真的吗？这真的是业绩超群的销售达人片桐先生吗？
B : 是的。但是，你懂的，销售的结果是通过数字这种能够直接用眼睛看到的形式出现的嘛。因此，想着"怎么能给这种东西呢"，干着干着，不知不觉中完全陷入了它的魅力之中无法自拔了。

A : 가타기리 상은 원래 기획부에 있었다면서요.
B : 네. 영업부로 발령 받았을 때에는 억지로 외근을 나갔었죠.
A : 정말요? 일 잘하는 영업맨 가타기리 상이요?
B : 네. 근데 영업이라는 게 결과가 숫자로 보이잖아요. 그래서 '질 순 없지'라는 마음으로 했더니 어느새 푹 빠져버렸던 거죠.

8
A : Is that right? That point is definitely motivating. But, with the quotas and all, it must be tough every day.
B : Yes, no doubt it's tough. But I guess I got fascinated with sales.
A : Oh, I've had a look at the quote.
B : Oh have you? What do you think about this?
A : Hmm, the price of this part, I wonder if you can give a little on it.
B : Let me see... But that's really the limit for us, too...
A : Well, I understand that, but still... Could you do something about it...?
B : Ah, what to do.

A : 这样啊。确实，这一点看起来还是很有价值的呢。不过还有目标销售额，每天都挺不容易的吧。
B : 是的，难是难，也是被销售的魅力所折服了吧。
A : 啊，报价单我看了。
B : 啊，是吗，这个方向怎么样？
A : 唔……这个部件的单价，能不能再想点办法呀？
B : 这个……但是，我们已经是最低价了……
A : 嗯……这个我们知道的，能不能再……
B : 唔……伤脑筋啊……

A : 그래요? 생각해 보면 그런 점은 보람이 있을 것 같네요. 그래도 할당량이 있으니거 매일 힘드시죠?
B : 네. 힘들기는 한데 영업의 매력에 빠진 거죠.
A : 참, 견적 확인했습니다.
B : 아, 네. 어떠세요, 이 선에서.
A : 음…. 이 부품 가격 말인데요, 좀 더 어떻게 안될까요?
B : 그게… 저희도 최대한 노력해서 이렇게 나온 거라서요….
A : 그거야 저희도 잘 아는데~ 어떻게 안되겠습니까.?
B : 음…. 큰일났네.

9
A : I'm sorry, but could you call me back?
B : Certainly, I will do. I'm sorry, but could you tell me your name and phone number again?
A : This is Takenaka from the sales department of Nihon Shoji.
B : Mr.Takenaka from the sales department of Nihon Shoji, right?
A : My phone number is 03-....

A : 实在不好意思，能麻烦回个电话过来吗？
B : 好的。抱歉，能再说一遍您的名字和电话号码吗？
A : 我是日本商事的竹中。
B : 好的。日本商事的竹中先生是吗。
A : 电话号码是03……

A : 죄송한데 나중에 저한테 다시 전화 주시겠어요?
B : 알겠습니다. 죄송한데 성함이랑 전화번호를 다시 말씀해주세요.
A : 니혼상사 영업부 다케나카입니다.
B : 네, 니혼상사 영업부 다케나카님.
A : 전화번호는 03….

10
A : I appreciate you making time on short notice today when you're so busy.
B : Well, please have a seat over there.

A : I stopped by today about the contract from the other day.
B : Oh I see. In that case, we should have the head of sales, Ms. Takahashi sit in as well.
A : Oh, if manager Ms. Takahashi is available, that would be great.
B : Right, I'll call her, so please wait here for a minute.

A : 今天在您百忙之中突然打扰，真是非常抱歉。
B : 没事，请在那边坐下吧。

A : 今天是为了之前的契约的事情前来拜访的。
B : 啊，是这样。这样的话，让销售部长高桥也一起会比较好。
A : 啊，如果高桥部长在的话，请务必让他一起。
B : 好的，那我去叫高桥，您稍等一下。

A : 오늘은 바쁘신데 갑자기 찾아와서 죄송합니다.
B : 일단 앉으세요.

A : 오늘은 지난 번 계약 건에 관해서 찾아왔습니다.
B : 아, 그렇습니까. 그거라면 다카하시 영업부장님을 부르는 게 좋겠군요.
A : 아, 다카하시 부장님이 계시면 그게 좋을 것 같습니다.
B : 알겠습니다. 그럼 불러 올테니 잠시만 기다려 주세요.

181

⑪　A ： はい。廃棄物回収センター[16]です。
　　B ： あの、山川町でゲストハウスをしている者なんですが、事業者用のごみ回収
　　　　のことでお聞きしたくって。
　　A ： ありがとうございます。どのようなことでしょうか?
　　B ： 実は何社かに見積もりをお願いしているんですが、週3回、回収に来てもらっ
　　　　た場合、おいくらぐらいになるのかなと思いまして。
　　A ： 廃棄される物と量はどんな感じでしょうか?
　　B ： 一般的な生ごみや段ボールですね。1回に大きなゴミ袋で2袋ぐらいですかね。

⑫　A ： 初めまして。テクノサービスの渡辺です。
　　B ： あ、お名刺ちょうだいします。すみません。私、名刺を切らしておりまして。
　　A ： いえ、大丈夫です。
　　B ： ふくろう建築の小林と申します。
　　A ： 小林様、どうぞよろしくお願いいたします。
　　B ： こちらこそどうぞよろしくお願いいたします。名刺は後日。
　　A ： あ、いえ、本当にお気遣いなく。
　　B ： すみません。

⑬　(コーヒーの卸会社で)
　　A ： お世話様です。なんかいい匂いですね。
　　B ： あ、中村さん。こんにちは。これ、今シーズンのナイジェリアの豆なんですが、
　　　　とても個性的な出来なんですよ。
　　A ： そうですか。フルーティーでいい香りですね。
　　B ： そうなんです。でも若く爽やかなフルーティーじゃなく、完熟したマンゴーや
　　　　バナナのようなフルーティーさなんです。
　　A ： へー、それは珍しいですね。今までそういうコーヒーは記憶がないかも。
　　B ： ええ、私も30年この業界にいますけど、ちょっと今までになかったですね。
　　A ： え、そうですか。じゃ、ちょっと試飲させてもらえますか。
　　B ： ええ、もちろんです。

11

A : Hello. This is the waste collection center.
B : Um, I'm running a guesthouse in Yamanaka ward and I wanted to ask about garbage collection for businesses.
A : Thank you for calling. What can I help you with?
B : Well, actually, I've asked for quotes from several companies, and I'm wondering what you charge to collect 3 times a week.
A : What kind of garbage and what kind of volume were you thinking?
B : Normal food waste and cardboard. There would be 2 large garbage bags per time.

A : 你好，废品回收中心。
B : 那个，我是山川町开小旅馆的，想问一下关于企业垃圾回收的事情。
A : 感谢致电。请问是什么事情呢？
B : 其实我们找好几家公司开了报价单，就想知道一周经来收3次垃圾的话，要多少钱。
A : 废弃物的情况和量是什么样的？
B : 一些普通的湿垃圾、纸板箱这些。每次大概是那种大的垃圾袋2袋的样子。

A : 폐기물 회수 센터입니다.
B : 저기, 야마카와쵸 게스트하우스에 있는 사람인데요 영업장 쓰레기 회수에 관해 문의할 게 있어서요.
A : 감사합니다. 어떤 일이신가요?
B : 실은 몇 군데에서 견적을 받았는데 주 3회 회수할 경우 가격이 어느정도 되나 해서요.
A : 폐기하실 물건이랑 양은 어느정도인가요?
B : 일반 쓰레기랑 종이상자입니다. 한 번에 대용량 봉투로 두 개 정도구요.

12

A : Pleased to meet you. I'm Watanabe from Techno Services.
B : Oh, thank you for your business card. I'm sorry. I just ran out of cards.
A : No problem. It's fine.

B : My name is Kobayashi of Owl Construction.
A : Nice to meet you Ms. Kobayashi.

B : Same here, nice to meet you. I'll give you my card later.
A : Oh, no, really, don't worry about it.

B : I am sorry.

A : 初次见面。我是技术服务的渡边。
B : 啊，名片我收下了。不好意思，我的名片用完了。
A : 没事。

B : 我是猫头鹰建筑的小林。
A : 小林先生，请多指教。

B : 彼此彼此，请多指教。名片之后再给您。
A : 啊，没事，真的不用客气的。

B : 实在不好意思。

A : 처음 뵙겠습니다. 테크노 서비스 와타나베입니다.
B : 아, 명함 감사합니다. 죄송합니다. 마침 명함이 떨어져서요.
A : 아뇨, 괜찮습니다.

B : 후쿠로 건축 고바야시라고 합니다.
A : 고바야시 님, 잘 부탁드립니다.

B : 잘 부탁드립니다. 명함은 다음에 드리겠습니다.
A : 아, 신경쓰지 마세요.

B : 죄송합니다.

13 (At a coffee wholesaler)

A : How are you? Something smells really nice.
B : Oh, Mr. Nakamura. Good day. This is a Nigerian bean from this season. It is really unique.
A : Is that so? It has a nice, fruity aroma.

A : That's right. But not so much young and fruity, but more like the fruitiness of a ripe mango or banana.
A : Wow, that's so unusual. I can't remember having a coffee like that before.
B : That's right, I've been in the industry for some 30 years, but I've never had anything like it.
A : Oh, is that right? Well, could I have a sample taste of it?
B : Yes, of course.

(咖啡批发公司)

A : 承蒙关照。好像有股很好闻的味道。
B : 啊，中村，你好啊。这个是当季的尼日利亚的咖啡豆，还挺有个性的。
A : 这样啊。有点水果香很好闻。

B : 是的。但是不是那种青涩清爽的水果香，而是那种全熟的芒果或者香蕉的香气。
A : 哇，这可真是少见啊。在我的记忆里至今可能还没有过这样的咖啡。
B : 是的。我虽然干这行30年了，至今也没有碰到过。
A : 诶，是吗？那能让我尝一下吗？
B : 嗯，当然。

(커피 회사에서)

A : 안녕하세요. 냄새가 좋네요.
B : 아, 나카무라 상. 안녕하세요 이번 시즌 나이지리아산 원두인데 아주 개성있답니다.
A : 그래요? 과일향이 좋네요.

B : 맞아요. 그래도 풋풋하면서 상큼한 과일향이 아니라 숙성된 망고랑 바나나 같은 과일향입니다.
A : 희귀한 거네요. 그런 커피는 본 적이 없는 것 같아요.
B : 네, 저도 30년 이 업계에 있는데 지금까지 없던 거긴 해요.
A : 아 그래요? 한 번 시음해 봐도 될까요?
B : 그럼요.

section ❷ 上級 64

■ 就職面接
しゅうしょくめんせつ

14 A：早速ですが、志望動機を伺わせてください。
　　　　さっそく　　　　　しぼうどうき　　うかが

B：はい。とにかく御社の車に関わる仕事がしたいからです。
　　　　　　　　　　おんしゃ　くるま　かか　しごと

A：じゃー、例えばどんな仕事がしたいんですか？
　　　　　　　たと

B：はい、ハイブリッドカーの開発に携わるのが夢です。
　　　　　　　　　　　　　　かいはつ　たずさ　　　　ゆめ

15 A：いろいろな仕事をされてきたんですね。
　　　　　　　　しごと

B：はい。私なりにキャリアアップをしてきたと考えています。
　　　　　　　　　　　　　　　　　　　　　かんが

A：特に力を入れられたことは何ですか？
　　とく　ちから

B：そうですね。ネットワークに関する新規プロジェクトです。立ち上げから運営
　　　　　　　　　　　　　　　　かん　しんき　　　　　　　　　た　あ　　　　うんえい
に携わってきました。
　たずさ

16 （飲食産業への就職面接）
　　いんしょくさんぎょう　しゅうしょくめんせつ

A：あなたはラーメンが好きということですが、よく行く店などがありますか？

B：はい。いろいろな店に行くんですが、この３年間、毎週少なくとも１回は必ず
　　　　　　　　　　　　　　　　　　　　　　まいしゅう　　　　　　　かなら
行く店があります。

A：そうですか。では、そこのラーメンの魅力について一言で言い表してみてくだ
　　　　　　　　　　　　　　　　　　　みりょく　　　　ひとこと　い　あらわ
さい。

B：はい。わかりました。一言で言うと「強い個性はなく一見どこにでもありそう
　　　　　　　　　　　　ひとこと　い　つよ　こせい　　　いっけん
ですが、思わず『ただいま』と言いたくなる、家庭的な優しい味わいのラーメ
　　　　　おも　　　　　　　　　　　　　　　かていてき　やさ　あじ
ン」です。

A：なるほど。ありがとうございます。

17 A：前の会社ではどんなお仕事をされていたんですか？
　　　まえ　かいしゃ　　　　　しごと

B：社員の安全と健康の管理が主でした。
　　しゃいん　あんぜん　けんこう　かんり　おも

A：そうですか。例えば？
　　　　　　　　たと

B：そうですね、工場内での環境改善とか、社員の禁煙プログラムの開発などをや
　　　　　　　　こうじょうない　かんきょうかいぜん　しゃいん　きんえん　　　　かいはつ
っておりました。

A：ほ〜、そうですか。仕事はやりがいがありましたか？

B：はい、自分で工夫したことが実現されていくので、充実感がありました。
　　　じぶん　くふう　　　　　じつげん　　　　　　　じゅうじつかん

社外の人や面接での会話
しゃがい　　　めんせつ

14 Job interview

A : Let's get right to it, what is your motivation for applying?
B : Well, first, I'm interested in work related to your company's cars.
A : OK, what kind of work would you like to do, for example?
B : My dream is being involved in the development of hybrid cars.

15 A : You've done a lot of different jobs so far.
B : Yes. I think I've progressed through my career in my own way.
A : What have you put particular effort into?
B : Let me see... There is a new project related to networks. I've been involved in managing it since the very beginning.

16 (Dining industory job interview)
A : You mentioned that you like ramen, but are there any restaurants that you frequent?
B : Yes. I go to a variety of places, but there is one that I've been going to at least once a week for the past 3 years.
A : Is that right? Can you describe the attraction of their ramen in just a few words?
B : Yes. OK. To put it briefly, "Despite not having a strong personality and looking like it could be anywhere, their ramen has a homey, subtle flavor that makes you want to say, I'm home."
A : I see. Thank you.

17 A : What kind of work did you do at your last company?
B : I was primarily responsible for employee health and safety.
A : I see. For example?

B : Well, I was working on improving the work environment in the factory and developing a stop smoking program for employees.
A : Oh, is that right? Did you find the work meaningful?
B : Yes, I had a feeling of fulfillment as the things I had devised were being achieved.

工作面试

A : 那我直接开始了，请允许我问一下您求职的动机。
B : 好的。因为我就是想干与贵公司的汽车相关的工作。
A : 那，比如说是什么样的工作呢？
B : 嗯，能够参与到混合动力车的开发当中去是我的梦想。

A : 您至今干过不少工作啊。
B : 是的。我认为是按我自己的方式积累了工作经验。
A : 您在什么事情上投入的精力特别多呢？
B : 这个嘛，是与网络相关的新项目。从建立到运营都有参与。

(餐饮行业的工作面试)
A : 看到你说喜欢吃拉面，经常去店里吃吗？
B : 是的。虽然我会去各种各样的店里，但是这3年里，有家店我每个星期至少都会去1次。
A : 这样啊。那，请用一句话表述一下那家店的拉面的魅力。
B : 好的，明白了。用一句话来说就是"个性并不强烈，一眼看会觉得是随处可见的拉面，但会让人忍不住想说'我回来了'，是很温柔的有家的味道的拉面"。
A : 原来如此。谢谢。

A : 您在之前的公司是做什么工作的呀？
B : 主要是管理员工的安全和健康。
A : 这样啊。比如呢？

B : 这个嘛，做过改善工场内的环境啊、开发员工禁烟程序这些的。
A : 喔，这样啊。觉得工作干起来有价值吗？
B : 有的。自己花费心思做的事能够逐步实现，让人感觉很充实。

취업 면접

A : 먼저 지원동기를 말씀해 주세요.
B : 네. 우선 귀사에서 자동차 관련 일을 하고 싶기 때문입니다.
A : 그럼 구체적으로 어떤 일을 하고 싶나요?
B : 네. 하이브리드 자동차 개발관련 일을 하는 것이 꿈입니다.

A : 다양한 일을 해 오셨네요.
B : 네. 나름대로 커리어를 쌓아 왔다고 생각합니다.
A : 특히 어떤 것에 주력하셨나요?
B : 네. 네트워크 관련 신규 프로젝트입니다. 기획 단계부터 담당했습니다.

(요식업 취업 면접)
A : 라면을 좋아하신다고 하셨는데 자주 가는 곳이 있으신가요?
B : 네. 다양한 가게에 가는데 이 3년동안 매주 한 번은 꼭 가는 가게가 있습니다.
A : 그렇습니까. 그 가게의 매력을 한마디로 표현해 보세요.
B : 네. 한마디로 말해 '강한 개성은 없어서 언뜻 흔한 라면 같지만 나도 모르게' 다녀왔습니다'라고 하고 싶어지는 집밥 같은 푸근한 맛이 나는 라면입니다.
A : 그렇군요. 감사합니다.

A : 전 직장에서는 어떤 일을 하셨나요?
B : 직원들의 안전과 건강 관리가 주업무였습니다.
A : 예를 들면요?

B : 그러니까 공장내의 환경개선이나 직원의 금연 프로그램 개발 같은 것을 했습니다.
A : 오~ 그렇군요. 성취감이 있었습니까?
B : 네. 직접 생각했던 것이 실현되는 걸 보고 성취감을 느꼈습니다.

185

解 説

① かたいことは抜きにして

真面目で堅苦しいことはこの場では言わないでという意味です。	This means you don't have to be so formal or serious here.	意思是在这个场合不要说这么认真严肃的话。	진지하고 딱딱한 말은 이자리에서 하지 않는다라는 뜻입니다.

② 罰は当たらない

それをしても神様から罰をもらうことはないという意味です。つまり、それをすることは悪いことではないという意味です。	This means you won't be punished by God even if you do it. In other words, doing it is not such a bad thing.	意思是，做了这件事也不会受到神明的惩罚的。也就是说，做这件事并不是什么不好的事情。	그 일을 해도 벌을 받는 일은 없다라는 뜻입니다. 즉, 해도 나쁘지 않다는 뜻입니다.

③ 酒は百薬の長

適量の酒を飲むことは良薬より健康にいいということわざです。酒を飲む口実として酒を賛美するときに使うことが多いです。	The saying goes that drinking the right amount of alcohol is better for your health than a good medicine. Praising alcohol is often used as an excuse to drink.	是一句俗语，意思是适量喝酒比良药对健康更有益。多用于作为喝酒的借口时对酒的赞美。	적정량의 음주는 약보다 건강에 좋다라는 뜻의 속담입니다. 술을 마실 구실로 술을 찬양할 때 쓰는 경우가 많습니다.

④ Zoomミーティング

Zoom というアプリを使ってインターネット上で行う会議、打ち合わせのことです。	Refers to discussions or meetings held over the Internet via the Zoom app.	即使用一个叫做Zoom的软件，在网上进行会议、讨论等。	Zoom 프로그램을 이용해 인터넷상에서 하는 회의를 말합니다.

⑤ リモートワーク

自宅など社外からインターネットを介して働く働き方のことです。	Refers to working via the Internet from somewhere other than the office, such as from home.	在自己家等公司以外的地方进行网上办公的工作方式。	자택 등 회사 밖에서 인터넷으로 근무하는 방식을 가리킵니다.

⑥ サブスク

「サブスクリプション」の略語です。一定期間なにかを利用できるサービス、またはビジネスモデルです。	Abbreviation for "サブスクリプション (subscription)." A service or business model that allows you to use something for a fixed period of time.	是"サブスクリプション（订阅）"的略称。在一定期间内可享受某种服务的一种商业模式。	"サブスクリプション"의 줄임말입니다. 돈을 내고 일정기간 이용할 수 있는 서비스나 비즈니스 모델입니다.

⑦ コミコミ

「込める」を合わせた表現で、すべてのサービスが含まれた価格という意味です。別料金は掛かりません。	An expression put together from "込める (to include)" that means the price includes all services. There are no extra charges.	是"込める（包含、放入）"的拼接形式。意思是包含了全部服务的价格，不需要另付其他费用。	"込める（포함하다）"를 반복한 말로 모든 서비스가 포함된 가격이라는 뜻입니다. 별도 요금이 들지 않습니다.

⑧ バカにならない

軽視できない、重要だという意味です。ここでは、結構なお金が掛かるという意味です。

This means something important and not to be made light of. Here it means that it costs quite a lot of money.

指不可小觑，很重要。在这里指要花费大量的金钱。

경시할 수 없다, 중요하다라는 뜻입니다. 본문에서는 상당한 비용이 든다라는 뜻입니다.

⑨ きつきつ

「きつい」を合わせた表現ですでに多くのものや、することで空間や時間が埋まっていて、余裕がないという意味です。

An expression coming from "きつい (tight)," which means that with so much to do already and so much space or time to do it in, there's no room.

是"きつい（紧）"的拼接形式，意思是已经有很多东西了，或者因为所做的事情，空间或时间已经很满了，没有空余了。

"きつい"를 반복한 말로 일이나 물건 때문에 시간, 공간이 잡아 먹혀 여유가 없다는 뜻입니다.

⑩ 発注
（はっちゅう）

注文を出すことです。一般的にビジネスにおいて、商品やサービスを依頼するときに使います。

Refers to placing an order. This is generally used in business to refer to requesting goods or services.

指下单。一般用于在商务场景委托商品或者服务的时候。

주문을 한다는 말입니다. 일반적으로 비즈니스에서 상품이나 서비스를 의뢰할 때 씁니다.

⑪ ホール

「ホールスタッフ」の略語です。レストランで接客し注文を取ったり、料理などをお客さんに出したりする業務を担当します。

An abbreviation for "ホールスタッフ (hall staff)." Hall staff in a restaurant are responsible for serving customers-taking their orders and serving their food.

是"ホールスタッフ（大堂服务员）"，在餐厅负责接待客人，点单，为客人上菜等事务。

"ホールスタッフ"의 줄임말입니다. 레스토랑에서 주문을 받거나 요리를 서빙하는 업무를 봅니다.

⑫ コストダウン

生産原価（コスト）を引き下げることです。

Refers to reducing production costs.

指降低生产成本。

생산가격(코스트)를 내리는 것입니다.

⑬ 凄腕
（すごうで）

技術が他者より優れているという意味です。ここでは他者より優れた営業成績を残してきたという意味です。

This means your skills are much better than anyone else. In this case, it means the person's sales results are superior to other peoples'.

意思是技术比他人优秀。在这里指留下了比其他人更优秀的销售业绩。

기술이 다른 사람보다 뛰어나다라는 뜻입니다. 본문에서는 다른 사람보다 뛰어난 영업실적을 올려 왔다라는 뜻입니다.

⑭ この線で
（せん）

この方針でという意味です。

This means by this policy.

即这个方针的意思。

이 방침으로 라는 뜻입니다.

⑮恐縮に存じます
きょうしゅく　　ぞん

ここでは大変申し訳なく思いますという意味です。

Here it means I am very sorry.

在这里是觉得非常抱歉的意思。

본문에서는 굉장히 죄송하다라는 뜻입니다.

⑯廃棄物回収センター
はい　き　ぶつかいしゅう

ゴミなどの廃棄物を回収するセンターのことです。地方自治体だけでなく事業として運営する企業もあります。

Refers to a center where waste, such as garbage, is collected. These are not limited to those of local governments, but are operated by private companies as well.

回收垃圾等废弃物的中心站。除了地方自治团体之外还有以此为业务运营的企业。

쓰레기 등 폐기물을 회수하는 센터입니다. 지자체가 아니라 사업으로 운영하는 기업도 있습니다.

Unit

8

■長い会話、独話、スピーチなど
<ruby>独<rt>どく</rt></ruby><ruby>話<rt>わ</rt></ruby>

Long conversations, monologs, speeches, etc.
长对话、独白、演讲等
긴 회화, 독백, 스피치 등

様々な場面のまとまりのあるやり取りを練習します。会話が長くなり
内容も具体的になります。場面を想像しながら練習しましょう。
This unit lets you practice interactions that come to conclusions
in various scenarios. The conversations become longer and the
content more specific. Practice while imagining the scene.
本单元将练习在各种情境下如何进行有条理的对话。对话会变得更长，内
容也会更加具体。想象各种对应的场景来进行练习吧！
다양한 상황에서 짜임새 있는 회화를 연습합니다. 회화가 길어지고 내용도 구체
적입니다. 상황을 상상하면서 연습해 봅시다.

■クレームの電話（A＝オペレーター／B＝客_{きゃく}）

A：はい、スピード便新宿配送センターでございます。

B：あ、昨日不在連絡票¹が入ってて、今日の午後3時までに届けてもらえるように連絡したんですけど、まだ届かないんです。

A：申し訳ございません。ただ今お調べいたします。お客様のお手もとに不在連絡票がございますか？

B：あー、あります。

A：右上にある、8桁の配達番号をお願いいたします。

B：えっとー、465−6−9241です。

A：はい、中村様ですね。確かに本日3時までとうけたまわっております。ただ今、ドライバーと連絡を取って確かめまして、こちらから中村様に折り返しお電話差し上げます。

B：えっと、これから出かけるんで、あんまり待っていられないんですが。

A：2、3分ですぐお電話差し上げられますが…。

B：あー、わかりました。じゃー、お願いします。

（2、3分後）

A：中村様、大変申し訳ございませんが、ただいま事故の影響で道路が渋滞しておりまして、そちらにお届けできるのが30分後ぐらいになるということなんですが…。

B：あー、あの、私もう家を出なきゃいけないんで、それはちょっと無理ですね。これ、食品だから置き配²はできないですよね…。じゃあ、明日の3時までにしてもらえますか？

A：かしこまりました。では、明日、午後1時から3時の間にお届けいたします。ご迷惑をおかけして大変申し訳ございませんでした。

B：わかりました。その時間でお願いします。あ、明日も3時過ぎには出かけるんで、絶対3時までに届けてもらいたいんですけど。

A：はい、明日は大丈夫でございます。

B：はい。じゃあ、よろしくお願いします。

クレーム 注→p.210

Complaint calls (A=Operator /B=Customer)

A : Hello, this is Speed Express Mail Shinjuku distribution center.

B : Hi, yesterday I received a delivery notice and I contacted you so it would be delivered by 3 this afternoon, but I haven't received it yet.

A : Oh, I'm sorry. I will check into it right away. Do you have the delivery notice with you?

B : Ah, yes I do.

A : Please tell me the 8 digit number at the top right.

B : Let me see, it's 465-6-9241.

A : OK, you are Ms. Nakamura, right? We did indeed receive your request saying by 3 o'-clock today. I will contact the driver now to confirm the situation, then I will call you back.

B : Well, I am leaving soon, so I can't wait for long.

A : I can call you back in 2 to 3 minutes...

B : Oh, OK. In that case, please do.
(2 to 3 minutes later)

A : Ms.Nakamura, I am very sorry, but the driver said there is a traffic jam due to an accident and cannot make the delivery for 30 minutes or so...

B : Ah, well, I have to leave home now, so that will not work. Since this is food, is it possible to make it an unattended delivery...? Hmm, can you deliver it by 3 o'clock tomorrow?

A : Certainly. So, we will deliver the package between 1 and 3 p.m. tomorrow. I am sorry for the inconvenience.

B : That's OK. Please deliver it in that time frame. Oh, I am going to leave home after 3 again tomorrow, so I need to make absolutely sure that the delivery will be made by 3.

A : Yes, tomorrow there should be no problem.

B : Fine. Thank you.

投诉电话（A=接线员/B=顾客）

A : 你好，这里是速通快递新宿配送中心。

B : 啊，昨天我收到了一张收件人不在家的联络单，我联系了你们说要今天下午3点之前送到，到现在还没收到。

A : 实在抱歉。我现在帮您查询一下。客人您手边有收件人不在家的联络单吗？

B : 啊，有的。

A : 右上方的8位数数字麻烦您报一下。

B : 呃，是465-6-9241。

A : 好的，是中村女士是吗？确实登记了您需要今天3点之前送达的要求。现在我和骑手联系一下确认一下情况。我会给您回电话的。

B : 呃，我现在要出门了，等不了很久。

A : 只要2、3分钟，马上就给您回电话。

B : 啊，我知道了。那，有劳了。
（过了2、3分钟）

A : 中村女士，真的非常抱歉，现在因为事故的原因路上堵车了，预计大约30分钟后可以送达……

B : 啊，那个，我必须要出门了，这不太行。食品的快递也不能就这么放在那里……那，能改成明天3点之前送吗？

A : 明白了。那么，明天，将在下午1点到3点之间送达。给您添麻烦了，真的非常抱歉。

B : 知道了。就这个时间，拜托了。啊，我明天3点也要出门的，务必要在3点之前送到啊。

A : 好的，明天的话没问题的。

B : 那，有劳了。

클레임 전화 (A＝상담원/ B＝고객)

A : 네, 스피드 택배 신주쿠 배송 센터 입니다.

B : 그, 어제 부재연락표가 와서 오늘 오후 3시까지 재배달 부탁했는데 아직 안 와서요.

A : 죄송합니다. 지금 확인해 보겠습니다. 지금 부재연락표를 가지고 계신가요?

B : 네, 있어요.

A : 오른쪽 상단에 있는 8자리 배달번호를 불러주세요.

B : 어, 465-6-9241이에요.

A : 네, 나카무라 님. 오늘 3시라고 접수되어 있습니다. 지금 택배기사님이랑 연락해서 확인해보고 다시 연락드리겠습니다.

B : 아, 지금 외출할 거라서 오래 못 기다리거든요.

A : 2, 3분 안에 바로 연락드릴 수 있습니다.

B : 아, 알겠습니다. 그럼 부탁합니다.
(2, 3분 후)

A : 나카무라 님. 정말 죄송한데 지금 사고 때문에 길이 막힌다고 30분 후에 도착할 것 같다는데요….

B : 아~, 저기, 제가 지금 나가야 돼서 안 될 것 같아요. 식품이라서 그냥 놔두는 것도 안되고…. 그럼 내일 3시까지 보내주실 수 있나요?

A : 네, 알겠습니다. 그럼 내일 오후 1시에서 3시 사이에 배달하겠습니다. 불편을 끼쳐드려서 정말 죄송합니다.

B : 네. 그 시간으로 해 주세요. 내일도 3시 후에는 나가야 되니까 꼭 3시까지 받고 싶은데요.

A : 네. 내일은 괜찮을 것 같습니다.

B : 네. 그럼 부탁합니다.

Unit 8

section ❷ 上級 🔊66

■ 韓流ブーム
はんりゅう

A：昨日新大久保に行って来たんだ。
きのうしんおおくぼ

B：え、新大久保？　あー、確か新宿のすぐ近くにある街だよね。どうだった？
しんおおくぼ　　　たし　しんじゅく　　　　　　　まち

A：うん、とっても楽しかったよー。
たの

B：へー、そうなんだ。そういえば、最近テレビで新大久保の特集やってたの。今、
さいきん　　　しんおおくぼ　とくしゅう
すごいにぎわってるって。

A：うん。高校生とか子連れ³とか、なにしろ人がいっぱいで。平日に行ったのに、
こうこうせい　こづ　　　　　　　　　ひと　　　　　へいじつ
思った以上に混雑ひどかった。全然前に進めないぐらい。
おも　いじょう　こんざつ　　　　ぜんぜんまえ　すす

B：そっか、新大久保って、何年か前は治安悪そうとか、危ない街みたいなイメージ
しんおおくぼ　　なんねん　まえ　ちあん　わる　　　　あぶ　まち
があったけど、だいぶ変わったんだね。
か

A：うん。今は明るくてきれいだよ。おしゃれなカフェとかあって、原宿とか渋谷み
いま　あか　　　　　　　　　　　　　　　　　　　はらじゅく　しぶや
たいな若者の街って感じ。
わかもの　まち　かん

B：ふーん、そうなんだ。ずいぶん変わったんだね。ねえ、韓国食材とかコスメの店
か　　　　　　　　かんこくしょくざい
とか行った？

A：うん、化粧品とフェイスパック、爆買い⁴しちゃった。それからマスク！　安く
けしょうひん　　　　　　　ばくが　　　　　　　　　　　　　　やす
てかわいいのいっぱい売ってるから、目移りしちゃって選べないぐらい。
う　　　　めうつ　　　　　えら

B：そうなんだ。私も欲しいなー。
わたし　ほ

A：あ、マスクならいっぱい買ってきたから少しあげるよ。安かったし。

B：え、いいの？　ありがとう。

A：ううん。それに私が好きなK-popアイドルグループのグッズもたくさん買っちゃ
ったの。レアなアイテム⁵もたくさんゲットできてラッキー。

B：BTCだったっけ？　中野さんが好きなグループって。
なかの

A：うん、そうなの。今、世界中で人気だよ。

B：そうらしいね。

A：そうなの。あの歌唱力とキレのある⁶ダンス。渡辺さんも一回ユーチューブ見て
かしょうりょく　　　　　　　　わたなべ　　いっかい
みてよ。絶対ハマる⁷から。
ぜったい

B：うん、見てみるよ。ねえ、今度一緒に新大久保にランチしに行かない？　私、話
こんどいっしょ　しんおおくぼ　　　　　　　　　わ　だい
題のチーズタッカルビって食べたことないから一度食べてみたい。
た

A：うん、行こう行こう。

192

韓流ブーム (注)➡p.210
はんりゅう

Korean boom	韩流热潮	한류 열풍

A : I went to Shinokubo yesterday.

B : Oh, Shinokubo? Ah, that's the town right next to Shinjuku if I remember it correctly, right? How was it?

A : Yeah, it was really fun.

B : Oh, is that right? Come to think of it, I saw a TV program featuring Shinokubo recently. They said it is really bustling there.

A : Yeah. There were high school students and families with kids, etc., anyway, lots of people. I went there on a week day, but it was more crowded than I expected. It was like I could barely move.

B : Oh wow, the image of Shinokubo was that of an unsafe or dangerous town several years ago, but it sounds like it has changed a lot.

A : Yeah. Now it's bright and pretty. There are stylish cafes and it feels like a town for young people like Harajuku or Shibuya.

B : Oh, is that right? It has changed quite a lot. By the way, did you go to a Korean grocery shop or cosmetic shop?

A : Yes, I went on a shopping spree for cosmetics and face packs. And masks! So many cheap and cute masks are for sale and it was so hard to pick one.

B : Is that right? I'd like some, too.

A : Oh, I bought a lot of masks, so I can spare you some. They were cheap.

B : Really? Thank you.

A : Don't mention it. Moreover, I bought a lot of goods of a K-pop idol group that I like. It was lucky that I could buy a lot of rare items.

B : Was it BTC? The group you like, Ms. Nakano?

A : Yes, that's right. They are popular all over the world now.

B : It seems so.

A : They are. They sing so well and have such tight dancing. Try watching YouTube once, Ms. Watanabe. You'll be hooked for sure.

B : OK, I'll give it a look. Well, why don't we go to Shinokubo together for lunch? I've never had the cheese tak kalpi everyone is talking about, so I want to try it once.

A : Sure, let's go, let's go.

A : 我昨天去了趟新大久保。

B : 诶，新大久保？啊，是那个离新宿很近的街区对吧。怎么样？

A : 嗯，超开心的哦！

B : 哦？是吗？话说，最近电视上播了新大久保的特辑。说是现在很热闹。

A : 嗯，有高中生啊，有带孩子来的啊，反正就是人很多。我工作日去的也比想象中的人多多了。挤得几乎完全走不动道。

B : 这样啊，新大久保，几年前给我的印象还是治安很差很危险的街区，现在真是变化很大啊。

A : 嗯，现在又亮堂又干净，还有时尚的咖啡馆之类的，感觉和原宿涩谷一样是年轻人的街道了。

B : 哦？这样啊。变化很大啊。对了，韩国的食材店啊美妆店啊你去了吗？

A : 嗯，狂买了一大堆化妆品和面膜。还有口罩！有卖好多又便宜又可爱的，真的是目不暇接挑不过来了。

B : 这样啊。我也想要～

A : 啊，口罩的话我买了很多回来给你一些好了。反正也便宜。

B : 诶，可以吗？谢谢。

A : 不用啦。我还买了好多我喜欢的韩国偶像组合的周边。买到了好多稀有周边，太幸运了。

B : 你喜欢的组合是BTC对吧？

A : 嗯，是的。现在在全世界都很有人气。

B : 好像是的呢。

A : 是这样的！那个唱功，那个灵动有张力的舞蹈。你也去YouTube上看看嘛。绝对会入坑的。

B : 嗯，我会去看看的。我说，下次一起去新大久保吃个午餐怎么样？我想去吃一次那个很火的芝士烤肉。

A : 嗯，去吧去吧。

A : 어제 신오쿠보에 갔다왔어.

B : 신오쿠보? 아~ 신주쿠 근처에 있는 동네 맞지? 어땠어?

A : 진짜 재미있었어!

B : 오, 그래? 그러고 보니 요즘 티비에서 신오쿠보 특집 하더라고. 지금 핫플레이스라면서?

A : 응. 고등학생, 애기 엄마들, 아무튼 사람이 많아. 평일에 갔는데도 생각했던 것보다 혼잡하더라. 걸어갈 수가 없을 정도로.

B : 그렇구나. 신오쿠보는 몇 년 전에는 치안도 별로였고 위험한 동네였는데 많이 바뀌었잖아.

A : 응. 지금은 밝고 깨끗해. 예쁜 카페도 있어서 하라주쿠나 시부야 같은 젊은이 느낌이야.

B : 그렇구나. 많이 바뀌었네. 한국 슈퍼랑 화장품 가게도 갔어?

A : 어. 화장품이랑 팩을 엄청 샀어. 그리고 마스크! 싸고 예쁜 게 많으니까 보는 것마다 눈이 가서 고를 수가 없어.

B : 그렇구나. 나도 사고 싶어~

A : 아, 마스크는 많이 사 왔으니까 조금 줄게. 쌌거든.

B : 그래도 돼? 고마워.

A : 뭘. 게다가 내가 좋아하는 케이팝 아이돌 그룹 굿즈도 많이 샀어. 레어템도 많이 살 수 있어서 운이 좋았어.

B : BTC라고 했나? 나카노 상이 좋아하는 그룹.

A : 응, 맞아. 지금 세계적으로 인기야.

B : 그렇다고 하더라.

A : 맞아. 노래도 잘하고 춤도 칼군무야. 와타나베 상도 유튜브 한 번 봐. 분명히 빠질걸?

B : 알았어, 볼게. 저기, 다음에 같이 신오쿠보에 점심 먹으러 안 갈래? 나 인기 있다는 치즈 닭갈비 한 번 먹어보고 싶어.

A : 그래, 가자.

section **3** 上級 (�))**67**

■野球観戦
　や きゅうかんせん

アナウンサー：ブルータイガースとホワイトソックス、3 対 2、9 回の裏[8]、ホワイトソ
　　　　　　　　　　　　　　　　　　　　　　　　　　　　　　　　　　　　うら
　　　　　　ックスの攻撃。ピッチャー振りかぶって、第 4 球投げたー！　バッター空振り三振。
　　　　　　　　こうげき　　　　　　　　　　ふ　　　　　　　だい　きゅう　　　　　　　　　からぶ　　さんしん

A ：もう、あのバッターなんだっけ？　そうだ、松田だよ！　おい、ちゃんと球見ろ
　　　　　　　　　　　　　　　　　　　　　　　　まつだ　　　　　　　　　　　　　たま
　　よ！　早く引っ込め、こら。
　　　　　　　ひ　こ

B ：そうだそうだ。野球なんてやめちまえ[9]。ツーアウトだぞ。もう後がないぞー。
　　　　　　　　　　　　　　　　　　　　　　　　　　　　　　　　あと

A ：お、次は清川か。あいつは今調子がいいから、頼むぞ、打ってくれ。かっ飛ば
　　　　つぎ きよかわ　　　　　　　　ちょうし　　　　　たの　　　　う　　　　　　　　　と
　　せー、清川！　フレー、フレー、ホワイトソックス！
　　　　　きよかわ

B ：あと 1 点で同点か。打て打て、清川！　あんなへなちょこ[10]ピッチャー、こてん
　　　　　てん どうてん　う　　　　きよかわ
　　ぱんに[11]やっつけろ！　おっ、打った打った！　伸びてる。入るかー？
　　　　　　　　　　　　　　　　　　　　　　　　　　　の

A ：あー、惜しいなー。ファールか。次はちゃーんと球見ていけ。
　　　　　お　　　　　　　　　　　　　　　　たま

B ：次はどうだ？　おー、落ち着いて打ってくれよ。
　　　　　　　　　　　　お　つ　　う

A ：そうだ。やれっ、やれっ！　またファールか。もっとバットの芯に当てないと。
　　　　　　　　　　　　　　　　　　　　　　　　　　　　しん あ

B ：ピッチャーも今日はコントロールがさえてるし。

A ：あー。ツーストライクか。追い込まれたなー。
　　　　　　　　　　　　お こ

B ：はあ～、なんだよ。見逃しの三振か、まったく情けないな。
　　　　　　　　　　　　みの が　さんしん　　　　　　なさ

A ：肝心なときに打てないんじゃ、だめだな、あれは。また負けたよ。
　　かんじん　　　　　　　　　　　　　　　　　　　　　　ま

B ：こんな調子じゃ、優勝なんて夢のまた夢[12]だな。いつになったらうまいビールが
　　　　ちょうし　　ゆうしょう　　　ゆめ　　ゆめ
　　飲めるんだよ、まったく。

A ：もー帰ろ帰ろ。

野球観戦 (注)➡p.210,211
や きゅうかんせん

Viewing a baseball game

Announcer: Blue Tigers and White Sox, 3 to 2 in the bottom of the 9th, the White Sox at bat. The pitcher winds up, and here's the 4th pitch! Swing and a miss, the batter's out.

A : Oh, who was that batting? Oh yeah, it's Matsuda! Hey, keep your eye on the ball! Scram, beat it.

B : That's it, that's it. Give up baseball already. It's 2 outs. It's now or never.

A : Oh, Kiyokawa is up next. He's doing great this season, come on, hit it! Let's go, Kiyokawa! Hurray, hurray, White Sox!

B : One more point to tie the score. Hit it, hit it, Kiyokawa! Give that crummy pitcher a good thrashing! Oh, he hit it, he hit it! It's going, it's going. Is it outa here?

A : Oh, that was close. Oh, it's foul. Keep your eye on the ball next time.

B : What's up next? Hey, calm down and hit the ball.

A : That's it. Go, go! It's foul again. Hit it more in the middle of the bat.

B : The pitcher has great control today, too.

A : Oh no. It's 2 strikes. He's cornered.

B : What the heck. Called out watching, that's completely pathetic.

A : That's no good, he couldn't hit in the clutch. They lost again.

B : The way they've been, victory is just a dream in a dream. When can I enjoy the sweet taste of a winning beer. For criminy sakes.

A : Come on, let's head home.

看棒球比赛

蓝虎队和白袜子队，比分3比2，第9局的后半战，轮到白袜子队进攻。投手将球高举过头顶，第4球投出去啦！击球手三击不中。

A : 真是的，那个击球手谁来着？哦对，松田！喂，好好看球啊！赶紧下去吧你，喂！

B : 就是就是，别打什么棒球了。已经两个下场了。后面可没有退路了啊！

A : 哇，下一个是清川啊。这家伙现在状态不错，拜托了啊，击中啊！打飞它，清川！加油，加油，白袜子！

B : 再拿1分就打平了，上啊上啊，清川！那种弱鸡投手，给我击垮他！喔！打中了打中了！还在飞！界内吗？

A : 啊……可惜啊……出界了。下次看准球啊！

B : 下一球会怎么样？喔！冷静点沉住气打啊！

A : 是啊。冲啊，冲啊！又是界外啊。你得打到球棒的中心上啊！

B : 投手今天控球还很出色。

A : 啊……2个好球了啊。被逼上绝路了。

B : 唉，什么啊。这没看准空击三振了啊，真的是够丢人的。

A : 关键时刻打不中，这不行啊。又输了。

B : 这样下去的话，要夺冠简直就是个不可能梦。要到什么时候才能喝到好喝的啤酒啊，真的是！

A : 行了，走吧走吧。

야구 관람

아나운서 : 블루 타이거스와 화이트 삭스, 3대 2, 9회 말, 화이트 삭스의 공격입니다. 투수, 와인드업, 제4구 던졌습니다! 헛스윙 삼진.

A : 아 진짜! 저 타자 누구더라? 맞다, 마쓰다! 야! 공 똑바로 보라고! 빨리 안 들어가고 뭐해?

B : 그래! 야구 관둬! 투아웃이다! 더 이상 갈 데도 없다고!

A : 오, 다음은 기요카와네. 쟤 지금 컨디션 좋으니까, 제발 쳐라! 한 방 날려! 기요카와! 플레이, 플레이, 화이트 삭스!

B : 한 점만 더 하면 동점이네. 쳐라 쳐라 기요카와! 저런 약골 투수 부셔버려! 아, 쳤다 쳤어! 잘 날아가는데? 들어가나?

A : 아~ 아깝게. 파울이잖아. 다음은 공 잘 봐!

B : 다음 공은? 자, 침착하게 치는 거야!

A : 그래, 쳐 쳐! 또 파울이네. 배트 중심에 맞춰야 할 거 아냐.

B : 투수도 오늘은 제구력 좋구만.

A : 아~ 투 스트라이크잖아. 몰렸어.

B : 하아…, 뭐야. 루킹 삼진이잖아. 진짜 한심하다.

A : 중요한 순간에 못 치다니, 안되겠다. 저건. 또 졌어.

B : 이런 상태로 우승은 무슨 우승이야. 나도 맥주 좀 맛있게 먹어보자. 진짜.

A : 야, 집에 가자, 가.

■上司と部下（A＝上司／B＝部下）

A ： 山田君、ちょっと、今いいかな。

B ： はい、部長。

A ： 急で悪いんだけど、山田君に頼みたいことがあるんだよ。

B ： はい、どのようなことでしょうか。

A ： うん、九州地区のKBB電機の接待の件なんだけどね…。

B ： あ、はい。

A ： 社長に聞いたんだけど、山田君はKBB電機の社長さんの孫なんだって？

B ： はい…。私の母方の祖父ですが…。

A ： いや～、知らなかったよー。実は、今週の金曜日にKBB電機の社長さんとうち
　　の社長が会食をする予定になっていてね。

B ： あ、そうなんですか。

A ： それで、せっかくだから、会食のときに山田君にも同席してもらったらどうかと
　　社長が言うんだよ。

B ： 私がですか？

A ： うん、KBB電機の社長さんはめったに上京なさらないそうだし、山田君とも久
　　しぶりに、お会いになりたいんじゃないかということらしいんだ。

B ： はあ…。しかし、部長、こんなことを申し上げては何ですが、祖父には仕事とプ
　　ライベートを混同してはいけないといつも言われていますが…。

A ： あー、それは十分承知してるんだが、まー、今回は特別ということで。

B ： わかりました。それでは、お言葉に甘えてご一緒させていただきます。

A ： 頼むよ。何てったって[13]、社長の提案なんだからね。

B ： 光栄です。では、祖父にはサプライズということにして…。

A ： うん。ところで、社長さんはどんなものがお好きなんだろう。

B ： そうですねー。祖父は「今十」の牛肉が好きで、母がよく送ったりしてますけど。

A ： じゃっ、それで決まりだな。社長も「今十」好き[14]だし、ちょうど良かった。じ
　　ゃー、細かいことは後で連絡するから、頼んだよ。

B ： はい、承知しました。

上司と部下 (注) ➡p.211
じょうし ぶか

Supervisor and subordinate (A=supervisor /B=subordinate)	上司和下属（A=上司/B=下属）	상사와 부하 (A＝상사/ B＝부하)
A : Mr. Yamada, do you have a minute?	A : 山田，那个，你现在有空吗？	A : 야마다 군, 지금 좀 괜찮아?
B : Sure, boss.	B : 来了，部长，	B : 네, 부장님.
A : I am sorry it's all of a sudden, but I have something I'd like to ask you. B : Yes, what would it be?	A : 突然找你不好意思啊，我有点事情拜托你。 B : 好的，是什么事呢？	A : 갑자기 미안한데 부탁할 게 있어서 말야. B : 네, 어떤 일이신가요?
A : Well, it's about entertaining KBB Electrics of the Kyushu region. B : Oh, yes.	A : 嗯，就是接待九州地区的KBB电机的事情…… B : 啊，嗯。	A : 응. 규슈지구 KBB전기 접대건 말인데…. B : 아, 네.
A : I heard from the president that you, Mr. Yamada, are a grandchild of the president of KBB Electrics? B : Yes... He's my grandfather on my mother's side.	A : 我问了社长，说你是KBB电机社长的孙子？ B : 是的……他是我的外公。	A : 사장님한테 들었는데 야마다 군이 KBB전기 사장님 손자라면서? B : 네…. 저희 외할아버지세요….
A : Well, I didn't know that. Actually, this Friday, the president of KBB Electrics and our president are going to have a business meal together. B : Is that right?	A : 哎呀，我都不知道……其实，这周五我们社长约了要和KBB电机的社长一起会餐。 B : 啊，这样啊。	A : 난 몰랐지 뭐야. 실은 이번주 금요일에 KBB전기 사장님하고 우리 사장님하고 식사를 할 예정이거든. B : 아, 네.
A : So, our president suggested that you join the meal on this opportunity. B : Me?	A : 然后，社长说，机会难得，如果会餐的时候你也能一起出席的话…… B : 我吗？	A : 그래서 말인데 식사 자리에 야마다 군도 참석하면 어떨까 사장님이 물어보시더라고. B : 제가요?
A : Yes, it sounds like the president of KBB Electrics seldom comes to Tokyo, so perhaps he would like to see you after all this time. B : Well... However, boss, I don't want to be rude, but my grandfather has always told me not to mix work and private matters... A : Oh, we're fully aware of that, but this time it is special, you know. B : OK. In that case, I will accept your invitation and join the meal. A : Please do. In any event, it is our president's suggestion. B : It's my honor. I will make it a surprise for my grandfather then... A : Yes. By the way, what kind of things would the president like? B : Let me see. My grandfather likes beef from 今十 (imajuu) and my mother often sends it to him. A : Well it's decided then. Our president also likes 今十, so that works well. I will let you know about the details then; we're counting on you. B : Yes, thank you.	A : 嗯，听说KBB电机的社长很少来东京的，好像也是考虑到他可能也和你很久没见了，应该会想见见你。 B : 啊……但是，部长，这么说或许不太合适，大家都说我外公是不会把工作和私事混在一起的人…… A : 啊，这一点我们也很清楚，不过，这次就是特殊的吧。 B : 我知道了。那，就依您所言让我跟着一起去吧。 A : 拜托了。不管怎么说，毕竟是社长的提议。 B : 是我的荣幸。那，就当是给我外公的一个惊喜吧…… A : 嗯。话说，你外公他喜欢什么呀？ B : 这个……他喜欢"今十"的牛肉，我母亲经常送他的。 A : 那就决定是这个了。社长也喜欢"今十"，好。详细情况之后再联系，拜托了。 B : 好的，我知道了。	A : 응, KBB전기 사장님이 웬만해선 도쿄에 안 오시기도 하고 야마다 군도 오랜만에 만나서 보고 싶어 하지 않을까 하시더라고. B : 하아…. 근데 부장님. 이런 말씀 드리기 뭐한데, 할아버지는 공과 사를 혼동하면 안된다고 하시거든요…. A : 그거야 나도 충분히 아는데, 그냥 이번만 특별히. B : 알겠습니다. 그럼 감사히 생각하고 저도 참석하겠습니다. A : 부탁해. 어쨌든 사장님 제안이니까. B : 영광입니다. 그럼 할아버지한테는 비밀로 해 주시고…. A : 응. 그런데 사장님은 어떤 걸 좋아하시나? B : 그러니까…. 할아버지는 "이마주" 소고기를 좋아하셔서 어머니가 자주 보내주시는 것 같아요. A : 그럼 그걸로 해야겠구만. 우리 사장님도 "이마주" 좋아하니까 잘됐네. 그럼 세부사항은 다시 연락할테니까 잘 부탁해. B : 네, 알겠습니다.

■就職面接（A＝面接官／B＝学生）

A ： では初めに、自己紹介をお願いできますか。

B ： はい、私は李明と申します。中国出身です。今は国際明成大学の3年に在籍しております。大学では経済を学んでおります。本日はどうぞよろしくお願いいたします。

A ： はい。では、李さん、自己PRをしていただけますか。

B ： はい。私の強み[15]は、好奇心を持って新しいことにチャレンジすることです。その背景には、未知のことへの探究心と行動力があります。日本への留学もまさにこの強みにより実現いたしました。これらは御社[16]が力を入れているグローバル社会への貢献に役立てると考えております。

A ： 李さんは、もしご縁があって弊社[17]に入社したら、どんなことをしたいか教えていただけますか。

B ： はい。私は、海外からの観光客数を増やして日本国内での消費を促すようなサービスを作っていきたいと考えております。日本の消費者人口は減少傾向にあるため、国外からの観光客による消費活動は日本の経済を支える上で非常に重要だと考えております。

A ： それを実現するために、どんなことをしようと考えますか。

B ： はい。留学生の強みを生かして日本と海外の文化の違いを明確にした上で、国外からの観光客が日本で過ごしやすくなるようなサービスがどのようなものなのかを考え、例えばスマホアプリ[18]を使ったサービスの開発などに取り組みたいと思います。

A ： 面白いですね。では、本日の面接は以上になります。

B ： ありがとうございました。

Job interview
(A=Interviewer /B=Student)

A : First, would you introduce yourself?
Yes. My name is Li Mei. I am from
China. I am a third-year student at
B : Kokusai Meisei University now. I
study Economics at the university.
Nice to meet you.
A : Nice to meet you. Now, could you
talk about your strong points?
B : Yes. My strength is that I can take
on new challenges with a sense of
curiosity. The background of this
is my inquisitive nature for learning
about things I don't know and my
ability to take action. I was able to
come to Japan to study because of
this strength. I think these can be
useful in contributing to the global
society, which your company puts
so much effort into.
A : Would you tell us what you would
like to do if you have a chance to
join our company?
B : Yes. I've been thinking of creating
services that promote consumption
in Japan by increasing the number
of tourists from overseas. Because
the number of Japanese consumers
is on a downward trend, I think
consumption by tourists from over-
seas is extremely important in terms
of supporting the Japanese econo-
my.
A : What would you try to do in order
to achieve that?
B : Well, using the strength of being a
foreign student, I'd clarify the dif-
ferences between Japanese and
foreign cultures and based on that,
I would think about what kind of
services make it easier for foreign
tourists to spend time in Japan, then
work on the development of services
with smart phone apps, for example.
A : That sounds interesting. Well then,
that concludes today's interview.
B : Thank you very much.

工作面试（A=面试官/B=学生）

A : 那么首先，可以先自我介绍一
下吗？
B : 好的。我叫李明。是中国人。
现在在国际明成大学读大三。
在学校学的是经济。今天请多
指教。
A : 好的。那么，李同学，你能做
一个自我宣传吗？
B : 好的。我的长处是能够带着好
奇心挑战新事物。在这背后，
有我对探知未知事物的求知欲
和行动能力。来日本留学也正
是体现了我的这一长处。贵公
司致力于为国际社会做贡
献，我想我的这一点也能够为
贵公司出一分力。
A : 李同学，你能告诉我们，如果
你有缘加入敝公司，希望做什
么吗？
B : 好的。我想促进海外游客数量
的增加，并提供一些能够促进
他们在日本国内消费的服务。
日本的消费人口有减少的倾
向，我认为从国外来的游客的
消费活动在支撑日本经济这一
点上非常重要。
A : 为了实现这一点，你打算做些
什么？
B : 嗯。我会好好发挥我作为留学
生的长处，在明确区分日本文
化和海外文化的基础上，好好
思考什么样的服务才能让来自
国外的游客在日本能够过得舒
适，从而着手开发一些例如通
过智能手机软件的服务等。
A : 很有趣啊。那，今天的面试就
到这里了。
B : 谢谢。

취업 면접 (A＝면접관/ B＝학생)

A : 그럼 먼저 자기소개를 해주세요.
B : 네. 저는 리 메이라고 합니다. 중국
출신입니다. 지금 고쿠사이 메이세
이 대학 3학년입니다. 대학에서는
경제를 전공하고 있습니다. 오늘은
잘 부탁드립니다.
A : 네. 그럼 리 상. 자기PR을 해 주세
요.
B : 네. 저의 강점은 호기심을 가지고 새
로운 것에 도전하는 것입니다. 그 배
경에는 미지에 대한 탐구심과 행동
력이 있습니다. 일본유학도 그 강점
덕분에 실현된 것입니다. 이런 것들
이 귀사가 힘을 키우고 있는 글로벌
사회에 기여하는 데 도움이 될 거라
생각합니다.
A : 만약 인연이 돼서 우리 회사에 입사
한다면 어떤 것을 하고 싶나요?
B : 네. 저는 일본에 오는 관광객수를 늘
려서 일본 국내 소비를 촉진시키는
서비스를 만들어가려고 합니다. 일
본 소비자인구는 감소추세이기 때
문에 외국 관광객이 일본에 와서 소
비활동을 하는 것은 일본경제를 살
리는 데 매우 중요하다고 생각합니
다.
A : 그걸 실현하기 위해서 어떤 일을 하
려고 하나요?
B : 네. 유학생이 강점을 살려 일본과 외
국문화의 차이를 명확하게 하고 외
국 관광객들이 일본에서 잘 지낼 수
있는 서비스는 어떤 것일지 생각하
고 스마트폰 앱을 이용한 서비스 개
발일을 하고 싶습니다.
A : 재미있는 생각이네요. 그럼 오늘 면
접은 여기까지 하겠습니다.
B : 감사합니다.

■テレビショッピング

　さー、「さわやかテレビショッピング[19]」の時間がやってまいりました。本日は、「さわやかテレビショッピング」をご覧いただいている皆様だけにご紹介させていただく商品のご案内です。早速、メモをご用意の上、商品の素晴らしさをその目でお確かめください。

　梅雨時はジメジメと湿気が多く、お部屋にいても気分がすっきりしない毎日が続きますね。エアコンの送風をお使いのご家庭も多いようですが、けっこう電気代もバカになりません[20]。小さなお子様がいらっしゃるご家庭では、風がお子様の体に直接当たって風邪をひかせてしまった、というようなお話もよく聞きます。

　そこで、本日ご紹介させていただくのが、こちらの「スーパーフレッシュエアドライ」でございます。この「スーパーフレッシュエアドライ」は、お部屋に置いていただくだけで、ジメジメと湿った空気をグングン吸い取り、高原にいるような爽やかな気分にさせてくれる、まさに奇跡の商品でございます。ご覧のように超小型設計ですから、お部屋の片隅に置いていただいてもまったく邪魔になりません。直径15センチ、高さ30センチで、デザインもシンプルですので、どんなインテリアにもすっきり調和いたします。カラーも、ホワイト・ベージュ・ブラック・ブラウンと4色ご用意いたしました。

　本体ケースには、当社独自の製法で吸水力50％アップに成功した粉末状の吸水剤が入っております。ご覧ください。こちらは、実際に部屋に置いて一週間後の「スーパーフレッシュエアドライ」の吸水剤です。一週間で空気中の水分が2リットルも吸収されていることがご覧になれます。これは、もうミラクルとしか言えません。ぜひ、皆様のお宅でもお使いいただき、この効果を体感していただきたいと思います。

　では、お値段とお申し込み方法を申し上げましょう。ケース一個と吸水剤30個のセットで、特別価格、何と9980円、9980円でお求めいただけます。今回はさらに、吸水剤を10個お付けいたします。さあ、このチャンスをお見逃しなく。お申し込みはフリーダイヤルでお受けいたします。

TV shopping

OK, it's time for "Pleasant TV Shopping." Today we are going to introduce products exclusive to viewers of "Pleasant TV Shopping." Please have a memo pad ready, and see it for yourself how wonderful the products are.

During the rainy season, we have so many days with high humidity and staying home just doesn't feel good. Many people seem to use the fan function of their air-conditioning unit, but the electricity is quite expensive. We also often hear about families with children who catch cold because the direct wind was hitting them.

So, what we'd like to introduce to you today is this "super fresh air dry." Just placing this "super fresh air dry" in your room radically absorbs the heavy damp air and makes you feel refreshed like you are in the highlands; this is truly a miracle product. As you can see, with its super small design, you can put it on a corner of your room, out of the way. The design is simple and at 15cm in diameter and 30cm in height, it fits into any interior design. It comes in 4 colors--white, beige, black and brown.

Our company developed a powder with 50% greater water absorption, and it goes inside the case. Please have a look. This is the absorbent of "super fresh air dry" after a week of actually being placed in a room. You can see that it absorbed 2 liters of moisture from the air in a week. This is nothing short of a miracle. By all means, we would like to try it at home and experience its effect.

Now, we will tell you about the price and how to buy it. One case and 30 sachets of water absorbent come as a set, and our special price to you is, an unbelievable 9,980 yen, 9,980 yen it is. And right now, we will put in an additional 10 units of water absorbent. Don't miss this chance. We are waiting for your call on our toll free number.

电视购物

那么，又到了"爽快的电视购物"时间了。今天将专门为收看"爽快的电视购物"的各位进行商品介绍。请大家赶紧准备好笔记，亲眼看一看商品有多么的棒。

梅雨季节一直都是潮潮的，湿气很重，在房间里呆着感觉也不舒服。有很多家庭会用空调的换气功能，但是所花的电费也是不容小觑啊。也经常听家里有小孩子的家庭说，孩子被风直吹，感冒了。

于是，今天要介绍的就是，这个"超级新鲜空气除湿机"。这台"超级新鲜空气除湿机"，只要您放在房间里，就会把潮湿的空气统统吸收进去，带来如身处高原般的清爽舒适的感受，可谓是一台奇迹般的商品。正如您所看到的，这款设计是超小型的，只要放在房间角落里，一点都不会碍事。它的直径是15厘米，高是30厘米，设计也很简约，放在任何设计风格的房间里都能够完美融合。颜色有白色、米色、黑色、棕色，4种。

商品的外壳内，加入了企业独创的吸水能力成功提高了50%的粉末状干燥剂。请看这里，这是实际在房间里放置了1周后的"超级新鲜空气除湿机"的干燥剂。您可以看到，1星期就吸收了2升空气中的水分。这几乎已经可以说是奇迹了。大家请务必在家里使用它，实际感受一下这个效果。

那么，告诉大家它的价格和订购方法吧。1个外壳加上30个干燥剂是1套，特价，竟然只要9980日元，9980日元就可以买到它！这次，还将附赠10个干燥剂。好了，机会不容错过。我们将通过免费电话接受您的订购。

티비 홈쇼핑

자, '사와야카 홈쇼핑' 시간이 왔습니다. 오늘은 이 방송을 보시는 여러분들에게만 소개해 드릴 상품인데요. 바로 메모 준비하시고 얼마나 괜찮은 상품인지 눈으로 확인해 보세요.

장마철은 습기도 많고 방에 있어서 찝찝하죠. 에어컨을 송풍으로 해 놓는 댁도 많이 실텐데요. 그것도 전기세도 만만치 않구요. 어린 자녀들이 있는 댁에서는 바람이 아이들 몸에 직접 닿아서 감기에 걸렸다는 말도 심심치 않게 들려 오는데요.

그래서 이번에 저희가 소개해 드릴 건 '슈퍼 프레쉬 에어 드라이' 입니다. 이 '슈퍼 프레쉬 에어 드라이'로 말씀드리자면 방에 놔 두기만 해도 찝찝한 공기를 쫙쫙 흡수해서 어디 고원에 있는 것 같은 상쾌한 기분으로 만들어주는 바로 기적의 상품이에요. 보시는 것처럼 초소형으로 설계되어서 방 한 구석에 놔 두어도 걸리적거리지 않습니다. 직경 15센치, 높이 30센치로 심플한 디자인이라 어떤 인테리어와도 잘 어울려요. 색깔도 화이트, 베이지, 블랙, 브라운 네 종류로 준비했습니다.

본체 케이스에는 당사 독자 기술로 흡수력을 50% 올리는 데 성공한 분말형 흡수제를 쓰고 있어요. 이거 보세요. 이쪽은 실제로 집 안에 놔 두고 일주일 후에 열어본 '슈퍼 프레쉬 에어 드라이'의 흡수제인데요. 일주일만에 공기중의 수분을 2리터나 흡수한 게 보이실 거예요. 이건 뭐 가히 기적이라 할 수 있죠. 꼭 여러분 댁에서도 써 보시고 이 효과를 느껴보셨으면 좋겠어요.

그럼 가격과 주문 방법을 알려드릴게요. 케이스 하나와 흡수제 30개 세트인데 특별가격으로 9980엔, 9980엔으로 구매하실 수 있습니다. 이번에는 거기에 흡수제를 10개 더 드릴게요. 자, 이 기회를 놓치지 마세요. 주문은 여기로 전화 주세요.

■結婚式　新郎のスピーチ㉑

　本日はお忙しい中、また、はるばる遠方から私たちの結婚披露宴においでいただき、誠にありがとうございます。生まれた国も言葉も違う私たち二人がこの東京で出会いまして、３年間の交際を経て本日こうして皆様の前で結婚のご報告をすることができましたことは、私たちにとって最高の喜びです。

　私がスペインの大学を卒業して、21歳で来日したとき、東京には一人の知り合いもいませんでした。日本語も、当時は挨拶程度しかできず、狭いアパートで自炊㉒をして日本語学校へ通い、慣れない生活に、夜、暗い部屋に帰りますと本当に寒くて、一人でご飯を食べて…、そういう毎日でした。

　それから、少しずつ日本語もわかるようになり、友人もでき、またバイトも始めるようにもなり、東京の生活が軌道に乗り㉓始めた頃、友人の岩城潤一君、今日も出席してもらっていますが、岩城君の紹介で夕子さんと出逢いました。夕子さんといるといつも温かい気持ちになり、日本での生活がより豊かになっていきました。夕子さんと夕子さんのご両親、友人の皆様に感謝の気持ちでいっぱいです。

　今日ここで、人と人との出会い、つながりの大切さというものを改めて感じております。私たちには財産と呼べるようなものは何もありません。ただ、今日こうして皆様にお越しいただき、お祝いの言葉をいただき、このつながりが私たち二人の掛け替えのない財産だと感じております。

　これからは、お互いを尊重し、手を取り合って協力しながら、笑顔の絶えない家庭を築いていきたいと思います。未熟な二人でございますが、今後とも私たち二人を温かく見守っていただき、ご指導くださいますようお願いいたします。

　本日は、本当に、ありがとうございました。

結婚式 新郎のスピーチ　注➡p.212,213
しんろう

Wedding Groom's speech

I'd like to extend my heart-felt thanks for coming all the way to attend our wedding reception. We were born in different countries and have different languages, but we met here in Tokyo and after 3 years dating we could marry in front of you. This is the utmost happiness for us.

When I graduated from a university in Spain at the age 21 and came to Japan, I didn't know anyone at all. I could only say greeting words in Japanese back then, I lived in a small apartment, cooked for myself and went to Japanese language school. My days consisted of...unfamiliar ways of living, going home at night to a dark and cold room, eating alone.

Then gradually I began to understand Japanese little by little, made friends and started a part-time job. Around the time my life in Tokyo got on track, I met Yuko via an introduction by a friend, Junichi Iwaki, who is here today. Spending time with Yuko gave me a warm feeling, and my life in Japan has become more rich. I am thankful for Yuko, Yuko's parents, and all my friends.

I am renewing my sense of the importance of encounters among people and connections here today. We don't have what one would call financial assets. However, we feel that the fact that you came here and congratulated us, these connections, are our irreplaceable assets.

We would like to build a family replete with incessant smiles, as we respect and cooperate with each other, hand in hand. We have still a long way to go, but please continue guiding and watching over us, kindly into the future.

Thank you very much for coming today.

婚礼上 新郎的演讲

真的非常感谢大家今天在百忙之中，远道而来参加我们的婚礼。我们两个出身在不同的国家，说着不同的语言的人，在东京相遇了。从开始交往到现在已经3年过去了，今天能像这样在大家面前告诉大家我们结婚了，对我们而言，没有比这更开心的事了。

我21岁从西班牙的大学毕业来到日本的时候，在东京一个认识的人都没有。当时日语也只会说一些寒暄的话，在狭小的公寓里自己做饭，去上语言学校，过着不习惯的生活，晚上回到昏暗的房间里，真的很冷，1个人吃饭……每天都是这样。

之后渐渐会说一些日语了，也交到了朋友，开始打工。在东京的生活开始步入了正轨。在这时，我的朋友岩城润一，今天也来到了现场，因为岩城的介绍，我遇到了夕子。和夕子在一起我总是能感受到温暖，我在日本的生活也渐渐地丰富了起来。我对夕子和夕子的父母，还有各位朋友，真的非常的感谢。

今天在这里，我又重新感受到了人与人的相遇和羁绊有多重要。我们并没有什么可以称之为财产的东西。但是，像今天这样能够邀请到各位到场，接受大家的祝福，我觉得这是对我们两个人来说无法替代的财产。

从今往后，我们也会相互尊重携手共进互相扶持建立起一个笑容不断的家庭。我们两个人还不够成熟，希望今后各位能继续温暖地守护我们，指导我们。

今天，真的，谢谢大家。

결혼식 신랑의 스피치

오늘은 바쁘신 데도 불구하고 멀리까지 저희의 결혼 피로연에 와 주셔서 대단히 감사 드립니다. 태어난 나라도 언어도 다른 저희 두 사람이 여기 도쿄에서 만나 3년이라는 교제기간을 거쳐 오늘 이렇게 여러분들 앞에 결혼소식을 알려 드리게 되어서 저희도 정말 기쁩니다.

제가 스페인 대학을 졸업하고 21살에 일본에 왔을 때 도쿄에는 아는 사람이 한 명도 없었습니다. 당시에는 일본어도 인사말 밖에 못하고 좁은 아파트에서 자취하면서 일본어 학교에 다니고 익숙치 않은 생활에, 밤에 어두운 집에 돌아가면 정말 춥고 혼자 밥을 먹는…, 그런 날들이었습니다.

그 뒤로 일본어도 조금씩 알아 듣게 되고 친구들도 생기고 아르바이트도 시작해서 도쿄 생활이 궤도에 오르기 시작했을 때, 친구인 이와키 준이치 군, 오늘도 참석 해 주셨는데요. 이와키 군 소개로 유코 상과 처음 만났습니다. 유코 상과 같이 있으면 언제나 마음이 따뜻해져서 일본생활이 더 풍요로워졌습니다. 유코 상과 유코 상 부모님, 친구들에게 감사합니다.

오늘 이 곳에서 사람과의 만남, 인연을 소중하게 여겨야겠다고 다시 한 번 느꼈습니다. 저희는 재산이라고 할 만한 것이 없습니다. 다만, 오늘 이렇게 여러분들이 와 주셔서 축하 말씀을 해 주시고 이런 인연이 저희 두 사람에게는 큰 재산입니다.

앞으로는 서로 존중하고 손잡고 도우면서 웃음이 끊이지 않는 가정을 꾸려 나가고 싶습니다. 아직 미숙한 점도 많지만 앞으로도 저희들을 따뜻하게 지켜봐 주시고 많이 도와주시면 정말 감사하겠습니다.

오늘은 정말 감사합니다.

section ❽ 上級 🔊72

■社内研修　プレゼンテーション

司会：それでは山田営業部長のご紹介をさせていただきます。営業一筋17年。多くの苦労と経験から編み出した驚異の雑談力により、我が昭和自動車のトップ営業マンとして、5年連続、年間150台以上を販売していらっしゃいます。今日はこの社員研修でも必ず、皆さんの心を奮い立たせてくださることでしょう。では、山田営業部長、よろしくお願いします。

山田：はい。営業部長の山田と申します。今日は社員研修として、貴重な時間を頂戴していますので、私の17年間の経験をぎゅっと濃縮し、皆さんのこれからに価値のある時間にしたいと思います。よろしくお願いします。タイトルは、『物を売るな、感情を売れ』です。

では、まず簡単に今までの営業について紹介します。私はもともとはエンジニア志望で子どもの頃からわくわくする車を作りたいと思っていました。ところが入社し、配属されたのが営業でした。初めは先輩営業マンの見よう見まね[24]で営業を続けていましたが、まー、見事に売れませんでした。その後も鳴かず飛ばず[25]で、入社3年目に、初めは好きで入社したはずの昭和自動車を辞めようかとまで思うようになっていました。しかし、その前に自分が何かチャレンジできることはないのかと考えました。私の座右の銘[26]である「やらずに後悔するより、やって後悔したほうがマシ」という気持ちです。

まず、自分がどうして車が好きなのかをもう一度、考えることにしました。そして子どもの頃から「わくわくする車を作りたい、乗りたい」という気持ちが心の中心にあることに気がつきました。そうなのです。今まで私は車を売ろうとしていましたが、お客様が本当に欲しいものは車という1トンの金属ではなく、「わくわく体験」なのだと改めて思いました。そこで、お客様にどういう雑誌や本を読むか、どんな音楽を聴くかなどというような雑談を必ずし、そこからお客様が何にわくわくするのかを探ることにしました。お客様がわくわくする提案をすること、これが私が17年の営業で学んだことです。

非常に簡単ですが以上で私の話は終わります。ただこの私の経験が、我が昭和自動車の社員の皆さんの心に少しでも響いていれば幸いです。皆さん、一緒に頑張りましょう。ご静聴ありがとうございました[27]。

社内研修 プレゼンテーション 注 ➡p.213
しゃないけんしゅう

Internal training presentation	在公司实习 进行发表	사내연수 프레젠테이션

Now let me introduce the manager of the sales department, Mr. Yamada. Devoted to sales for 17 years. His marvelous ability to chat, born from his many hardships and experience, made him the top salesperson of our Showa Automobiles for 5 consecutive years, selling more than 150 cars annually. I am sure he will inspire you, without fail, in this employee training. Manager of sales, Mr. Yamada, the floor is all yours.

Sure, thanks. I am Yamada, manager of sales. You are giving me your valuable time for employee training today, so I am going to concentrate my 17-years of experience to making it worth your time. Let's get started. The theme is "Don't sell things, sell emotions."
I'm going to introduce conventional sales first. My original aim was to be an engineer, as I wanted to make an exciting car ever since I was a kid. However, when I joined the company, I was assigned to a post in sales. At first, I kept trying to sell by mimicking the way those before me did it, but alas, I only did brilliantly at selling nothing. After that, I kept doing poorly and in my third year after joining the company, I even thought of quitting Showa Automobile, which I joined solely because I liked it. But before I did, I wondered if there was a challenge I could take on. My motto was the sense that "it's better to regret having tried than to have done nothing."
So first, I decided to rethink what I liked about cars in the first place. And I realized my heart was focused on the feeling I had since I was kid, of "I want to make an exciting car and drive it." That was it. I had been trying to sell a car up to that point, but then I rethought and realized what customers want is not a 1-ton heap of metal but an "exciting experience." So, I decided to make sure that I chat with the customers about what kind of magazines and books they read, what kind of music they listen to, and probe what makes the customers excited from there. Make a suggestion that excites the customer, that's what I've learned in my 17 years in sales.
It is very simple, but on that note I'll conclude my speech. If my experience resonates even just a little in you, fellow employees of Showa Automobile, I will be happy. Everyone, let's work hard together. Thank you for your attention today.

那么接下来由山田销售部长为大家进行介绍。他已经做销售17年了。他付出的种种辛劳和积累的经验造就了他令人惊叹的交谈能力，使他成为了我们昭和汽车顶尖的销售，连续5年，每年都能卖出150台以上。今天的这场实习想必也能让各位备受鼓舞。那么，山田销售部长，拜托了。

好的。我是销售部长山田，今天员工实习的宝贵时间交给了我，我会提炼我17年的经验，让大家度过一段有价值的时光。请多指教。标题是"别卖东西，卖情感"。
那么，首先简单介绍一下我至今为止的销售。我本来是想当一个工程师的，从小就想制造出能让人兴奋的汽车。然而进了公司以后，被分配到了销售。一开始的时候，就是看着销售的前辈有样学样一直做销售，然后，完美地卖不出去。之后也是没什么动静。在进入公司第3年的时候，我想辞职离开自己一开始因为喜欢才加入的昭和汽车。但是，在那之前我思考了一下自己有没有什么可以去挑战的。我的座右铭是"比起因没做什么而后悔，不如做了之后再后悔"，当时就是这种心情。
首先，我再次思考了一下自己为什么喜欢汽车。然后我意识到了，我那从小就"想造出，想坐上能让人兴奋的汽车"的想法一直在我的内心。就是这样。我重新认识到，至今为止，我一直考虑的都是把车卖出去，但是没有意识到顾客所想要的并不是那个名为汽车的1吨重的金属，而是那种"兴奋的感受"。由此，在销售的时候，我必定会在聊天的时候问顾客会看什么样的杂志和书，会听什么样的音乐。然后从这些答案中去寻找能让顾客兴奋的是什么，从而向顾客提议能让他们兴奋的东西。这是我通过17年的销售学到的。
内容很简单，我的讲话到此就结束了。但是，如果我的这条经验之谈，能让我们昭和汽车的各位员工们在心中有所触动的话，我将感到万分荣幸。各位，一起加油吧！感谢大家的倾听。

사회자：그럼 야마다 영업부장님의 소개가 있겠습니다. 영업 외길 17년. 수많은 고생과 경험으로 만들어낸 경이로운 잡담력으로 우리 쇼와 자동차의 톱 영업맨으로 5년 연속, 연간 150대 이상을 판매해 왔습니다. 오늘은 여기 사원연수에서도 반드시 여러분들의 사기를 북돋아 주실 겁니다. 그럼 야마다 부장님의 말씀을 들어보겠습니다.

야마다：네, 영업부 야마다 부장입니다. 오늘은 사원연수에서 귀한 시간을 내주셨으니까 저의 17년간 경험을 꾹꾹 눌러 담아 여러분들의 미래에 도움이 되는 시간으로 만들겠습니다. 잘 부탁합니다. 제목은 '물건을 팔지 마라, 마음을 팔아라'입니다.
그럼 먼저 간단하게 지금까지 해 온 영업에 대해 소개해 보겠습니다. 저는 원래 엔지니어가 되고 싶어서 어렸을 때부터 설레는 자동차를 만들고 싶었습니다. 그런데 입사하고 배속받은 곳이 영업부였습니다. 처음에는 선배들을 보고 따라 하면서 영업을 했는데 하나도 팔지 못했습니다. 그 후에도 뚜렷한 실적도 없어서 입사 3년째에 좋아서 들어온 회사를 그만두려는 지경에 이르렀습니다. 그러면 그 전에 뭐라도 도전해보자고 생각했습니다. 제 좌우명인 '하지도 않고 후회하는 것보다 해 보고 후회하는 게 낫다'라는 마음이었지요.
일단 제가 왜 자동차를 좋아하는지 다시 생각해 봤습니다. 그리고 어렸을 때부터 '설레는 자동차를 만들고 싶다, 타고 싶다'라는 마음이 핵심이라는 걸 깨달았습니다. 그렇습니다. 지금까지 저는 자동차를 팔려고 했지만 고객이 진정으로 원하는 것은 1톤짜리 금속이 아니라 '설레는 경험'이라는 걸 알았죠. 그래서 고객들에게 어떤 잡지나 책을 읽는지 어떤 음악을 듣는지 같은 잡담을 꼭 해서 거기에서 고객이 어떤 것에 설레는지를 찾아냈습니다. 고객이 설레는 제안을 하는 것, 그것이 제가 17년의 영업으로 배운 것입니다.
굉장히 단순한데 제 이야기는 이걸로 끝입니다. 다만 제 경험이 우리 쇼와 자동차 사원 여러분들의 마음에 조금이라도 울렸기를 바랍니다. 여러분, 같이 열심히 해 봅시다. 들어주셔서 감사합니다.

■災害
さいがい

A ： 昨日の夜、地震、結構揺れたね。オフィスの物、何か落ちたりしてない？
きのう　　　　じしん　けっこうゆ

B ： あ、大丈夫そうですね。去年の地震で、棚にもストッパー付けてたので。
だいじょうぶ　　　　　　　　じしん　たな　　　　　　　　　　つ

A ： よかった。震度５弱²⁸だったしね。震源が近かったけど、短くてよかった。
しんど　じゃく　　　　　しんげん　ちか　　　　　みじか

B ： そうですね。ちょうど寝ようかなって思ってたとこだったのでびっくりしました。
ね

A ： うん。うちの近くは停電になって、１時間ぐらいで復旧したけど。
ちか　ていでん　　　　　　　　　　　　　　ふっきゅう

B ： あ、私のうちもです。寝ようと思ってコンタクトを外してたし、電気もつかない
ので、暗い中、メガネを探して。で、意外だったのがスマホも使えなかったんで
くら　なか　　　　　さが　　　　　いがい
す。

A ： え！？　どういうこと？　僕のは大丈夫だったけど。
ぼく　　だいじょうぶ

B ： えー。電源は入るんですけど、家のWi-Fiも使えないし、たぶん基地局の電気が
でんげん　はい　　　　　　　　ワイファイ　　　　　　　　きちきょく
落ちたからか、ネット²⁹も使えなくって。
お

A ： え、そんなこともあるんだ。それは不安だったね。

B ： そうですね。避難袋³⁰にラジオを入れておいたのを思い出して、それでニュース
ひなんぶくろ
を聞こうとしたんですが、電池が切れてて。
でんち

A ： あ、あるある。時々、避難袋も確認しないとね。僕も避難袋にメガネ入れとかな
ときどき　ひなんぶくろ　かくにん　　　　　　ひなんぶくろ
きゃ。ホントに目が悪いから、ないとヤバイ。あと、季節によっても入れるもの
きせつ
考えたほうが良いかもね。夏はうちわ、冬はカイロかな。マスクも入れとかなき
ゃね。

B ： そうですね。オフィスの避難袋も確認が必要ですね。

A ： そうだ。今週、どこかで臨時で避難訓練ができるかな。ハザードマップ³¹をみん
りんじ　ひなんくんれん
なで確認しとこうか。

B ： わかりました。避難所まで歩いてみますか？
ひなんじょ

A ： あ、今回は臨時だから、いろいろな確認だけでいいかな。
りんじ

B ： わかりました。では、他の方が来たら日時を調整する感じですかね。
ほか　　　　　　　　　ちょうせい　かん

A ： うん。そうしよう。

Disaster

A : Last night, the earthquake really shook things up. Did anything in the office fall?

B : No, it looks like everything's fine. We attached a stopper after the earthquake last year.

A : That's good. Its seismic intensity was lower 5, wasn't it? The epicenter was close, but I'm glad it was short.

B : That's so true. I was just about to go to bed, so it surprised me.

A : Yeah. We had a blackout in my neighborhood, but we got power back after an hour.

B : Oh, it was same at my house. I had my contact lenses out for bed and I couldn't turn on the lights, so I looked for my glasses in the dark. But for some reason I couldn't use my smart phone either .

A : What!? What does that mean? Mine worked fine.

B : Really? I could turn it on, but couldn't use WiFi at my place, maybe because the base station lost power. I couldn't use the Internet either.

A : Oh my, so that kind of thing can happen. That was scary, wasn't it?

B : Yes it was. I remembered that I put a radio in my survival bag, so I tried to listen to the radio but the batteries were dead.

A : I know, that happens. We have to check our survival bags once in a while. I have to put things like a pair of glasses in the survival bag. I have real bad eyesight, so I would be at a loss without them. Also, we'd better think of what to put in depending on the season. A fan for summer, heat packs for winter. We have to put masks in, too.

B : That's right. We need to check the survival bag at our office, too.

A : By the way, can we do a special evacuation drill sometime this week? Should we all check the hazard map?

B : Sure. Should we walk to the evacuation site?

A : Well, it's a special occasion, so performing various checks should do.

B : OK. Then when the others arrive, shall we coordinate the day and time?

A : Yes. Let's do that.

灾害

A : 昨天晚上，地震晃得还挺厉害的呢。办公室里的东西，有没有什么掉下来了啊？

B : 啊，好像没事。去年地震之后，我们在架子上装了挡板。

A : 太好了。强度有5弱呢。虽然离震源很近，但是还好很快就结束了。

B : 是啊。刚好是我打算去睡觉的时候，吓了我一跳。

A : 嗯。我们家附近还停电了，差不多1个小时才恢复。

B : 啊，我家也是。本来打算去睡觉的，把隐形眼镜摘了，结果灯都打不开，我就在黑暗中找眼镜。还有，没想到智能手机也用不了了。

A : 诶！？什么情况？我的没问题啊。

B : 就是，能开机，但是家里的Wi-Fi用不了了，大概是基站停电了吧，网也用不了了。

A : 诶，还有这种事啊。这也太让人不安了吧。

B : 是说呢。我想起来应急包里面有收音机，还打算用它听听新闻的，结果发现没电了。

A : 啊，会有这样的情况。得时不时的查看一下应急包才行啊。我也得放副眼镜进去。我视力是真的不好，要是没眼镜就糟糕了。还有，根据季节不同要放什么也得好好考虑一下比较好。夏天要带团扇，冬天要带暖宝宝。口罩也得放进去。

B : 说的是啊。办公室里的应急包也有必要好好查看一下。

A : 对了，这个星期有没有哪里可以做应急演练的啊。大家一起看看应急地图吧。

B : 知道了。一起往避难所走走看？

A : 啊，这次因为是临时决定的，各方面都确认一下就行了。

B : 知道了。那等其他人都来了再调整日期和时间就行了吧？

A : 嗯。就这么办吧。

재해

A : 어젯밤 지진, 엄청 흔들렸지. 사무실 물건 뭐 떨어진 거 없어?

B : 아, 괜찮은 것 같아요. 작년 지진때 선반에 고정대 설치했잖아요.

A : 다행이야. 진도 5약잖아. 진원지가 가까웠어도 짧아서 살았어.

B : 맞아요. 마침 자려고 누웠을 때라 놀랐어요.

A : 응. 우리집 근처는 정전돼서 1시간 만에 복구됐어.

B : 아, 저희집도요. 잘 거니까 렌즈도 빼고 불도 끄고 있어서 깜깜한데 안경 찾고. 그리고 의외였던 게 스마트폰이 안 되더라구요.

A : 뭐? 무슨 말이야? 내 건 잘 됐는데?

B : 에~ 전원은 들어왔는데 와이파이도 안되고 아마 기지국 전기가 끊겨서 인터넷도 안 되더라구요.

A : 그런 일도 있구나. 불안했겠다.

B : 맞아요. 피난배낭에 라디오 넣어놓은 게 생각나서 그걸로 뉴스를 들었는데 밧데리가 다 돼서….

A : 맞아. 피난 배낭도 가끔 확인해 줘야해. 나도 피난 가방에 안경이라도 넣어 놔야돼. 눈이 나쁘니까 꼭 필요한거지. 그리고 계절에 따라서 넣는 것도 생각해야해. 여름에는 부채, 겨울에는 핫팩 같은 거. 마스크도 넣어 놔야돼.

B : 그러네요. 사무실 피난 배낭도 확인해 봐야겠어.

A : 맞다. 이번 주 언젠가 임시로 피난 훈련 가능할까? 피난지도도 다 같이 확인해 보자.

B : 그러죠. 피난소까지 걸어 가보시겠어요?

A : 아, 이번에는 임시니까 확인만 해도 될 것 같아.

B : 네. 그럼 다른 분들이 오시면 일정 조정하면 될까요?

A : 응, 그러자.

■SDGs

A： 今度授業で、SDGsの17の項目から１つ選んで、現在の問題についてレポートを書くことになったんだ。あ、SDGsって「持続可能な開発目標」ってやつね。

B： 知ってるよ、それくらい。で、何を選ぶの？

A： うーん、迷ったんだけど、食品ロス[32]について調べようと思って。

B： あー、12番目の「つくる責任、つかう責任」に関することだね。

A： そう。友達がコンビニでバイトしてるんだけど、お弁当とかの食品廃棄は結構な量になるんだって。ちょっと調べたら、日本では食品の３分の１が廃棄されてるらしいよ。

B： えー、そんなに〜。でも、店だけじゃないよね。農家でも売れ残った野菜なんかは廃棄せざるを得ないって聞いたよ。

A： うん。野菜なんかはその日の夕方に都会に運んで、人通りが多い駅付近で売ったりする工夫も始まってて、成果を上げてるみたい。

B： なるほど。これは個人というより企業や社会ぐるみで考えないといけないね。私がSDGsで一番関心があるのはジェンダー平等[33]だなー。

A： あー、そうだね。先進国の中でも日本のジェンダー平等指数は本当に低いもんね。

B： うん。「女子力[34]」って言葉があるでしょ？　この間、ヨーロッパの友達と話したんだけど、「女子力」っていうと女性が持っている力を発揮して活躍することなんだって。

A： へえ。日本じゃ普通は、料理がうまいとか、かわいい化粧ができるとか、そんなイメージだよね。

B： そうそう。別に料理がうまいとか化粧が上手とかは、全然悪いことじゃないし、いいなーと思うんだけど、女性はそうでなければならないって、枠にはめられているような気がして。

A： そうだよね。女性でも男性でも、もちろんそれ以外の性でも、自由にのびのびと暮らせるようになったらいいなと思うよね。

B： うん。私の専門の物理学でも、まだまだ女性の学生は少ないし。女性は理系が苦手なんていうのは、先入観以外の何ものでもないのに。

A： 全面的に賛成。自分たちの意識改革と、制度改革は両方大事だね。

SDGs

A : We are supposed to write a report on current issues, by picking out one item from the 17 SDGs in our class. Oh, SDGs means "sustainable development goals," you know.

B : I know, that much at least. And what are you going to choose?

A : Well, I had a hard time deciding, but I think I am going to look into food loss.

B : Oh, that's related to the 12th item, "Responsible Consumption and Production," right?

A : Yes. My friend is working part-time at a convenience store, but food waste like lunches amounts to quite a lot, he said. I looked into it a little, and 1/3 of food products are thrown away in Japan.

B : Wow, that much. But it's not just shops, right? I heard they have no way but disposing of unsold vegetables at farms.

A : Yes. For vegetables and such, they came up with a way of bringing them to cities in the evening that day and selling them near stations where there are lots of people, and it sounds like it's been successful.

B : I see. We have to think about this not on an individual basis, but at the corporate and/or whole society level. In terms of SDGs, what interests me most is gender equality, I think.

A : Oh, right. The gender equality index for Japan is really low among advanced countries.

B : True. There's a word, "女子力(joshiryoku)," you know? I was talking with my European friend, but "女子力" means to exert the prowess the women have and make an impact.

A : Right. The images of women here in Japan are normally things like good at cooking, and wearing cute makeup, aren't they?

B : That's right. There's nothing wrong with being good at cooking or wearing makeup, and I am envious of it, but it feels like women are put in a frame and have to be that way.

A : That's right. I think it would be nice if women, men, and of course, other genders could live free and easy.

B : Yes. In my area of specialty, physics, there are still very few female students. That the women are not good at science is nothing but a preconception.

A : I totally agree with you. Reforms in our own awareness and in the system are both important.

SDGs（可持续发展目标）

A : 今天的课上，需要大家从SDGs的17个项目里面选一个，并针对其现在存在的问题写一篇报告。哦，SDGs就是"可持续发展目标"。

B : 就这我还是知道的好吗。所以呢，你选什么？

A : 唔……纠结了一下，我打算针对食品浪费做个调查。

B : 啊，和第12条"生产的责任，消费的责任（永续供求）"相关呗。

A : 是的。我朋友在便利店打工，听说便当之类的食品废弃量还挺大的。我稍微调查了一下，在日本有三分之一的食品都被废弃掉了。

B : 诶……这么多……不过还不止店里，我听说那些农户也不得不把卖剩的蔬菜什么的废弃掉。

A : 嗯。听说现在他们有想办法，把蔬菜这些的在当天傍晚的时候运送到城市里，拿到人流量大的车站附近卖掉，好像效果还不错。

B : 原来如此。这个还不能只从个人的角度考虑，得结合企业还有社会一起考虑。我最关心的SDGs还是性别平等。

A : 啊，确实。在发达国家里面，日本的性别平等指数相当的低啊。

B : 嗯。不是有"女子力"这个词吗？前不久我和欧洲的朋友聊到这个，说是在他们那里"女子力"是指通过女性所拥有的能力大显身手。

A : 是这样吗？然而在日本，给人的印象是做饭好吃，会化妆可爱的妆这些。

B : 就是就是。当然也不是说做饭好吃，会化妆是什么不好的事情，我觉得这挺好的，但是，总觉得女性被框在了一个框里，让人觉得是女性就必须得这样。

A : 是啊。我觉得不管是女性还是男性，当然还有其他的性别，只要能自由自在地过日子就行了啊。

B : 嗯。我的专业是物理学，学这个的女生还是很少。女生学不好理科真的就只是大家先入为主了而已。

A : 我完全同意。每个人意识的改革和制度的改革，这两方面都很重要啊。

SDGs

A : 오늘 수업에서는 SDGs 17개 목표 중에 하나를 골라 당면한 문제에 대해 레포트를 쓰는 거야. 아, SDGs는 '지속 가능한 개발목표' 고.

B : 그 정도는 나도 알아. 그래서 뭘 고를 건데?

A : 음…. 고민중인데 식품 폐기에 대해 조사해 보려고.

B : 아~ 12번째 '지속 가능한 생산과 소비' 에 관한 거네.

A : 맞아. 친구가 편의점에서 알바 하는데 도시락같은 식품폐기가 상당하대. 좀 검색해 봤더니 일본에서는 식품의 1/3이 폐기 되나 보더라.

B : 그렇게나 많아? 하긴 가게뿐만이 아니지. 농가에서도 남은 채소 같은 건 폐기할 수 밖에 없다고 들었어.

A : 응. 채소는 그 날 저녁에 도시로 싣고 가서 유동인구가 많은 역 주변에서 팔기도 해서 효과가 있나봐.

B : 그렇구나. 이건 개인보다는 기업이나 사회 전체가 생각해야 하는거네. 내가 SDGs에서 제일 관심있는 건 성평등인데.

A : 오~ 그렇구나. 선진국 중에서도 일본은 성평등지수가 정말 낮으니까.

B : 맞아. '여자력' 이라는 말이 있잖아. 얼마 전에 유럽친구랑 이야기 하다가 '여자력' 하면 여성이 가지고 있는 힘을 발휘해서 활약하는 거라더라.

A : 와~ 일본에서는 보통 요리를 잘하거나 예쁘게 화장하는 걸 말하잖아.

B : 그래 맞아. 요리를 잘하든 못하든 화장을 잘하든 그 자체로는 나쁜 것도 아니고 좋겠다 생각하는데 여자는 꼭 그렇게 해야한다는 고정관념을 가지고 있지 않나 해서.

A : 그래. 여자든 남자든, 물론 그 이외의 성별이라도 자유롭게 원하는대로 살아가면 좋겠다고 생각해.

B : 응. 전공인 생물학에서도 학생중에 여자가 적고, 여자는 이과를 잘 못한다는 건 선입견에 지나지 않는데 말야.

A : 전면적으로 찬성이야. 우리 자신의 의식개선과 제도개선 둘 다 중요하네.

解 説　　　　　　　　　　　explanation 解説 해설

① 不在連絡票
ふ ざいれんらくひょう

| 業者が宅配便を届けにきたとき、家の人が留守の場合に郵便受けに入れておく連絡票のことです。 | Refers to a slip placed in a mail box when a courier comes to deliver a package but the recipient is not home. | 快递员在派送包裹，当家里没有人时会在邮箱里放一张联络单。 | 택배를 배달 갔을 때 집에 아무도 없어서 우편통에 넣어두는 연락표를 말합니다. |

② 置き配
お はい

| 届ける荷物を直接手渡ししないで、玄関の前などに置いておくことです。 | Instead of handing the delivered package directly to the recipient, the package is left at the front door, etc. | 投递的包裹不是直接当面交付，而是放在门口等地方的配送方式。 | 물건을 직접 전달하지 않고 현관 앞에 놓아두는 것을 말합니다. |

③ 子連れ
こ づ

| 子どもを連れているということです。 | This means that someone accompanies a child/children. | 带着小孩子的意思。 | 자녀를 데리고 있다는 뜻입니다. |

④ 爆買い
ばく が

| 一回の買い物でたくさん買うことを表します。 | This means that a person buys a lot in one shopping trip. | 买东西的时候一次性买很多的意思。 | 한 번 살 때 많이 사는 것을 나타냅니다. |

⑤ レアなアイテム

| めったに手に入らない品物のことです。 | Refers to goods that can only seldom be obtained. | 极其难以入手的物品。 | 웬만해서는 살 수 없는 물건을 말합니다. |

⑥ キレのある

| 動きのスピードが速く、軽い印象を与えるという意味です。 | This means moving quickly, giving the impression of being light. | 意思是动作的速度很快，给人一种轻巧的印象。 | 동작이 빠르고 가벼운 인상을 준다는 뜻입니다. |

⑦ ハマる

| 何かにのめり込んで、夢中になっているという意味です。 | This means being engrossed in something and being hooked on it. | 陷入某种事物，沉迷其中的意思。 | 무언가에 빠져있다는 뜻입니다. |

⑧ 裏
うら

| 野球の試合の各回の後半のことです。反対は「表」です。 | It is the second half of each inning of a baseball game. The opposite is "表 (top)." | 棒球比赛等每一局的后半场。与之相反的称为 "表"。 | 야구에서 각 회 '말'을 말합니다. 반대말은 "表" 입니다. |

210

⑨やめちまえ

「やめてしまえ」の短くやや乱暴にした言い方です。	It's a short and kind of rude way of saying "やめてしまえ (quit it)."	"やめてしまえ (给我别干了)" 的简短且略粗暴的说法。	"やめてしまえ(그만 두다)"의 줄임말인데 약간 폭력적인 말투입니다.

⑩へなちょこ

弱々しくて役に立たない人のことを悪く言う表現です。	It is an expression used to speak ill of a person who is weak and not useful.	贬低别人又弱又没用的说法。	약해서 도움이 안되는 사람을 나쁘게 말하는 표현입니다.

⑪こてんぱんに

スポーツの試合や論争などで、相手に徹底的に攻撃されたり、ひどく負けたりするということです。	This refers to losing badly in games of sports or debates, under an overwhelming attack by the opponent.	指在体育比赛或者争论的时候，被对方狠狠地攻击，或者彻底击垮，输的很惨。	스포츠 경기나 논쟁에서 상대방에게 철저하게 공격 당하거나 크게 지거나 하는 것입니다.

⑫夢のまた夢
ゆめ

実現の可能性がほとんどない夢ということです。	Refers to a dream that is nearly impossible to come true.	指几乎不可能实现的梦。	실현 가능성이 거의 없는 꿈이라는 뜻입니다.

⑬何てったって

「何と言っても」の短縮形です。「とにかく」という意味で、何よりも一番大切であることです。	An abbreviated form of "何と言っても." It means "in any case," and it also means it is more important than anything else.	"何と言っても (不管怎么说)" 的省略形式。是 "とにかく (总之)" 的意思，即比所有东西都重要。	"何と言っても"의 줄임말입니다. 무엇보다 중요하다라는 뜻입니다.

⑭「今十」好き
いまじゅう　　　ず

「今十」はレストランの名前です。つまり、「今十」が好きであるという意味です。「〇〇好き」という形で、「仕事好き」「映画好き」「ラーメン好き」など、いろいろな組み合わせで使えます。	"今十" is a name of a restaurant. In short, it means the person likes the restaurant "今十." The format of "〇〇好き" can be combined with various things, such as "仕事好き," "映画好き" or "ラーメン好き," etc.	"今十" 是餐厅的名字。也就是喜欢 "今十" 的意思。"〇〇好き (喜欢〇〇)" 的形式还可以搭配成 "仕事好き (喜欢工作)"，"映画好き (喜欢电影)"，"ラーメン好き (喜欢拉面)" 等各种各样的形式使用。	"今十" 는 레스토랑 이름입니다. 즉, "今十" 를 좋아한다는 식으로 "仕事好き", "映画好き", "ラーメン好き" 같이 조합해서 쓸 수 있습니다.

⑮強み
つよ

優れている点、自信がある点のことです。就職面接などでよく使います。	One's forte and something one is confident about. It is often used at job interviews and the like.	指长处，有自信的点。多用于工作面试等场景。	뛰어난 점, 자신 있는 점을 말합니다. 취업 면접에서 자주 씁니다.

⑯ 御社（おんしゃ）

相手の会社のことを敬意を込めて言う表現です。書くときは「貴社」を使います。

This expression is a respectful way to refer to another's company. In writing, "貴社" is used.

用于指代对方公司的饱含敬意的叫法。书写的时候用"貴社（贵公司）"。

상대방의 회사를 높여 부르는 말입니다. 글을 쓸 때는 "貴社"라고 합니다.

⑰ 弊社（へいしゃ）

社外の人に対して自分の会社のことを言うときに使う謙譲の表現です。「小社」とも言います。

This is a humble expression referring to one's own company when speaking with someone outside the company. You can also refer to it as "小社."

对公司外的人说自己的公司时使用的表示谦逊的称呼。也说"小社（敝公司）"。

자기 회사를 낮추어 부르는 표현입니다. "小社"라고도 합니다.

⑱ スマホアプリ

「スマートフォンのアプリケーション」の略語です。

An abbreviation for "スマートフォンのアプリケーション (smart phone apps)."

是"スマートフォンのアプリケーション（智能手机的软件）"的略称。

"スマートフォンのアプリケーション"의 줄임말입니다.

⑲ テレビショッピング

テレビで商品を紹介して、視聴者が電話で購入申し込みをする通信販売の番組のことです。アクセサリーや衣類、化粧品、電気製品、パソコンなどがよく扱われています。

These are TV programs that introduce and sell products the viewer can order over the phone. They often sells accessories, clothes, cosmetics, electric appliances and PCs.

即在电视上做商品介绍，观众通过电话进行订购的线上购物频道。经常会卖一些首饰、服装、化妆品、电器、电脑等。

티비에서 상품을 소개하고 시청자가 전화로 주문하는 통신 판매 방송을 말합니다. 악세서리나 의류, 화장품, 가전제품, 컴퓨터같은 것을 자주 팝니다.

⑳ バカにならない

無視したり軽く考えたりしてはいけない、これは大事だという意味です。

This means it is important and one must not ignore and take it lightly.

不容小觑，不容轻视，意思是，这很重要。

무시하거나 가볍게 생각해서는 안된다, 이것은 중요하다라는 뜻입니다.

㉑ 新郎のスピーチ（しんろう）

新郎の挨拶のことです。以前は、新郎の父が当事者・親族を代表してスピーチをすることが多かったのですが、最近は新郎や新婦自身がスピーチをすることも多くなっています。

Refers to a greeting by the groom. In the past it was common for the father of the groom to give a speech on behalf of those getting married/families and relatives, but nowadays it is more common for the groom himself or bride herself to give a speech.

即新郎跟大家打招呼。以前多是由新郎的父亲作为当事人/亲属代表来进行演讲，但最近由新郎或新娘自己来进行演讲的情况变多了。

신랑의 인사를 말합니다. 예전에는 신랑의 아버지가 가족을 대표해서 스피치를 하는 경우가 많았으나 요즘은 신랑 신부가 직접 스피치를 하는 일이 많아졌습니다.

㉒ 自炊（じすい）

外食などをせず、自分で食事を作ることです。

Refers to cooking oneself instead of eating out.

指不在外面吃，自己做饭吃。

외식을 하지 않고 밥을 해 먹는 것을 말합니다.

㉓ 軌道に乗る
きどう の

生活、仕事などがうまく進ん
でいくことです。

This means one's personal
and work lives are going well.

指生活、工作顺利。

생활, 일이 잘 되고 있다라는
것입니다.

㉔ 見よう見まね
み み

人のすることを見て、自分も
まねをするという意味です。
ここでは上司や先輩から説
明を聞くのではなく、まねを
し経験を積んだという意味
です。

This means watching what
others do and mimicking it.
Here, it means the person ac-
cumulated his/her experience
by mimicking instead of lis-
tening to explanations from
supervisors and seniors.

看着别人的样子，自己进行
模仿的意思。在这里指不是
听上司或者前辈的说明，而
是通过模仿积累经验的意
思。

다른 사람이 하는 것을 보고
자신도 하는 것을 하다라는
것입니다. 본문에서는 상사나 선배가 설명
하는 것을 듣는 게 아니라 따
라해서 경험을 쌓았다라는 뜻
입니다.

㉕ 鳴かず飛ばず
な と

長い間、活躍できない状態と
いう意味です。

This means a person cannot
play an active role for a long
time.

指在长时间内，没有明显成
绩的状态。

오랜 기간 성과를 내지 못한
상태를 뜻합니다.

㉖ 座右の銘
ざ ゆう めい

自分が生きていくうえで大切
にしている考え方、言葉のこ
とです。

These are ideas or words that
people live by.

指在自己的人生道路上的重
要的想法或话语。

살아가는 데 있어서 중요하게
여기는 생각이나 말을 가리킵
니다.

㉗ ご静聴ありがとうございました
せいちょう

自分の話を最後まで聞いて
もらったことへの感謝を伝え
る表現です。プレゼンテーシ
ョンの終わりの挨拶として使
われることが多いです。

This expression conveys grat-
itude to people for listening
right to the end of what you'
re saying. It is often used at
the end of a presentation.

对大家听自己讲话听到最
后表示感谢。多作为寒暄用
于发表的结束。

자신의 말을 끝까지 들어준
것에 대한 감사를 전하는 표
현입니다. 프레젠테이션 끝에
하는 인사로 쓰이는 경우가
많습니다.

㉘ 震度5弱
しん ど じゃく

「震度」は地震の揺れの強さ
を表す階級のことです。「震
度5弱」は棚にある食器や本
が落ちることがある強さの揺
れです。

"震度(seismic intensity)" is a
scale that indicates the
strength of an earthquake.
Seismic intensity just under 5
is a tremor with the strength
to knock dishes and books off
of shelves.

"震度(震级)"是表示地震
摇晃强度的等级。"震度5
弱(强度在4.5到5之间的震
级)"强度的摇晃会导致架
子上的餐具或书本掉落。

진도는 지진의 흔들리는 크기
를 나타내는 단계를 말합니
다. '진도 5약'은 선반 위에 있
던 식기나 책이 떨어질 정도
의 흔들림입니다.

㉙ ネット

「インターネット」の略語です。

Short for "インターネット(In-
ternet)."

是"インターネット(因特
网)"的略称。

"インターネット"의 줄임말
입니다.

㉚避難袋
ひなんぶくろ

災害や非常時に備えて用意
しておく袋のことです。袋の
中には緊急時に使うもの（ラ
イトや雨具、非常食）などを
入れておきます。

Refers to a bag prepared in
case of disaster or emergen-
cy. It contains things to use in
an emergency (such as a
flashlight, rain gear, emergen-
cy food).

即为应对灾害或特殊情况而
准备的袋子。袋子里会提前
备有应急用的东西（照明
灯、雨具、应急食品）等。

재해나 비상시를 위해 준비하
는 배낭을 말합니다. 배낭 안
에는 긴급 상황에 쓸 물건(전
등, 우비, 비상식량) 등을 넣
어둡니다.

㉛ハザードマップ

防災用の地図のことです。自
然災害による被害が起こり
やすい場所や避難場所など
の情報が書かれています。

Refers to a map related to di-
sasters. Such maps provide
information about evacuation
sites and/or the places that
are prone to damages from
disasters.

即防灾用的地图。上面标有
发生自然灾害时易受害的地
区以及避难所等信息。

방재용 지도를 말합니다. 자
연재해로 인해 피해를 입기
쉬운 곳이나 피난장소등의 정
보가 쓰여 있습니다.

㉜食品ロス
しょくひん

食品を食べずに捨ててしまう
ことです。消費期限切れや売
れ残りなどが原因で起こりま
す。

Refers to throwing away food
without eating it. This is
caused when the use by date
expires or when the food fails
to sell.

指食品不吃就扔掉。其原因
多为食品到了消费期限却没
卖出去。

식품을 먹지 않고 버리는 것
을 말합니다. 유통기한과 다
못팔고 남은 것등으로 인해
일어납니다.

㉝ジェンダー平等
びょうどう

教育、給料、社会的地位、家
庭内の立場などに関して、男
女が平等になることです。

Refers to men and women be-
ing treated equally for educa-
tion, salary, social status and
position in the household, etc.

指在与教育、薪资、社会地
位、家庭定位等方面相关的
事情上达到男女平等。

교육, 수입, 사회적 지위, 가정
내 지위 등에 관해 남녀가 평
등한 것을 말합니다.

㉞女子力
じょしりょく

「○○力」でその特徴的な能
力のことを表します。「女子
力」は日本では、料理などが
うまい、優しい、気配りがで
きる、見た目がかわいいなど
伝統的に「女らしい」と思わ
れてきたことができる能力の
こととして使われています。

"○○力 (power of ○○)" de-
scribes the characteristic abil-
ities of ○○. "女子力" is used
to describe the abilities tradi-
tionally thought to be "女らし
い (womanly)," such as good
at cooking, kind, being able
to be attentive, cute appear-
ance, etc.

"○○力（○○能力）" 即具
有某特征的能力。"女子力
（作为女性的能力）" 在日本
指具备做菜好，温柔，会体
谅人，看上去可爱等在传统
意义上被认为 "女らしい（
像女人，女人该有的）" 的
能力。

"○○力(○○력)" 으로 ○○
의 특징적인 능력을 나타냅니
다. "女子力" 은 일본에서는
요리를 잘하고 착하고 배려심
이 있고 예쁜 전통적인 "女ら
しい (여성답다)"고 생각할
만한 것들을 잘하는 능력으로
쓰이고 있습니다.

著者紹介

齊藤仁志（さいとうひとし）　ふじやま国際学院・校長

深澤道子（ふかざわみちこ）　カイ日本語スクール・講師

掃部知子（かもんちかこ）　元カイ日本語スクール・講師

酒井理恵子（さかいりえこ）　カイ日本語スクール・講師

中村雅子（なかむらまさこ）　カイ日本語スクール・講師

新・シャドーイング

日本語を話そう！ 中～上級編
英語・中国語・韓国語訳版

New Shadowing : Let's speak Japanese!
Intermediate to Advanced Edition
English, Chinese, Korean translations

2022年4月 5日　第1刷
2024年3月14日　第3刷

著者 ◉ 齊藤仁志・深澤道子・掃部知子・酒井理恵子・中村雅子

発行人 ◉ 岡野秀夫

発行所 ◉ くろしお出版

〒102-0084　東京都千代田区二番町4-3

Tel 03-6261-2867　Fax 03-6261-2879

URL http://www.9640.jp　Mail kurosio@9640.jp

印刷 ◉ 亜細亜印刷

翻訳 ◉ 髙田裕子（英語）

Glen-Paul Amick（英語）

金雨卉（中国語）

李涎美（韓国語）

本文・装丁デザイン ◉ 鈴木章宏

編集 ◉ 市川麻里子

音声 ◉ ボイス・プロ&ビデオサポート

音声について
おんせい
Audio Files/关于音频/음성에 대해

音声はこちらからダウンロードして、
練習してください。

Please download audio files and use them for practice.
请从此处下载音频进行练习。
음성은 여기에서 다운받아 연습하세요.

https://www.9640.jp/shadowing/

ご 案 内

 Yomujp

にほんご たどくどうじょう
日本語多読道場

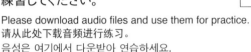
むりょう おんせいつ よ ものきょうざい
無料の音声付き読み物教材
Reading and Listening materials for free

虫〈むし〉　　　パン〈ぱん〉　　　日本のまち「仙台」〈にほんのまち「せんだい」〉

がくしゅうしゃ きょうみ も　　　　　　　　　よ もの　　　　べつ けいさい
学習者が興味を持つトピックについて、読み物をレベル別に掲載した
　　　　　　　　　　　 き がる よ　　　 じしゅうよう　 にほんご じゅぎょう
ウェブサイト。PCやスマホで気軽に読める。自習用や、日本語の授業に。